JOHN C. MAXWELL

OS 4 SEGREDOS DO SUCESSO

TUDO O QUE VOCÊ PRECISA SABER SOBRE LIDERANÇA, CAPACITAÇÃO, ATITUDE E RELACIONAMENTO

Tradução
Valéria Delgado e Jorge Camargo

VIDA MELHOR
Rio de Janeiro, 2015

Título original:
Leadership 101, Equipping 101, Attitude 101, Relationship 101

Publisher
Omar de Souza

Editores Responsáveis
Aldo Menezes e Samuel Coto

Coordenação de produção
Thalita Aragão Ramalho

Tradução
Valéria Delgado e Jorge Camargo

Capa
Valter Botosso Jr

Revisão
Margarida Seltmann
Cristina Loureiro de Sá Neves Motta
Joanna Barrão Ferreira

Projeto gráfico e diagramação
Julio Fado

CIP-BRASIL. CATALOGAÇÃO NA FONTE
SINDICATO NACIONAL DOS EDITORES DE LIVROS, RJ

M419q

Maxwell, John C., 1947-
Os quatro segredos do sucesso - Tudo o que você precisa saber sobre liderança, capacitação, atitude e relacionamento/ John C. Maxwell; [tradução Valéria Lamim Delgado Fernandes e Jorge Camargo]. - Rio de Janeiro: Vida Melhor, 2015.

Tradução de: Leadership 101, Equipping 101, Attitude 101, Relationship 101
ISBN 978.85.6699.735-4

1. Liderança. 2. Sucesso. I. Título.

08-2038. CDD: 658.4092
CDU: 658:316.46

Rua Nova Jerusalém, 345 – Bonsucesso
Rio de Janeiro – RJ – CEP 21402-325
Tel.: (21) 3882-8200 – Fax: (21) 3882-8212 / 3882-8313

SUMÁRIO

Parte 1

Parte 2

Parte 3

Parte 4

Parte 1

Capítulo 1

O desenvolvimento de um líder

Por que devo tornar-me um líder?

Quanto mais desenvolvida a liderança, maior a eficácia

Costumo abrir minhas conferências sobre liderança explicando o que chamo de Lei do Limite, uma vez que se trata de algo que ajuda as pessoas a compreenderem o valor da liderança. Se você puder compreender esse princípio, perceberá o incrível impacto que a liderança exerce sobre todos os aspectos da vida. O princípio é o seguinte: a capacidade de liderança é o limite que determina o nível de eficácia de uma pessoa. Quanto menor a capacidade que um indivíduo tem de liderar, mais embaixo ficará o limite, bloqueando seu nível potencial. Quanto maior a liderança, maior a eficácia. Por exemplo, caso sua liderança mereça nota 8, então sua eficácia jamais será maior do que 7. Caso sua liderança receba apenas um 4, sua eficácia não será maior do que 3. Sua capacidade de liderança — para melhor ou para pior — sempre determina sua eficácia e o impacto potencial de sua organização.

Deixe-me contar uma história que ilustra a Lei do Limite. Em 1930, dois jovens irmãos chamados Dick e Maurice mudaram de New Hampshire para a Califórnia em busca da realização do "sonho americano". Haviam concluído o ensino médio havia pouco tempo e ambos vislumbravam poucas oportunidades em sua cidade natal. Então, foram direto para Hollywood, onde, finalmente, encontraram emprego em um estúdio cinematográfico.

Algum tempo depois, seu espírito empreendedor e o interesse pela indústria do entretenimento os levaram a montar um teatro em Glendale, cidade a aproximadamente oito quilômetros a nordeste de Hollywood. Entretanto, a despeito de seus esforços, os irmãos simplesmente não conseguiram fazer com que o negócio fosse lucrativo, por isso saíram à procura de uma oportunidade empresarial melhor.

Uma nova oportunidade

Em 1937, os irmãos abriram um pequeno restaurante *drive-in* em Pasadena, a leste de Glendale. Como as pessoas no sul da Califórnia dependiam mais de seu carro na década de 1930, os restaurantes *drive-in* surgiram em todos os lugares. Os clientes estacionavam o carro em uma área que ficava ao redor de um pequeno restaurante, faziam seus pedidos com as garçonetes e recebiam a comida em bandejas dentro do carro. A comida era servida em louças de porcelana, com utensílios de vidro e de metal.

O pequeno restaurante *drive-in* de Dick e Maurice foi um grande sucesso, e, em 1940, ambos instalaram o sistema em San Bernardino, uma cidade próspera, com população, em sua maioria, da classe operária, a oitenta quilômetros a leste de Los Angeles. Os irmãos construíram um estabelecimento maior e ampliaram o cardápio de cachorros-quentes, batatas fritas e sucos, incluindo sanduíches de churrasco e de carne de porco, hambúrgueres e outros itens. O negócio explodiu. As vendas anuais chegaram à casa dos duzentos mil dólares, e os dois sócios chegaram a repartir cinquenta mil dólares em lucros todos os anos, quantia que os colocou na elite econômica da cidade.

Por volta de 1948, a intuição de que os tempos estavam mudando levou-os a fazerem alterações no restaurante. Assim, dispensaram as garçonetes e começaram a servir somente aos clientes que entravam no restaurante. Enxugaram o cardápio e concentraram-se na venda de hambúrgueres. Eliminaram os pratos e os utensílios de vidro e de metal, passando a utilizar produtos de papel, descartáveis. Reduziram os custos e os preços que cobravam dos clientes. Além disso, criaram o que chamaram de *Speedy Service System* (Sistema de serviço rápido). Sua cozinha transformou-se em uma linha de montagem, em que cada pessoa se concentrava em servir com rapidez. Sua meta era atender o pedido de cada cliente em trinta segundos ou menos. Tiveram sucesso. Em meados da década de 1950, a renda anual deles chegou aos trezentos e cinquenta mil dólares e, na época, Dick e Maurice dividiam lucros líquidos de aproximadamente cem mil dólares ao ano.

Quem eram esses irmãos? Na frente de seu pequeno restaurante, havia um sinal luminoso pendurado que simplesmente dizia Hambúrgueres McDonald's. Dick e Maurice McDonald tiraram a sorte grande norte-americana, e o restante, como dizem, é história, certo? Errado. Os McDonalds nunca foram além disso, porque sua frágil liderança serviu de obstáculo para sua capacidade de sucesso.

A HISTÓRIA POR TRÁS DA HISTÓRIA

É verdade que os irmãos McDonald adquiriram certa estabilidade financeira. Eram proprietários de um dos restaurantes mais lucrativos do país, e sua genialidade estava no atendimento ao cliente e na organização da cozinha, o que levou ao surgimento de um novo sistema de fornecimento de refeições. Na realidade, o talento dos dois ficou tão conhecido dentro desse ramo de atividade que pessoas de todas as partes do país mostraram interesse em aprender mais sobre os métodos que usavam. Houve uma época em que eles chegaram a receber mais de trezentas ligações e cartas por mês. Isso os levou a pensar em colocar o conceito McDonald's no mercado.

A ideia de franquearem restaurantes persistiu por várias décadas. Para os irmãos McDonald era uma forma de ganhar dinheiro sem a necessidade de abrir outro restaurante. Em 1952, fizeram a primeira experiência, mas seu esforço foi um verdadeiro fracasso. A razão era simples: faltava-lhes a liderança necessária para tornar o negócio eficiente.

Dick e Maurice eram bons proprietários de restaurante. Sabiam administrar um negócio, tornar seus sistemas eficientes, cortar gastos e aumentar lucros. Eram gerenciadores eficientes. Entretanto, não eram líderes. O padrão de pensamento dos dois restringia suas realizações e aquilo em que seriam capazes de se transformarem. No auge do sucesso, Dick e Maurice foram derrubados pela Lei do Limite.

A PARCERIA DOS IRMÃOS COM UM LÍDER

Em 1954, os irmãos associaram-se a um homem chamado Ray Kroc, um líder *de verdade*. Kroc administrava uma pequena empresa que montou para vender máquinas de preparar *milk-shakes*. O McDonald's era um de seus melhores clientes, e, tão logo visitou o estabelecimento, teve uma visão do potencial da empresa. Em sua mente, conseguia visualizar o restaurante espalhado por todo o país em centenas de mercados. Logo fechou um acordo com Dick e Maurice e, em 1955, instituiu a McDonald's System, Inc. (mais tarde chamada de McDonald's Corporation).

Kroc imediatamente comprou os direitos de uma franquia para que pudesse usá-la como um modelo e protótipo para a venda de outras franquias. Em seguida, começou a montar uma equipe e criar uma organização para que o McDonald's se tornasse uma instituição de âmbito nacional.

Nos primeiros anos, Kroc fez muitos sacrifícios. Embora estivesse com cinquenta e poucos anos de idade, trabalhava horas a fio, como havia feito quando iniciou seu primeiro negócio trinta anos antes. Abriu mão de tudo o que fosse dispensável, como seu título de sócio de um clube de campo, o que, como disse mais tarde, rendeu dez tacadas em seu jogo de golfe. Durante seus primeiros oito anos com o McDonald's, não recebeu salário. Além disso, pediu empréstimo ao banco e resgatou seu seguro de vida para ajudar a cobrir os salários de alguns dos principais líderes que pretendia manter na equipe. Seu sacrifício e sua liderança foram recompensados. Em 1961, pela quantia de 2,7 milhões de dólares, Kroc comprou dos irmãos os direitos exclusivos do McDonald's e continuou a transformá-lo em uma instituição norte-americana e entidade global. O "limite" na vida e na liderança de Ray Kroc ficava, obviamente, muito mais acima do que o de seus predecessores.

Nos anos em que Dick e Maurice McDonald tentaram franquear seu sistema de fornecimento de produtos alimentícios, conseguiram vender o conceito apenas para 15 compradores, entre esses, somente dez abriram, de fato, seus restaurantes. Por outro lado, o nível de liderança na vida de Ray

Kroc estava muito acima. Entre 1955 e 1959, Kroc conseguiu abrir cem restaurantes. Quatro anos depois, contava com quinhentos McDonald's. Hoje a empresa tem mais de 21 mil restaurantes em mais de cem países.[1] A capacidade de liderança, ou, mais especificamente, incapacidade de liderança, foi o limite que obstruiu a eficácia dos irmãos McDonald.

Sucesso sem liderança

Acredito que o sucesso esteja ao alcance de quase todos. Entretanto, acredito também que o sucesso pessoal sem a capacidade de liderança produz apenas eficácia limitada. O impacto causado por uma pessoa é apenas uma fração daquilo que poderia ser se tivesse uma boa liderança. Quanto mais alto quiser subir, maior será sua necessidade de liderar. Quanto maior o impacto que quiser causar, mais influente precisará ser. Tudo o que você realiza está restrito a sua capacidade de liderança.

Deixe-me ilustrar o que quero dizer. Digamos que, no que se refere ao sucesso, você receba uma nota 8 (em uma escala de 1 a 10). Isso é muito bom. Acho que não haveria risco nenhum em dizer que os irmãos McDonald estavam nessa faixa. Entretanto, digamos também que sua ca-

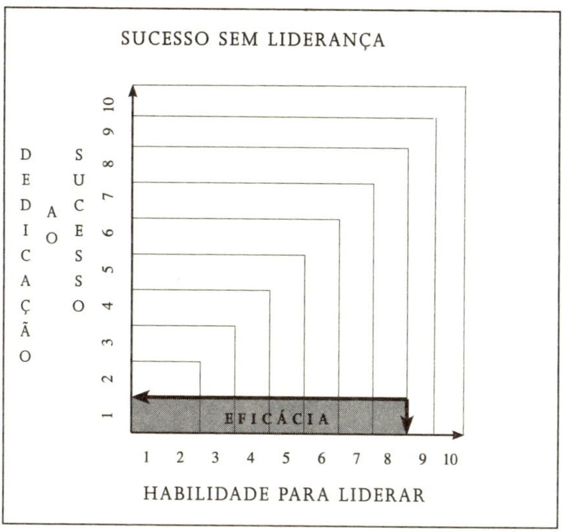

pacidade de liderança seja apenas 1. Seu nível de eficiência seria assim:

Para aumentar seu nível de eficácia, você tem algumas opções. Uma delas é trabalhar muito para aumentar sua dedicação ao sucesso e à excelência até atingir nota 10. É possível que consiga chegar a esse nível, embora a lei de diminuição de resultados diga que seu sucesso aumentará somente até certo ponto; depois disso, deixará de crescer na proporção da quantidade de trabalho que se investe nele. Em outras palavras, o esforço necessário para atingir esses dois últimos pontos poderia consumir mais energia do que aquela exigida para conseguir os primeiros 8 pontos, mas com muita dedicação, você seria capaz de aumentar em 25% seu sucesso.

Contudo, há outra opção. Digamos que você trabalhe muito para aumentar seu nível de *liderança*. Ao longo do tempo, desenvolve-se naturalmente como um líder e, finalmente, sua capacidade de liderança atinge nota 6. Os resultados seriam como mostra o gráfico a seguir.

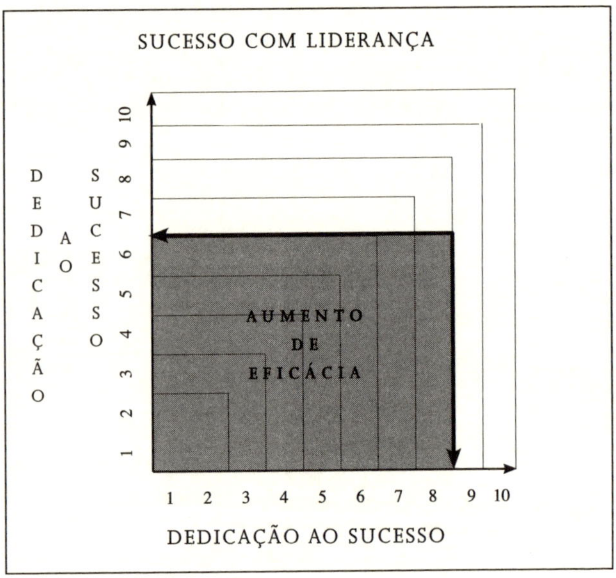

Ao elevar sua capacidade de liderança, sem investir esforços em sua dedicação ao sucesso, aumentará sua eficiência original em torno de 500%! Se aumentasse sua liderança para 8, ponto em que ela se igualaria a sua dedicação ao sucesso, você aumentaria sua eficiência em torno de 700%! A liderança tem efeito multiplicador. Vi seu impacto inúmeras vezes em todos os tipos de negócios e de organizações sem fins lucrativos. Eis por que ensino a respeito desse tema há mais de 25 anos.

PARA MUDAR A DIREÇÃO DA ORGANIZAÇÃO, TROQUE O LÍDER

A capacidade de liderança sempre é o limite que determina até onde vai a eficiência pessoal e organizacional. Se a liderança é forte, o limite fica em nível elevado. Do contrário, a organização permanece limitada. Essa é a razão por que, em momentos de dificuldade, as organizações naturalmente procuram uma nova liderança. Quando um país passa por momentos difíceis, elege novo presidente. Quando uma igreja está tropeçando, procura um novo pastor presidente. Quando um time não para de perder, procura um novo técnico. Quando uma empresa está perdendo dinheiro, contrata um novo diretor-executivo.

Alguns anos atrás, encontrei-me com Don Stephenson, presidente da Global Hospitality Resources, Inc., de San Diego, Califórnia, uma empresa internacional de consultoria e de assessoria em hotelaria. Durante o almoço, perguntei-lhe sobre sua organização. Hoje, o objetivo da empresa é basicamente prestar consultorias, mas, antes disso, a empresa assumiu o controle da gerência de hotéis e *resorts* que não estavam em boa situação financeira. A empresa supervisionou muitos estabelecimentos de qualidade, como o La Costa, no sul da Califórnia.

Para atingir o nível mais alto de eficácia é preciso elevar o limite da capacidade de liderança.

Don disse que toda vez que assumiam uma organização, sempre começavam fazendo duas coisas: primeiro, treinavam todo o pessoal para melhorar o nível de atendimento aos clientes e, segundo, demitiam o líder. Quando me disse isso, a princípio, fiquei surpreso.

— Vocês *sempre* demitem o líder? — perguntei. — Todas as vezes?

— Exato. Todas as vezes — ele disse.

— Não conversam primeiro com ele para ver se não é um bom líder? — perguntei.

— Não — ele respondeu. — Se ele fosse um bom líder, a organização não estaria naquela confusão.

Pensei comigo mesmo: *Sem dúvida. É a Lei do Limite*. Para atingir o nível mais alto de eficiência, é preciso elevar a tampa, de um modo ou de outro.

A boa notícia é que livrar-se do líder não é a *única* opção. Assim como ensino nas conferências que existe um limite no nível de eficiência, também mostro como colocar esse limite em um nível mais elevado.

Como tornar-me um líder?

A liderança é algo que se desenvolve aos poucos, não da noite para o dia

Tornar-se um líder é bem parecido com investir com sucesso na Bolsa de Valores. Quem espera ganhar uma fortuna em um dia não será bem-sucedido. O mais importante é o que se faz a longo prazo. Meu amigo Tag Short afirma: "O segredo do sucesso está nos compromissos assumidos dia a dia." Se investir de forma contínua no desenvolvimento de sua liderança, permitindo que seus "recursos" aumentem, o resultado será, inevitavelmente, o crescimento com o passar do tempo.

Quando ensino sobre liderança em conferências, as pessoas geralmente perguntam se há líderes natos. Respondo sempre que, embora seja verdade que exista quem nasça com talentos naturais maiores do que os de outros, a capacidade de liderar é, na verdade, um conjunto de habilidades; quase todas podem ser aprendidas e aperfeiçoadas. Entretanto, esse processo não acontece da noite para o dia.

A liderança é algo complicado. Tem muitas facetas: respeito, experiência, força emocional, habilidades pessoais, disciplina, visão, dinamismo, momento certo para agir... e a lista continua. Como se vê, muitos fatores em jogo na liderança são intangíveis. Essa é a razão por que se requer tanta maturidade de um líder para que seja eficaz. Foi apenas aos cinquenta anos que realmente comecei a compreender com clareza os diferentes aspectos da liderança.

AS QUATRO FASES DO DESENVOLVIMENTO DA LIDERANÇA

Quer você tenha ou não uma grande habilidade natural para ser líder, é provável que seu desenvolvimento e progresso ocorram de acordo com as quatro fases seguintes:

Primeira fase — Não sei o que não sei

A maioria das pessoas não consegue reconhecer o valor da liderança. Acreditam que seja apenas para alguns — aqueles que estão no topo da escada empresarial. Não têm ideia das oportunidades que perdem quando não aprendem a liderar. Compreendi claramente essa questão quando o reitor da faculdade compartilhou comigo que apenas um pequeno grupo de alunos havia se inscrito em um curso sobre liderança oferecido pela escola. Por quê? Somente alguns pensavam em si como líderes. Se os demais soubessem que ter liderança é ter influência e que, no decorrer de cada dia, a maioria dos indivíduos normalmente tenta influenciar pelo menos quatro pessoas, talvez seu desejo de aprender mais sobre o assunto tivesse sido estimulado. Isso é lamentável, pois uma vez que uma pessoa não sabe o que não sabe, não cresce.

Segunda Fase — Sei o que não sei

Normalmente, em algum momento na vida, somos colocados em uma posição de liderança somente para olhar ao redor e descobrir que ninguém está nos seguindo. É nesse momento que passamos a perceber o quanto precisamos aprender a liderar. E, sem dúvida, é nesse momento que o início do processo se torna possível. O primeiro-ministro inglês sabiamente comentou: "Estar ciente de que você desconhece os fatos é um grande passo para o conhecimento."

Líderes bem-sucedidos são aprendizes. O processo de aprendizado é contínuo, resultado de autodisciplina e perseverança.

Foi o que aconteceu comigo quando assumi minha primeira posição de liderança em 1969. Como dirigi equipes esportivas durante toda minha vida e fui presidente do centro acadêmico da faculdade, já me considerava um líder. Mas quando tentei liderar pessoas no mundo real, descobri a terrível verdade. Isso me levou a reunir recursos e a aprender com eles. Além disso, tive outra ideia: escrevi para os dez principais líderes de minha área e ofereci-lhes cem dólares por meia hora de seu tempo para fazer-lhes algumas perguntas. (Essa quantia era considerável para mim em 1969.) Nos anos seguintes, minha esposa, Margaret, e eu passamos a planejar nossas férias nos lugares em que essas pessoas viviam. Se um importante líder em Cleveland aceitasse meu pedido, então nossas férias naquele ano seriam em Cleveland, para que eu pudesse encontrar-me com ele. Minha ideia, de fato, valeu a pena. Aqueles homens compartilharam experiências comigo que, de outra forma, não teria como aprender.

Terceira Fase — Desenvolvo-me e aprendo, e isso começa a aparecer

Quando você reconhece sua falta de capacidade e dá início à disciplina diária do crescimento pessoal na liderança, coisas interessantes começam a acontecer.

Pouco tempo atrás estava dando uma palestra a um grupo em Denver e, no auditório, notei um jovem de 19 anos realmente atento chamado Brian. Por alguns dias, observei-o tomar notas com entusiasmo. Conversei com ele algumas vezes durante os intervalos. Quando cheguei à parte do seminário em que enfatizo que a liderança é um processo, pedi a Brian que se levantasse para conversar com ele diante dos ouvintes. Eu disse:

— Brian, tenho observado você e estou muito impressionado com sua vontade de aprender, colher informações e crescer. Gostaria de contar-lhe um segredo que mudará sua vida.

Todos os que estavam na plateia pareceram inclinar-se um pouco mais para a frente.

— Acredito que, daqui a uns vinte anos, você será um *grande* líder. Quero encorajá-lo a tornar-se um eterno aprendiz da liderança. Leia livros, ouça fitas regularmente e continue a participar de seminários. Sempre que se deparar com conceitos importantes da verdade ou com uma citação importante, anote-os com cuidado para futuras consultas. Não será fácil — eu disse —, mas daqui a cinco anos, perceberá seu progresso, à medida que sua influência for maior. Em dez anos, desenvolverá uma competência que fará com que sua liderança seja altamente eficaz. Em vinte anos, quando estiver com apenas 39 anos de idade, se continuar a aprender e a crescer, outros provavelmente começarão a pedir que os ensine sobre a liderança. Alguns ficarão perplexos. Olharão um para o outro e dirão: "Como ele ficou tão esperto de repente?" Brian, você pode ser um grande líder, mas isso não acontecerá em um dia. Comece a pagar o preço agora.

Essa verdade que serviu para o Brian também se aplica a você. Comece a desenvolver sua liderança hoje e, algum dia, experimentará os efeitos desse processo.

Quarta fase — Avanço simplesmente por causa do que sei

Quando estiver na 3ª fase, poderá ser muito eficaz como líder, mas terá de pensar em cada movimento que fizer. No entanto, ao chegar à 4.ª fase, sua capacidade de liderar será quase automática. É nesse momento que experimentará a maior recompensa do mundo. Entretanto, a única maneira de chegar a essa fase é reconhecer o processo e pagar o preço.

APRENDA HOJE PARA LIDERAR AMANHÃ

A liderança é algo que se desenvolve dia após dia, e não de uma só vez; isso é uma realidade. A boa notícia é que sua capacidade de liderança não é estática. Independentemente de seu ponto de partida, você sempre é capaz de melhorar. Isso acontece até com quem já estreou no palco mundial da liderança. Embora a maioria dos presidentes dos Estados Unidos atinja seu auge enquanto está no poder, outros continuam a crescer e a tornarem-se melhores líderes mais tarde, como o ex-presidente Jimmy Carter. Algumas pessoas questionaram sua capacidade de liderar enquanto ele estava na Casa Branca, mas, nos últimos anos, o nível de influência de Carter não pára de crescer. Sua grande honestidade e dedicação assistencial por meio do *Hábitat para a Humanidade* e de outras organizações ampliaram sua atuação. Hoje, todos ficam realmente impressionados com sua vida.

Lutando para subir

Há um velho ditado que diz: Campeões não se tornam vitoriosos no ringue, ali, simplesmente são reconhecidos. Isso é verdade. Se você quiser ver em que momento alguém se torna um campeão, observe a rotina diária dessa pessoa. O ex-campeão de peso-pesado Joe Frazier afirmou: "Você pode traçar um plano de luta ou um plano de vida, mas quando a ação começa, está por conta de seus reflexos. Nessa hora, aparecem os efeitos de seu treinamento. Se trapaceou nas horas escuras da madrugada, será descoberto à luz do dia."[2] O boxe é uma boa analogia para o desenvolvimento da liderança, porque tem tudo a ver com a preparação diária. Ainda que tenha um talento natural, o indivíduo precisa preparar-se e treinar para ter sucesso.

Um dos maiores líderes dos Estados Unidos, o presidente Theodore Roosevelt, era fã de boxe. Na realidade, uma de suas citações mais famosas faz uma analogia ao boxe:

> O importante não é a crítica nem o indivíduo que mostra de que modo o homem forte tropeçou ou como aquele que faz proezas poderia tê-las realizado melhor. O crédito pertence ao homem que de fato está na arena, cuja face se desfigura com o pó, o suor e o sangue; que luta com coragem; que erra e que tem muitas limitações; que conhece os maiores entusiasmos, as maiores devoções e que se consome em causas dignas; que, na melhor das hipóteses, conhece, ao final, o triunfo da sublime realização; e que, na pior das hipóteses, se fracassar, pelo menos fracassa ao mesmo tempo em que tem muita ousadia, para que seu lugar jamais seja entre aquelas almas frias e tímidas que não conhecem a vitória ou a derrota.

Como boxeador, Roosevelt não foi apenas um líder eficiente, mas também o mais brilhante de todos os presidentes dos Estados Unidos.

Um homem de ação

TR (apelido de Roosevelt) ficou conhecido por frequentar treinos regulares de boxe e de judô, enfrentava cavalgadas e longas e ferrenhas caminhadas. Um embaixador francês que visitara Roosevelt costumava contar sobre a vez em que acompanhou o presidente em uma caminhada pelo bosque. Quando os dois chegaram à beira de um rio, muito fundo para ser atravessado a pé, TR despiu-se e esperou que o dignitário fizesse o mesmo para que ambos pudessem nadar até o outro lado. Nada era obstáculo para Roosevelt. Seu entusiasmo e perseverança pareciam não ter limites. Como candidato à vice-presidência em 1900, fez 673 discursos e viajou 32 mil quilômetros, enquanto fazia campanha para o presidente McKinley. Anos após sua gestão presidencial, enquanto se preparava para fazer um discurso em Milwaukee, Roosevelt levou um tiro no peito vindo de um suposto assassino. Com uma costela quebrada e uma bala no peito, Roosevelt insistiu em fazer o discurso de uma hora antes de deixar que o levassem para o hospital.

Roosevelt começou devagar

De todos os líderes que os Estados Unidos já tiveram, Roosevelt foi um dos mais fortes — tanto física quanto mentalmente. Entretanto, não o era no começo. O presidente vaqueiro dos Estados Unidos nasceu em Manhattan, em uma família abastada e eminente. Quando criança, era fraco e muito doente. Acometido de asma, que o debilitava, e dotado de uma visão bastante fraca, era extremamente magro. Seus pais não sabiam ao certo se ele sobreviveria.

Aos 12 anos de idade, o pai do jovem Roosevelt disse-lhe: "Você tem boa cabeça, mas não tem corpo saudável, e, sem a ajuda do corpo, a mente não chega até onde deveria. Você tem de *desenvolver* o corpo." Foi isso o que ele fez. TR começou a usar um tempo *diário* para desenvolver o corpo e a mente, e continuou fazendo isso pelo resto da vida. Exercitava-se com pesos, fazia longas caminhadas, patinava no gelo, caçava, remava, andava a cavalo e lutava boxe. Assim que se formou em Harvard, estava pronto para enfrentar o mundo da política.

Não há sucesso da noite para o dia

Roosevelt também não se tornou um grande líder da noite para o dia. Sua estrada rumo à presidência foi de crescimento lento e contínuo.

Ocupando várias posições — de chefe do departamento de polícia da cidade de Nova York a presidente dos Estados Unidos —, ele continuou aprendendo e crescendo. Aperfeiçoou-se e, com o tempo, tornou-se um forte líder.

A lista de realizações de Roosevelt é notável. Sob sua liderança, os Estados Unidos emergiram como uma potência mundial. Ele ajudou o país a desenvolver uma marinha de primeira classe. Cuidou para que o Canal do Panamá fosse construído. Negociou a paz entre Rússia e Japão, tendo recebido o Prêmio Nobel da Paz durante o processo.

Quando as pessoas questionaram sua liderança — por ter assumido a presidência quando McKinley foi assassinado —, fez campanha e foi reeleito, o que não acontecera a nenhum outro presidente até então. Sempre um homem de ação, ao encerrar o mandato de presidente, em 1909, Roosevelt imediatamente viajou para a África, onde conduziu uma expedição científica patrocinada pelo Instituto Smithsonian.

Em 6 de janeiro de 1919, em sua casa em Nova York, Theodore Roosevelt morreu enquanto dormia. O vice-presidente em exercício, Marshall, disse: "A morte teve de levá-lo durante o sono, pois se Roosevelt estivesse acordado, teria sido uma luta." Quando o tiraram da cama, encontraram um livro sob seu travesseiro. Até o último momento, TR ainda se empenhava para aprender e aperfeiçoar-se.

Se você quiser ser um líder, a boa notícia é que isso é possível. Todos têm o potencial, mas isso não acontece da noite para o dia. Exige perseverança. Não ignore o fato de que se tornar um líder é um processo. Não se desenvolve liderança em um dia. Leva uma vida.

Capítulo 2

As características de um líder

Como me submeter à disciplina?

A primeira pessoa que você lidera é você

A estrada que leva ao topo é difícil. Poucas pessoas que conseguem fazer parte do grupo em que estão os melhores em sua profissão. Um número ainda menor consegue ser visto como "o melhor". Entretanto, Jerry Rice conseguiu atingir esse objetivo. Ele é considerado o melhor receptor de bolas do futebol americano. Bateu recordes para provar isso.

Quem conhece bem Rice diz que ele é uma pessoa comum. Fisicamente, os talentos que Deus lhe deu são incríveis, mas, sozinhos, não teriam feito dele tão bom jogador. A verdadeira chave para seu sucesso foi sua autodisciplina. Ele se exercita e treina diariamente, diferente de qualquer jogador de futebol americano profissional.

Durante os treinos na época em que estava na escola, o técnico de Rice, Charles Davis, fazia os jogadores subirem e descerem correndo vinte vezes um morro de 36 metros de altura. Em um dia particularmente quente e úmido no Mississippi, Rice deu-se por vencido depois de 11 percursos. Enquanto saía às escondidas para o vestiário, percebeu o que estava fazendo.

— Não desista — pensou consigo. — Se adquirir o hábito de desistir, terá a sensação de que não há problema algum nessa atitude. Voltou e chegou ao fim da corrida; desde então, nunca mais fez corpo mole.

Como jogador profissional, Rice ficou famoso por sua habilidade de subir a todo vapor outro morro — uma trilha acidentada de quatro quilômetros em um parque em San Carlos, Califórnia —, que é parte regular de seu plano de exercícios. Outros jogadores importantes tentam acompanhá-lo, mas ficam para trás, surpresos com a perseverança de Rice. Entretanto, esse percurso é apenas parte da rotina de Rice. Mesmo quando não é temporada, enquanto os outros jogadores ficam pescando ou descansando, aproveitando o período de folga, Rice continua se exercitando, sua rotina normal de exercícios vai das 7 horas da manhã ao meio-dia.

— O que os rapazes não compreendem sobre Jerry é que, para ele, o futebol dura 12 meses por ano — diz o zagueiro da Kevin Smith. — Ele é uma pessoa normal, porém sempre faz exercícios. Isso é o que diferencia os bons dos grandes.

Em 1997, Rice venceu outro morro em sua carreira: recuperou-se de uma terrível contusão. Antes desse incidente, jamais havia perdido um jogo em 19 temporadas de futebol, algo que atesta sua ética de trabalho disciplinado e completa tenacidade. Ao arrebentar o joelho em 31 de agosto de 1997, as pessoas pensaram que a temporada havia chegado ao fim para ele. Afinal, somente um jogador tivera um ferimento semelhante e voltara na mesma temporada, Rod Woodson, cuja recuperação do joelho deu-se em quatro meses e meio. A recuperação de Rice levou três meses e meio, devido a uma grande coragem, determinação e incrível autodisciplina. As pessoas jamais viram algo desse tipo antes, e é provável que não vejam outra vez. Rice continua a superar seus recordes e sua reputação, ao mesmo tempo ajuda sua equipe a conquistar vitórias.

Uma direção disciplinada

Jerry Rice é um exemplo perfeito do poder da autodisciplina. Ninguém alcança e sustenta o sucesso sem ela. Independentemente dos talentos de um líder, tais talentos jamais chegarão ao potencial máximo sem autodisciplina. Ela impulsiona o líder a alcançar o nível mais alto e é uma chave para a liderança duradoura.

Se quiser tornar-se um líder que considera a autodisciplina um recurso útil, tome estas atitudes:

Desafie suas justificativas

Para desenvolver um estilo de vida de disciplina, uma das primeiras tarefas deve ser desafiar e eliminar qualquer tendência a justificar-se. Como disse o escritor clássico francês François La Rochefoucauld: "Quase todas as nossas falhas são mais desculpáveis do que os métodos que imaginamos para escondê-las." Se você tem várias razões pelas quais não pode ser uma pessoa autodisciplinada, entenda que essas razões realmente não passam de um monte de desculpas, todas elas precisam ser desafiadas, caso você queira passar para o próximo nível como um líder.

Cancele as gratificações até que o trabalho seja realizado

O autor Mike Delaney sabiamente observou: "Toda empresa ou atividade que oferece as mesmas gratificações para os funcionários que fazem corpo mole e para os funcionários diligentes, mais cedo ou mais tarde acabará com um número maior de funcionários que fazem corpo mole do que de funcionários diligentes." Se perder a autodisciplina, você poderá adquirir o hábito de saborear a sobremesa antes de experimentar as verduras.

Independentemente de quais sejam, os talentos do líder jamais chegarão ao potencial máximo sem autodisciplina.

Uma história ilustra o poder que há em recusar gratificações. Um casal de idosos estava em um acampamento havia alguns dias, quando uma família aproximou-se. Assim que a caminhonete da família parou, o casal e seus três filhos desceram do carro. Uma das crianças descarregou depressa geladeiras de isopor, mochilas e outros itens, enquanto as outras duas rapidamente montaram as barracas. Tudo ficou pronto em 15 minutos. O casal de idosos ficou surpreso.

— Pessoal, não há dúvida de que vocês trabalham muito bem em equipe — disse, admirado, o senhor idoso ao pai daquela família.

— Temos um sistema — replicou o pai. — Ninguém vai ao banheiro a menos que as barracas estejam montadas.

Mantenha-se concentrado nos resultados

Toda vez que se concentrar na dificuldade do trabalho, em vez de nos resultados ou gratificações, provavelmente ficará desanimado. Insista nessa atitude por muito tempo e desenvolverá um sentimento de autopiedade e não uma autodisciplina. Da próxima vez que estiver diante de uma tarefa imprescindível e pensar em fazer o que for conveniente, em vez de pagar o preço, mude o enfoque. Pense nos benefícios decorrentes de fazer o que é certo e, então, vá fundo.

O autor H. Jackson Brown Jr. brincou: "O talento sem disciplina é como um polvo de patins. Há muito movimento, mas nunca se sabe se ele está indo para frente, para trás ou para o lado." Se você sabe que tem talento e tem visto muita ação mas poucos resultados concretos, pode estar faltando autodisciplina.

Se você sabe que tem talento e tem visto muita ação mas poucos resultados concretos, pode estar faltando autodisciplina.

Observe a agenda da semana passada. Quanto de seu tempo dedicou a atividades regulares e disciplinadas? Fez alguma coisa para crescer e para aperfeiçoar-se profissionalmente? Participou de atividades que visavam ao seu bem-estar físico? Aplicou parte de sua renda em poupança ou em investimentos? Se vem adiando essas coisas, dizendo para si mesmo que irá fazê-las mais tarde, talvez seja necessário exercitar sua autodisciplina.

Como devo estabelecer prioridades em minha vida?

A disciplina de estabelecer prioridades e a habilidade de trabalhar no sentido de alcançar uma meta estabelecida são essenciais para o sucesso de um líder

O sucesso pode ser definido como *a concretização progressiva de uma meta predeterminada*. Essa definição diz que a disciplina de estabelecer prioridades e a habilidade de trabalhar visando alcançar uma determinada meta são essenciais para o sucesso de um líder. Na realidade, acredito que sejam as chaves para a liderança. Há muitos anos, enquanto me empenhava para conseguir uma posição empresarial, descobri o Princípio de Pareto, comumente chamado de princípio 20/80. Embora tivesse poucas informações sobre ele na época, comecei a aplicá-lo em minha vida. Passados alguns anos, percebo que é uma das ferramentas mais úteis para definir prioridades na vida de qualquer pessoa ou em qualquer organização.

O princípio de Pareto: o Princípio 20/80

Vinte por cento de suas prioridades irão render-lhe 80% de sua produção, *se* você aplicar tempo, energia, dinheiro e pessoal nos primeiros 20% de suas prioridades.

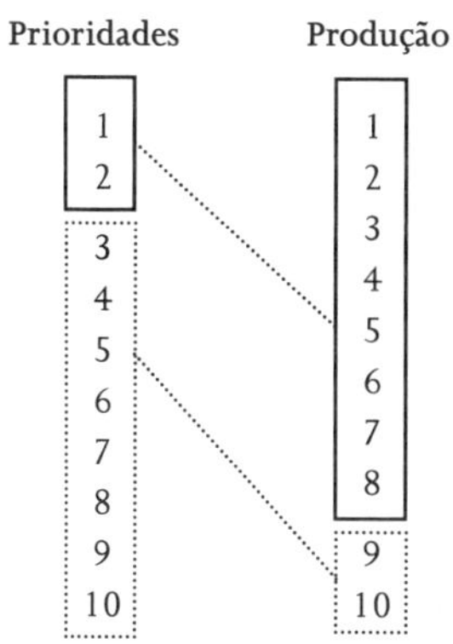

As linhas cheias na figura que ilustra o Princípio 20/80 representam uma pessoa ou organização que emprega tempo, energia, dinheiro e pessoal nas prioridades mais importantes. O resultado é um retorno quatro vezes maior na produtividade. As linhas pontilhadas representam uma pessoa ou organização que emprega tempo, energia, dinheiro e pessoal nas prioridades menos importantes. O resultado é um retorno muito pequeno.

Exemplos do princípio de Pareto

Tempo:	20% de nosso tempo produzem 80% dos resultados.
Aconselhamento:	20% das pessoas absorvem 80% de nosso tempo.
Produtos:	20% dos produtos geram 80% do lucro.
Leitura:	20% do livro contêm 80% do conteúdo.
Trabalho:	20% de nosso trabalho são responsáveis por 80% de nossa satisfação.
Discurso:	20% de uma apresentação causam 80% do impacto.
Doações:	20% das pessoas darão 80% do dinheiro.
Liderança:	20% das pessoas tomarão 80% das decisões.
Piquenique:	20% das pessoas comerão 80% do lanche!

Todo líder precisa compreender o Princípio de Pareto na área de supervisão de pessoal e de liderança. Por exemplo, 20% das pessoas em uma organização serão responsáveis por 80% do sucesso da empresa. A estratégia a seguir permitirá a um líder aumentar a produtividade de uma organização.

1. Determine quem são as pessoas que constituem os 20% dos que mais produzem.
2. Passe 80% do tempo que reserva para gastar com pessoal com esses 20%.

3. Invista 80% de seu dinheiro no desenvolvimento pessoal desses 20%.
4. Defina quais são os 20% do trabalho que geram 80% do retorno e treine um assistente para fazer os 80% do trabalho menos efetivo. Isso "libera" aquele que produz para que faça aquilo que realiza melhor.
5. Peça aos primeiros 20% que deem treinamento prático aos próximos 20%.

Lembre-se de que ensinamos aquilo que sabemos e reproduzimos aquilo que somos. Preferências geram preferências. Ensino esse princípio em conferências sobre liderança e muitas vezes ouço a seguinte pergunta: "Como identificar os principais 20% dentre aqueles que influenciam ou produzem em minha organização?" Sugiro que você faça uma lista de todos que fazem parte de sua empresa ou departamento. Em seguida, pergunte-se sobre cada um desses indivíduos: "Se essa pessoa agir de forma negativa contra mim ou deixar de me dar suporte, qual será o possível impacto disso?" Se você não puder trabalhar sem essa pessoa, então coloque um sinal próximo ao nome dela. Se a pessoa for alguém que pode ajudá-lo ou prejudicá-lo, mas não incentivá-lo nem atrapalhá-lo em termos de capacidade para realizar coisas importantes, então não coloque um sinal próximo ao nome dela. Quando chegar ao final da lista, você terá marcado cerca de 15 a 20% dos nomes. Esses são os relacionamentos vitais que precisam ser desenvolvidos e que precisam dispor do número adequado de recursos necessários para promover o crescimento da organização.

Uma vida em que tudo funciona, por fim será uma vida em que nada funciona.

Organize-se ou agonize

Lembre-se: não me refiro a quanto você trabalha, mas ao grau de inteligência com que realiza seu trabalho. A capacidade de lidar com três ou quatro projetos de máxima prioridade com sucesso é dever de todo líder.

Priorize tarefas

Muito Importante/Muito Urgente: Discuta esses projetos em primeiro lugar.

Pouco importante/Muito Urgente:Descubra formas rápidas e eficientes para realizar esse trabalho sem envolver grande parte do pessoal. Se possível, delegue-o a um assistente capaz de realizá-lo.

Muito Importante/Pouco Urgente: Defina prazos finais para término desses projetos e inclua-os em sua rotina diária.

Pouco Importante/Pouco Urgente: Este é um trabalho minucioso ou repetitivo, como o de arquivamento. Acumule-o e faça-o em períodos de meia hora todas as semanas; arrume outra pessoa para fazê-lo ou não o faça. Antes de adiar para o dia seguinte algo que você pode fazer hoje, pense bem. Talvez seja possível adiá-lo por tempo indefinido.

FAÇA UMA OPÇÃO OU SAIA PERDENDO

Toda pessoa tem uma iniciativa ou uma reação quando o assunto é planejamento. Um exemplo disso é nossa agenda. A pergunta não é: "Minha agenda ficará cheia?", mas: "Quem ocupará minha agenda?" Se somos líderes, a pergunta não é: "Verei pessoas?", mas: "A quem verei?" O que tenho observado é que os líderes tendem a tomar as iniciativas e os seguidores tendem a reagir. Observe a diferença:

Líderes	Seguidores
Iniciativa	Reação
Liderar; pegar o telefone e fazer contato	Ouvir; esperar o telefone tocar
Passar o tempo planejando; prever problemas	Passar o tempo vivenciando problemas do dia a dia e reagindo a eles
Investir tempo em pessoas	Passar tempo com pessoas
Encher a agenda de prioridades	Encher a agenda de pedidos

AVALIE OU ENTRE EM UM BECO SEM SAÍDA

Muitas vezes, as prioridades não estão bem definidas, são um pouco confusas. Descobri que a última coisa que se sabe é o que colocar em primeiro lugar. As seguintes perguntas irão ajudá-lo em seu processo de definir prioridades:

O que é exigido de mim? Um líder pode abrir mão de qualquer coisa, menos da responsabilidade final. A pergunta a que você sempre deve responder antes de aceitar um novo trabalho é: "O que é exigido de mim?" Em outras palavras: o que tenho de fazer que ninguém mais possa fazer? Independentemente de quais sejam essas obrigações, devem ser as primeiras em sua lista de prioridades. Não cumpri-las implica pertencer ao grupo de desempregados. Haverá muitas responsabilidades de níveis abaixo de sua posição, porém somente algumas exigem que seja você o único capaz de cumpri-las. Separe aquilo que você tem de fazer daquilo que pode ser delegado a outra pessoa.

O que me dá o maior retorno? O esforço empregado deve aproximar-se dos resultados esperados. Uma pergunta que devo continuamente fazer para mim é: "Estou fazendo aquilo que faço melhor e recebendo um bom retorno da organização?" Três problemas comuns em muitas organizações são:

- Poucos funcionários estão realizando muito trabalho.
- Muitos funcionários estão realizando pouco trabalho.
- Muitos funcionários estão fazendo as coisas erradas.

O que é mais gratificante? A vida é muito curta para não ser desfrutada. Quando gostamos do que fazemos, trabalhamos melhor. Há algum tempo, dei uma conferência para líderes na qual tentei ensinar esse princípio. O tema de minha palestra era: "Aceite este trabalho e ame-o." Incentivei as pessoas da plateia a descobrirem algo de que gostassem tanto de fazer a ponto de realizá-lo com prazer a troco de nada. Então, sugeri que aprendessem a realizá-lo tão bem de modo que os empregadores ficassem felizes em remunerá-las pelo trabalho. Assim, a pessoa se diverte e dá sua contribuição ao mundo.

O sucesso no trabalho aumentará consideravelmente se os três "erres": requisitos, retorno e recompensa forem equivalentes. Em outras palavras, se os requisitos de meu trabalho forem os mesmos que meus pontos fortes, que me dão maior retorno, e se fazer essas coisas me dá muito prazer, então terei sucesso ao pôr em prática minhas prioridades.

Princípios da prioridade

As prioridades nunca "são as mesmas"

As prioridades constantemente mudam e exigem atenção. H. Ross Perot disse que tudo que é excelente ou louvável está, momento após momento, muito à frente e deve ser constantemente buscado. Prioridades bem definidas sempre estão "em vantagem".

Para definir bem as prioridades:

- Avalie: Reveja os três "erres" (Requisitos/Retorno/Recompensa) todos os meses.
- Elimine: Pergunte-se a respeito do que está fazendo que pode ser feito por outra pessoa.
- Avalie: Quais são os principais projetos que você está fazendo neste mês e quanto tempo levará para concluí-los?

Não se pode superestimar a insignificância de praticamente tudo

Adoro este princípio. É um pouco exagerado, mas precisa ser dito. William James disse que a arte de ser sábio é "a arte de saber o que negligenciar". As coisas triviais e terrenas roubam grande parte de nosso tempo. Muitas pessoas vivem pelas coisas erradas.

O doutor Anthony Campolo fala sobre um estudo sociológico no qual se fez a seguinte pergunta a cinquenta pessoas com idade superior a 95 anos: "Se você pudesse viver sua vida novamente, o que seria diferente?" Tratava-se de uma pergunta aberta, por isso diversas respostas vieram desses cidadãos mais velhos. Entretanto, três respostas apareceram constantemente e predominaram nos resultados do estudo. As respostas foram:

- Se eu tivesse de viver novamente, refletiria mais.
- Se eu tivesse de viver novamente, arriscaria mais.
- Se eu tivesse de viver novamente, faria mais coisas que perdurariam depois de minha morte.

Perguntou-se a uma jovem violinista de concertos o segredo de seu sucesso. Ela respondeu:

— Negligência planejada.

Em seguida, explicou:

— Quando estava na escola, havia muitas coisas que exigiam meu tempo. Ao ir para meu quarto depois do café da manhã, arrumava a cama, colocava o quarto em ordem, varria o chão e fazia tudo aquilo que achasse importante. Em seguida, corria para estudar violino. Descobri que não estava progredindo como pensei que deveria; assim, inverti as coisas. Enquanto o tempo de estudar violino não acabava, deliberadamente negligenciava todas as outras coisas. Esse programa de negligência planejada, a meu ver, é o responsável por meu sucesso.[1]

O bom é o inimigo do melhor

A maioria das pessoas é capaz de definir prioridades quando está diante de questões certas ou erradas. O desafio surge quando estamos diante de duas boas escolhas. Ora, o que devemos fazer? O que aconteceria se ambas as escolhas estivessem perfeitamente de acordo com os requisitos, retorno e recompensa de nosso trabalho?

Como escolher entre duas boas opções:

- Pergunte qual seria a opção de seu supervisor ou colaboradores.
- Uma das opções pode ser deixada para outra pessoa? Em caso afirmativo, passe-a adiante e fique com aquela que somente você pode fazer.
- Qual das opções daria maior benefício ao cliente? Muitas vezes, somos como o comerciante que estava tão preocupado em manter a loja limpa que nunca abria a porta da frente. A verdadeira razão de ter uma loja é ter clientes que entrem nela, não limpá-la!
- Tome sua decisão com base no propósito da organização.

MUITAS PRIORIDADES NOS PARALISAM

Todo mundo já viu a mesa cheia de memorandos e papéis, o telefone tocando e a porta sendo aberta por um cliente, tudo ao mesmo tempo! Lembra-se da "sensação de frio no estômago" que sentiu?

William H. Hinson conta por que os treinadores de animais carregam um banquinho quando entram em uma jaula de leões. É óbvio que eles levam um chicote e uma arma a tiracolo. Contudo, invariavelmente, também carregam um banquinho. Hinson diz que o banquinho é a ferramenta mais importante do treinador. Ele o segura pela parte de trás e aponta as pernas do banquinho em direção ao focinho do animal selvagem. Aqueles que conhecem essa prática afirmam que o animal tenta concentrar-se nas quatro pernas de uma vez. Na tentativa, um tipo de paralisia domina o animal, e ele fica manso, fraco e incapacitado, pois sua atenção fica dividida. (Agora teremos mais empatia pelos leões.)

A eficiência é a base da sobrevivência. A eficácia é a base do sucesso.

Se você está sobrecarregado de trabalho, especifique as prioridades em uma folha de papel à parte *antes* de apresentá-las a seu chefe e de ver o que ele escolherá como prioridades.

Ao final de cada mês, planejo e traço minhas prioridades para o mês seguinte. Sento-me com minha assistente e peço a ela que coloque esses projetos na agenda. Ela trata de centenas de coisas para mim por mês. No entanto, quando um assunto é de Grande Importância/Grande Urgência, eu comunico a ela para que possa colocá-lo em primeiro lugar. Todos os verdadeiros líderes aprenderam a dizer "não" ao bom para dizer "sim" ao melhor.

QUANDO PEQUENAS PRIORIDADES EXIGEM MUITO DE NÓS, GRANDES PROBLEMAS APARECEM

Robert J. McKain afirmou: "A maioria das metas principais não é realizada porque passamos nosso tempo fazendo primeiro aquilo que é secundário."

Muitas vezes, as coisas pequenas da vida nos passam uma rasteira. Um exemplo trágico é o de um avião a jato da Eastern Airlines que caiu nos Everglades, na Flórida. Tratava-se do agora famoso Voo 401, que saíra de Nova York com destino a Miami com uma grande quantidade de passageiros em férias. À medida que o avião se aproximava do aeroporto de Miami para fazer o pouso, a luz que indicava a posição adequada do trem de aterrissagem começou a falhar. O avião deu uma grande volta sobre os pântanos dos Everglades, enquanto a tripulação da cabina verificava se a engrenagem de fato não funcionara ou se, em vez disso, a lâmpada de aviso estava com defeito.

Quando o engenheiro de voo tentou remover a lâmpada, ela não saiu do lugar, e os outros membros da tripulação tentaram ajudá-lo. Enquanto pelejavam com a lâmpada, ninguém percebeu que a aeronave estava perdendo altitude, e o avião simplesmente foi direto para o pântano. Inúmeras pessoas morreram no acidente. Enquanto uma tripulação experiente de pilotos de grande valor tentava consertar uma lâmpada de 75 centavos, um avião cheio de passageiros caiu.

Prazos e emergências obrigam-nos a definir prioridades

Vemos isso na Lei de Parkinson: se tiver apenas uma carta para escrever, levará o dia todo para escrevê-la. Se tiver vinte cartas para escrever, irá escrevê-las em um dia. Qual é o período mais eficiente em nosso trabalho? A semana que antecede as férias! Por que nem sempre administramos nossa vida do modo como fazemos na semana anterior à nossa saída do escritório, tomando decisões, limpando a mesa, retornando ligações? Sob condições normais, somos eficientes (fazemos as coisas da forma certa). Quando a pressão com relação ao tempo aumenta ou as emergências surgem, ficamos eficazes (fazemos as coisas certas). A eficiência é a base da sobrevivência. A eficácia é a base do sucesso.

Na noite de 14 de abril de 1912, o *Titanic*, um grande transatlântico, chocou-se contra um *iceberg* no Atlântico e naufragou, causando grande perda de vidas. Uma das histórias mais curiosas decorrentes do desastre foi a de uma mulher que conseguiu um lugar em um dos botes salva-vidas.

Ela perguntou se poderia voltar a seu camarote para buscar algo e teve apenas três minutos para fazê-lo. Em seu camarote, ignorou as joias e, em seu lugar, pegou três laranjas. Em seguida, voltou correndo para seu lugar no bote.

Antes do acidente, seria ridículo pensar que ela pudesse aceitar um engradado de laranjas em troca de um diamante, ainda que pequeno, mas as circunstâncias subitamente transformaram toda a escala de valores a bordo do navio. A emergência deixou claro quais eram as prioridades dessa mulher.

QUASE SEMPRE É MUITO TARDE QUANDO DESCOBRIMOS O QUE REALMENTE É IMPORTANTE

Gary Redding conta a seguinte história sobre o senador Paul Tsongas, de Massachusetts. Em janeiro de 1984, ele anunciou que deixaria o senado dos Estados Unidos e que não tentaria a reeleição. Tsongas era uma estrela política em ascensão. Forte candidato à reeleição, havia sido mencionado como futuro candidato potencial à presidência ou à vice-presidência dos Estados Unidos.

Algumas semanas antes de seu comunicado, Tsongas descobrira que tinha uma espécie de câncer linfático incurável, mas que podia ser tratado. O câncer pode não ter afetado muito suas habilidades físicas nem sua expectativa de vida. A doença não forçou Tsongas a renunciar ao senado, mas forçou-o a enfrentar a realidade de sua própria natureza mortal. Não poderia fazer tudo o que tivesse vontade. Portanto, o que realmente gostaria de fazer durante o tempo que lhe restava?

Chegou à conclusão de que o que mais desejava na vida, e que não deixaria de lado se não pudesse ter tudo, era estar com sua família e ver seus filhos crescerem. Preferia fazer isso a instituir as leis da nação ou a ter seu nome nos livros de História.

Logo depois de sua decisão ser anunciada, um amigo escreveu uma nota para parabenizá-lo por organizar suas prioridades na ordem certa. A nota dizia: "Ninguém em seu leito de morte jamais disse: 'Gostaria de ter passado mais tempo em meus negócios'."

Como desenvolver confiança?

Confiança é a base da liderança

Uma das lições mais importantes que um líder pode aprender é sobre como a confiança funciona. Para mim, confiança se relaciona com ganhar e gastar uns trocados que estão em seu bolso. Toda vez que você toma uma boa decisão na liderança, isso coloca uns trocados em seu bolso. Toda vez que toma uma decisão insatisfatória, você tem de passar parte desses trocados para as pessoas.

Todo líder tem alguns trocados no bolso quando inicia uma nova posição de liderança. Daí em diante, ou ele junta mais trocados ou tem de usá-los. Se tomar uma decisão péssima após a outra, vai usando sua reserva. Então, um dia, após tomar a última decisão ruim, colocará a mão no bolso e perceberá que não há mais nada. Não interessa se o erro foi grave ou fútil. Quando você não tem o que dar, é descartado como líder.

A história de sucessos e fracassos de um líder faz uma grande diferença em sua credibilidade. Seu pessoal sabe quando você comete erros. A verdadeira pergunta é se você irá admiti-los. Em caso afirmativo, muitas vezes logo reconquistará a confiança do pessoal. Aprendi de imediato que, quando o assunto é liderança, não dá para cortar caminho, independentemente de há quanto tempo lidera seu pessoal.

As características da liderança

Há três qualidades que um líder deve ter para gerar confiança: competência, conexão e caráter. As pessoas perdoarão eventuais erros com base na capacidade, principalmente se puderem ver que você ainda está crescendo como líder. Entretanto, não confiarão em alguém que apresenta deslizes de caráter. Nessa área, até os lapsos ocasionais são fatais. Todos os líderes eficientes conhecem essa verdade. O presidente e diretor-executivo da PepsiCo, Craig Weatherup, reconhece: "As pessoas toleram erros sinceros, mas, se você trair a confiança delas, verá que é muito difícil reconquistá-las. Essa é uma das razões da necessidade de se discutir a questão da confiança como seu bem mais precioso. Dá para enganar seu chefe, mas jamais enganará os colegas ou subordinados."

O general H. Norman Schwarzkopf faz menção à importância do caráter: "A liderança é uma forte combinação de estratégia e caráter. Entretanto, se você tiver de ficar sem um deles, fique sem a estratégia." O caráter e a credibilidade na liderança sempre andam de mãos dadas. Anthony Harrigan, presidente do Conselho Empresarial e Industrial dos Estados Unidos, disse:

> O caráter sempre foi o principal fator na ascensão e queda de uma nação. Saiba que os Estados Unidos não são exceção a essa regra da história. Não sobreviveremos como país porque somos mais espertos ou mais sofisticados, mas porque somos — essa é nossa esperança — mais fortes interiormente. Em resumo, o caráter é o único baluarte eficiente contra forças internas e externas que levam à desintegração ou ao colapso de um país.

O caráter viabiliza a confiança, e a confiança viabiliza a liderança.

O CARÁTER COMUNICA

O caráter comunica muitas coisas para os seguidores de um líder:

Consistência

Não se pode contar diariamente com líderes que não têm força interior por causa de sua capacidade de efetuar mudanças constantemente. O grande Jerry West, da NBA (Associação Nacional de Basquete), comentou: "Ninguém realiza muitas coisas na vida se só trabalhar nos dias em que se sentir bem." Caso seu pessoal não saiba o que esperar de você como líder, mais cedo ou mais tarde deixará sua liderança.

Pense no que aconteceu no final da década de 80, do século XX. Vários líderes cristãos de grande destaque tropeçaram e caíram por causa de questões morais. Essa falta de consistência comprometeu sua capacidade de liderar sua congregação. Na realidade, foi o que fez cair em descrédito todos os pastores de todo o país, pois levou as pessoas a desconfiarem de todos os líderes das igrejas, independentemente de seu histórico pessoal. O caráter falho daqueles líderes que caíram destruiu a base de sua liderança.

Ao pensar em líderes que são exemplo de consistência de caráter, o primeiro nome que me vem à mente é Billy Graham. Independentemente de suas crenças religiosas pessoais, todos confiam nele. Por quê? Porque ele tem revelado grande caráter há mais de meio século. Põe em prática seus valores todos os dias. Jamais assume um compromisso a menos que possa cumpri-lo e esforça-se por ser a personificação da integridade.

O caráter transmite o potencial

John Morley observou: "Nenhum homem pode ir além das limitações de seu próprio caráter." Isso é sobremodo verdadeiro quando falamos de liderança. Consideremos, por exemplo, o caso do técnico da NHL (Liga Nacional de Hóquei), Mike Keenan. Em meados de 1997, ele atingiu um notável recorde de vitórias no hóquei profissional: quinto maior número de vitórias em temporadas regulares, terceiro maior número de vitórias em lances decisivos, seis títulos da divisão, quatro participações nas finais da NHL e uma Taça Stanley.

Contudo, a despeito dessas louváveis credenciais, Keenan era incapaz de permanecer no mesmo time por um tempo considerável. Em 11 temporadas e meia, foi técnico de quatro times diferentes. Depois de vencido seu contrato no quarto time — o St. Louis Blues —, não conseguiu arrumar emprego por um bom tempo. Por quê? Eis o que fala o correspondente desportivo E. M. Swift sobre Keenan: "A relutância na contratação de Keenan pode ser *facilmente* explicada. Em todos os lugares por onde passou, provocou divisão entre os jogadores e a administração."[2] É óbvio que seus jogadores não confiavam nele. Nem os presidentes, que tinham como objetivo a vitória de seus times.

Craig Weatherup explica: "Não se gera confiança falando sobre ela, mas alcançando resultados, sempre com integridade e demonstrando verdadeiro respeito pelas pessoas com quem trabalha."[3] Quando o caráter de um líder é forte, as pessoas confiam nele e em sua habilidade de fazer vir à tona o potencial que elas têm. Isso não apenas dá aos que o seguem uma expectativa para o futuro, mas também estimula uma confiança sustentada em si e na organização.

O caráter transmite respeito

Sem força interior não se consegue ganhar o respeito, essencial para que a liderança seja duradoura. De que modo os líderes ganham respeito? Tomando decisões acertadas, admitindo erros e colocando o que é o melhor para aqueles que o seguem e para a organização acima de seus compromissos pessoais.

O bom caráter de um líder gera confiança em seus seguidores. No entanto, quando um líder destrói a confiança, perde sua capacidade de liderar. Lembrei-me novamente disso enquanto ouvia uma aula ministrada por meu amigo, Bill Hybels. Quatro vezes por ano, ele e eu promovemos um seminário chamado "Liderando e comunicando para mudar vidas". Bill estava dando uma palestra intitulada "Lições de uma liderança que foi um pesadelo" e compartilhava observações e percepções sobre alguns erros na liderança cometidos por Robert McNamara e pela administração de Johnson durante a guerra do Vietnã: a incapacidade de a administração priorizar múltiplos desafios, a aceitação de suposições erradas e o fracasso de Johnson em enfrentar sérios conflitos na equipe. Contudo, em minha opinião, a maior percepção que Bill compartilhou durante aquela conversa tinha a ver com o fracasso de líderes norte-americanos, incluindo McNamara, de enfrentar e de publicamente admitir os terríveis erros que haviam cometido na guerra no Vietnã. Suas ações destruíram a confiança do povo norte-americano, e os Estados Unidos passaram a sofrer com a repercussão desse incidente.

Quando o caráter de um líder é forte, as pessoas confiam nele e em sua habilidade de fazer vir à tona o potencial que elas têm.

Nenhum líder pode destruir a confiança de seu pessoal e esperar manter o mesmo nível de influência. A confiança é a base da liderança. Viole a confiança de seu pessoal e estará acabado como líder.

Como ter visão de fato?

Só se pode pegar aquilo que se vê

Um dos maiores sonhadores do século XX foi Walt Disney. Alguém capaz de criar o primeiro desenho animado com som, o primeiro desenho animado em cores e o primeiro filme cinematográfico animado de longa metragem é definitivamente alguém de visão. Entretanto, as maiores obras-primas de Disney que revelaram sua visão foram a Disneylândia e o Mundo de Walt Disney. O brilho dessa visão veio de um lugar inesperado.

Quando suas duas filhas eram pequenas, Walt costumava levá-las a um parque de diversão, na região de Los Angeles, aos sábados pela manhã. As meninas adoravam aquele lugar, e ele também. Um parque de diversão é o paraíso de uma criança, um lugar maravilhoso.

Walt ficava fascinado, sobretudo pelo carrossel. À medida que se aproximava de um deles, imagens claras iam ficando desfocadas, movimentando-se rapidamente ao som de uma música alegre e estereofônica. Entretanto, quando chegava mais perto e o carrossel parava, percebia que seus olhos lhe haviam pregado uma peça. Via cavalos de madeira, gastos e com a pintura trincada e lascada. Percebia que, de fato, somente os cavalos da fileira externa moviam-se para cima e para baixo. Os outros continuavam sem vida, presos ao chão.

A frustração do cartunista foi o que lhe inspirou uma grande visão. Em sua mente, vislumbrava um parque de diversão onde a ilusão não desapareceria, onde crianças e adultos poderiam desfrutar um clima de festa sem aquele ar de coisa antiga que acompanha alguns circos ou festivais. Seu sonho transformou-se na Disneylândia. Como afirmou Larry Taylor em *Be an Orange*, a visão de Walt poderia ser sintetizada da seguinte forma: “Sem pintura lascada. Todos os cavalos se movem.”

Observe antes de liderar

A visão é tudo para um líder. É completamente indispensável. Por quê? Porque é a visão que conduz o líder. Ela descreve o alvo. Lança e ateia o fogo que há dentro de seu coração, empurrando-o para a frente. É também a substância inflamável para os que o seguem. Mostre-me um líder sem visão, e eu lhe mostrarei alguém que não chegará a lugar algum. Na melhor das hipóteses, ficará andando em círculos.

Para compreender a visão e de que modo ela passa a fazer parte da vida de um bom líder, entenda o seguinte:

A visão começa no íntimo

Quando ensino em conferências, alguém de vez em quando me pede que dê uma visão para sua organização. Entretanto, não posso fazê-lo. Não se pode comprar, solicitar nem tomar emprestada uma visão. Ela deve partir de seu íntimo. Para Disney, visão nunca foi um problema. Por causa de sua criatividade e desejo pela excelência, sempre viu o que *poderia* vir a existir.

Se você perder a visão, olhe para dentro de si mesmo. Recorra a seus desejos e talentos naturais. Observe seu chamado, caso tenha algum. Se mesmo assim não conseguir enxergar sua própria visão, então pense em unir-se a um líder cuja visão vá ao encontro da sua. Seja parceiro dele. Foi o que fez Roy, irmão de Walt Disney. Era um bom empresário e líder, capaz de fazer com que as coisas acontecessem, mas foi Walt quem propôs a visão. Juntos formaram uma equipe incrível.

A visão aproxima-se de sua história

A visão não é uma qualidade mística que surge do nada, como algumas pessoas parecem acreditar. Nasce do passado de um líder e da história das pessoas a sua volta. Foi o que aconteceu com Disney e é o que acontece com todos os que estão na liderança. Converse com qualquer líder e certamente descobrirá, no passado dele, eventos importantes que contribuíram para a formação de sua visão.

A visão supre as necessidades de outros

A verdadeira visão tem longo alcance. Excede aquilo que um indivíduo é capaz de realizar. Se tiver verdadeiro valor, não apenas *inclui* outros, mas também *atribui-lhes mais valor.* Se você tiver uma visão que não seja útil para outros, é provável que seja extremamente pequena.

A visão ajuda a captar recursos

Um dos benefícios mais valiosos da visão é que ela age como um ímã — atraindo, desafiando e unindo pessoas. Também atrai recursos financeiros e outros investimentos. Quanto maior a visão, maior o potencial de atrair grande número de vencedores. Quanto mais desafiadora a visão, maior o empenho dos envolvidos em alcançá-la. Edwin Land, fundador da Polaroid, recomendou: "A primeira coisa que se deve fazer é ensinar as pessoas a perceberem que ter visão é algo ao mesmo tempo muito importante e quase impossível de acontecer. Isso traz à tona o ímpeto dos vencedores."

Concentre-se em ouvir

De onde vem a visão? Para encontrar a visão, que é indispensável ao líder, você tem de ser um bom ouvinte. Deve ouvir muitas vozes.

A voz interior

Como eu já disse, a visão começa no íntimo. Você sabe qual é a missão de sua vida? O que comove seu coração? Qual é seu sonho? Se o que está procurando não for fruto de um desejo que vem de seu íntimo, do profundo de seu ser e daquilo em que você acredita, não será capaz de conquistá-lo.

A voz descontente

De onde vem a inspiração para as grandes ideias? Da observação daquilo que *não* funciona. Descontentar-se com o *status quo* é um grande catalisador para a visão. Você está andando no passo tranquilo de um passeio no parque ou se vê ansioso por mudar o mundo? Nenhum grande líder na história lutou para impedir mudanças.

A voz do sucesso

Ninguém realiza grandes coisas sozinho. Para cumprir uma grande visão, você precisa de uma boa equipe, além de bons conselhos de alguém que esteja a sua frente na estrada da liderança. Se seu desejo é levar outros à grandeza, encontre um conselheiro. Você tem alguém assim para ajudá-lo a aguçar sua visão?

A voz mais sublime

Embora seja verdade que sua visão deve partir do íntimo, não a restrinja a suas capacidades limitadas. Uma visão realmente valiosa deve incluir Deus. Somente ele conhece sua capacidade plena. Você olha para fora de si e para além

Pense naquilo que você gostaria que fosse mudado no mundo ao seu redor.

de sua própria existência enquanto busca sua visão? Se não, é provável que esteja deixando escapar seu verdadeiro potencial e aquilo que a vida tem de melhor para você.

Para melhorar sua visão, faça o seguinte:

Avalie-se. Se você já pensou na visão para sua vida e articulou-a, avalie o modo como a concretiza. Converse com diversas pessoas importantes, como seu cônjuge, um amigo íntimo e funcionários indispensáveis, pedindo que expressem o que acham de sua visão. Se *elas* puderem articulá-la, então é provável que *você* a esteja colocando em prática.

Faça um autoexame. Se você não pôs em prática grande parte de sua visão, passe as próximas semanas ou meses pensando nela. Considere o que realmente lhe causa impacto no íntimo. *O que faz você chorar? O que faz você sonhar? O que lhe dá energia?* Além disso, pense naquilo que você gostaria que fosse mudado no mundo ao seu redor. O que vê que não existe ainda, mas poderia existir? Uma vez que suas ideias comecem a ficar mais claras, escreva-as e converse com um conselheiro sobre elas.

De 1923 a 1955, Robert Woodruff trabalhou como presidente da Coca-Cola. Durante esse tempo, quis que a Coca-Cola estivesse à disposição de todo trabalhador norte-americano ao redor do mundo por cinco centavos, independentemente de quanto isso custaria à empresa. Que meta ousada! No entanto, nada se comparava à imagem mais ampla que se formava em sua mente. Durante sua vida, seu desejo era que todas as pessoas do *mundo* experimentassem uma Coca-Cola. Quando *você* procura uma visão bem no fundo de seu coração e alma, o que vê?

Capítulo 3

O impacto de um líder

Por que a influência é importante?

A verdadeira medida da liderança é a influência, nada mais, nada menos

Se não tiver influência, nunca será capaz de liderar. Assim, de que modo descobrir e medir sua influência? Segue uma história para responder a essa pergunta.

No final do verão de 1997, as pessoas ficaram chocadas com dois eventos que ocorreram em menos de uma semana: a morte da princesa Diana e a de Madre Teresa. Em princípio, essas duas mulheres não poderiam ter sido mais diferentes. Uma delas era a princesa da Inglaterra, alta, jovem e deslumbrante, que circulava nas mais elevadas camadas da sociedade. A outra, que recebera um Prêmio Nobel da Paz, era uma freira, baixa e de idade avançada, nascida na Albânia, que servia aos mais pobres dos pobres em Calcutá, na Índia.

O incrível é que o impacto de ambas foi notavelmente similar. Em uma pesquisa realizada em 1996 e publicada pelo *Daily Mail*, de Londres, a princesa Diana e Madre Teresa foram eleitas em primeiro e segundo lugares como as duas pessoas mais generosas do mundo. Isso é algo que não acontece, a menos que se tenha muita influência. Como alguém como Diana veio a ser respeitada da mesma forma que Madre Teresa? A resposta é que ela demonstrava o poder da influência.

DIANA CATIVOU A ATENÇÃO DO MUNDO

Em 1981, Diana tornou-se a pessoa mais comentada do mundo ao casar-se com o príncipe Charles da Inglaterra. Quase um bilhão de pessoas assistiram à cerimônia de casamento de Diana pela televisão, realizada na Catedral de São Pedro. Desde aquele dia, a impressão era de que as notícias a seu respeito nunca eram suficientes. Todos ficavam intrigados com Diana, uma cidadã comum, ex-professora de um jardim de infância. A princípio, parecia muito tímida e totalmente impressionada com toda a atenção que ela e seu novo marido estavam recebendo.

Logo no início de seu casamento, houve rumores de que Diana não estava muito feliz em cumprir os deveres que se esperavam dela como uma princesa. No entanto, com o tempo, ela se adaptou a seu novo papel. À medida que começou a viajar e representar a família real por todo o mundo em várias funções, rapidamente fez com que sua meta fosse servir e angariar fundos para inúmeras causas beneficentes. Durante o processo, desenvolveu muitas relações importantes, com políticos, organizadores de causas humanitárias, artistas e chefes de Estado.

Diana começou a convocar pessoas para causas como a pesquisa médica para a cura da Aids, o cuidado de pessoas com lepra e uma lei sobre minas terrestres. Foi muito influente ao levar essa última questão à apreciação dos líderes mundiais. Em uma visita aos Estados Unidos, poucos meses antes de sua morte, encontrou-se com membros da administração Clinton para convencê-los a apoiarem a conferência de Oslo, para banir o uso de minas terrestres. Algumas semanas mais tarde, mudaram de atitude. Patrick Fuller, da Cruz Vermelha Britânica, disse: "A atenção que ela deu à questão influenciou Clinton. Ela colocou o assunto na pauta mundial, não há dúvida disso."[1]

O SURGIMENTO DE UM LÍDER

No início, o título de Diana era simplesmente uma plataforma para que tivesse acesso às pessoas, mas logo ela se tornou influente por seus próprios méritos. Em 1996, divorciou-se do príncipe Charles, perdeu o título, mas isso não diminuiu sua influência sobre as pessoas. Pelo contrário, sua influência continuou a aumentar, ao mesmo tempo a de seu ex-marido e de parentes por afinidade diminuía, a despeito dos títulos e da posição nobre que possuíam.

A verdadeira liderança não pode ser concedida, designada nem atribuída. É unicamente fruto da influência.

Ironicamente, até na morte Diana continuou a influenciar outros. Ao ser transmitido pela televisão e pela Rádio BBC, de Londres, seu funeral foi traduzido para 44 línguas. A estimativa da NBC foi de que a audiência total chegou à casa de 2,5 bilhões de pessoas, número duas vezes maior que o de pessoas que assistiram a seu casamento.

A princesa Diana foi caracterizada de muitas formas. Entretanto, uma palavra que nunca ouvi sendo usada para descrevê-la é *líder*. Contudo, ela foi exatamente isso. Basicamente, fazia as coisas acontecerem porque tinha influência, e liderança é influência, nada mais, nada menos.

Cinco mitos sobre a liderança

Há muitos mitos e conceitos errados que as pessoas aceitam com relação a líderes e liderança. Seguem os cinco mais comuns:

1. *O mito da administração*

Um equívoco frequente é que liderar e administrar são duas coisas iguais. Até alguns anos atrás, os pretensos livros sobre liderança eram, muitas vezes, na verdade, sobre administração. A principal diferença entre uma coisa e outra é que a liderança tem a ver com influenciar pessoas para que sigam o líder, enquanto a administração concentra-se em manter sistemas e processos. A melhor maneira de testar se uma pessoa é capaz de liderar, em vez de apenas administrar, é pedir-lhe que crie uma mudança positiva. Os administradores conseguem manter determinada direção, mas não são capazes de mudá-la. Para fazer com que as pessoas sigam uma nova direção, é preciso influência.

2. O mito do empresariado

Costuma-se acreditar que membros de equipes de vendas e empresários são sempre líderes. Isso nem sempre acontece. Comerciais da empresa Ronco costumavam aparecer na televisão norte-americana anos atrás. Eram veiculados produtos como o cortador de alimentos para várias finalidades, a faca de bolso para o pescador e o mexedor de ovos. Esses produtos foram criados por um empresário chamado Ron Popeil. Conhecido como o vendedor do século, ele também costumava aparecer em inúmeros comerciais de produtos do tipo *spray* para combater a calvície e de aparelhos para desidratar alimentos.

Popeil é, sem dúvida, empreendedor, inovador e bem-sucedido, principalmente se pensarmos nos trezentos milhões de dólares em vendas que seus produtos tiveram. Contudo, não é isso que faz dele um líder. Talvez muita gente compre o que ele tem para vender, mas não o estão seguindo. Na melhor das hipóteses, ele é capaz de persuadir as pessoas por um instante, mas não mantém uma influência por muito tempo.

3. O mito do conhecimento

Sir Francis Bacon disse: "Conhecimento é poder." A maioria das pessoas, acreditando que o poder é a essência da liderança, naturalmente admite que aqueles que possuem conhecimento e inteligência são líderes. Entretanto, isso não é automaticamente verdade. Visite qualquer uma das grandes universidades e vai encontrar ilustres cientistas na área de pesquisa e filósofos cuja capacidade de pensar é tão grande que chega a ser fora do comum, mas cuja capacidade de liderar é tão pequena que nem é levada em consideração. O QI elevado não equivale, necessariamente, à liderança.

4. O mito do pioneirismo

Outro erro conceitual é o de que qualquer pessoa que esteja à frente da multidão é um líder. No entanto, ser o primeiro nem sempre é o mesmo que ser líder. Por exemplo, Sir Edmund Hillary foi o primeiro homem a atingir o ponto mais alto do Monte Everest. Desde sua escalada histórica, em 1953, muitas pessoas o "seguiram", no sentido de realizar o feito, mas isso não faz de Hillary um líder. Ele nem era o líder daquela expedição em particular. Quem a liderou foi John Hunt. Quando

Hillary viajou para o pólo Sul, em 1958, fazendo parte da Expedição da Comunidade Transantártica, estava acompanhando outro líder, Sir Vivian Fuchs. Para ser líder, é preciso não apenas estar à frente de um grupo, mas também fazer com que as pessoas o sigam por livre e espontânea vontade e ajam de acordo com sua visão.

5. *O mito da posição*

O maior equívoco sobre liderança é as pessoas pensarem que se baseia na posição, o que não é verdade. Stanley Huffty afirmou: "Não é a posição que faz um líder; é o líder que faz a posição."

Observe o que aconteceu, há vários anos, na Cordiant, uma agência de publicidade antes conhecida como Saatchi & Saatchi. Em 1994, investidores institucionais da Saatchi & Saatchi forçaram a diretoria a demitir Maurice Saatchi, diretor-executivo da empresa. Qual foi o resultado? Vários executivos acabaram por segui-lo. O mesmo aconteceu com muitas das maiores contas da empresa, incluindo a British Airways e a fábrica de confeitos Mars. A influência de Saatchi era tão grande que sua saída fez com que as ações da empresa caíssem imediatamente de oito dólares para quatro dólares por ação.[2] Saatchi perdeu o título e a posição, porém continuou a ser o líder.

Quem é o verdadeiro líder?

Aprendi, por experiência, o significado da influência quando aceitei meu primeiro trabalho fora da faculdade em uma igrejinha na região rural de Indiana. Apresentei-me com todas as credenciais adequadas. Fui contratado como pastor presidente, o que significava que possuía a posição e o título de líder naquela organização. Tinha a devida formação universitária. Até fui ordenado. Além disso, havia sido treinado por meu pai, um excelente pastor e líder de grande destaque na congregação. Isso me dava um bom currículo, mas não me tornava um líder. Em minha primeira reunião com o conselho, logo descobri quem era o verdadeiro líder naquela igreja. Assim que passei a ocupar minha posição, três anos mais tarde, aprendi a importância da influência. Reconheci que, para ganhar influência em qualquer organização e o direito de tornar-se o líder, era necessário muito trabalho.

Liderança sem influência

Admiro e respeito a liderança de meu amigo Bill Hybels, pastor presidente da Willow Creek Comunity Church, em South Barrington, Illinois, a maior igreja da América do Norte. Bill diz que acredita que a igreja é o empreendimento em que a liderança acontece com maior intensidade na sociedade. Muitos empresários que conheço ficam surpresos quando ouvem essa afirmação, mas acho que Bill está certo. Qual é a base da convicção de Bill? A liderança posicional não funciona em organizações de voluntários. Se não tiver poder — ou influência —, então o líder não é eficiente.

Em outras organizações, a pessoa que tem posição adquire um poder incrível. No exército, os líderes utilizam sua posição e, se tudo o mais falhar, podem jogar os subalternos em uma cela. Em empresas, os chefes têm grande poder sobre salários, benefícios e bonificações. A maioria das pessoas que segue um líder é muito cooperativa quando seu sustento está em jogo.

Os seguidores em organizações de voluntários não podem ser forçados a cooperar. Se o líder não tiver influência sobre eles, não irão segui-lo.

Entretanto, em organizações de voluntários, como igrejas, a única coisa que funciona é a liderança em sua forma mais pura. Os líderes têm somente a influência para ajudá-los. Como observou Harry A. Overstreet: "A essência de todo poder para influenciar está em fazer a outra pessoa participar." Os seguidores em organizações de voluntários não podem ser forçados a cooperar. Se o líder não tiver influência sobre eles, não irão segui-lo. Se você é um empresário e realmente deseja descobrir se seu pessoal é capaz de liderar, faça com que passem tempo como voluntários na comunidade. Se conseguirem fazer com que as pessoas os sigam enquanto estiverem trabalhando na Cruz Vermelha ou em sua igreja local, então saberão que realmente têm influência e capacidade de liderança.

Eis meu provérbio favorito sobre liderança: "Aquele que pensa que é líder, mas não tem seguidores, está apenas dando uma volta." Se você não conseguir influenciar outras pessoas, elas não irão segui-lo. Se elas não o seguem, você não é um líder. Independentemente do que qualquer pessoa lhe diga, lembre-se de que liderança é influência, nada mais, nada menos.

Como funciona a influência?

O VERDADEIRO LÍDER É AQUELE QUE OS OUTROS SEGUIRÃO COM PRAZER E CONFIANÇA

Sociólogos dizem que até o indivíduo mais introvertido influencia dez mil outras pessoas durante a vida! Essa surpreendente estatística foi compartilhada comigo por meu sócio, Tim Elmore. Tim e eu chegamos à conclusão de que cada um de nós tanto está influenciando quanto sendo influenciado por outros.

A INFLUÊNCIA PODE SER DESENVOLVIDA

O líder de destaque de qualquer grupo é descoberto com muita facilidade. Observe as pessoas quando se reúnem. Se uma questão tiver de ser decidida, quem é a pessoa cuja opinião parece ser a mais valiosa? Com quem as pessoas logo concordam? O mais importante: quem é aquele que os outros seguem?

Em organizações de voluntários, os seguidores não podem ser forçados a cooperar. Se o líder não tiver influência sobre eles, não o seguirão.

Robert Dilenschneider, diretor-executivo da Hill and Knowlton, uma agência de relações públicas com representação no mundo todo, é um dos corretores de maior influência do país. Habilmente espalha seu poder mágico de persuasão na arena global em que se reúnem governos e megaempresas. Escreveu um livro intitulado *Poder e influência: dominando a arte da persuasão*, no qual compartilha a ideia do "triângulo do poder" para ajudar líderes a serem prósperos. Ele diz: "Os três componentes desse triângulo são: comunicação, reconhecimento e influência. Você começa comunicando-se com eficácia. Isso leva ao reconhecimento que, por sua vez, leva à influência."[3]

OS NÍVEIS DE LIDERANÇA

Podemos aumentar nossa influência e potencial de liderança se compreendermos os seguintes níveis de liderança:

5. PERSONALIDADE

Respeito
As pessoas seguem você em razão de quem é e do que representa.
Nota: Esse passo destina-se a líderes que passaram anos promovendo o crescimento de pessoas e organizações.

4. DESENVOLVIMENTO DE PESSOAS

Reprodução
As pessoas seguem você em razão daquilo que fez por elas.
Nota: É aqui que acontece o crescimento de longo alcance. Seu compromisso com o desenvolvimento de líderes assegurará o crescimento contínuo da organização e do pessoal. Faça todo o possível para atingir e permanecer nesse nível.

3. PRODUÇÃO

Resultados
As pessoas seguem você em razão daquilo que fez pela organização.
Nota: É aqui que a maioria das pessoas percebe o sucesso. Elas gostam de você e daquilo que está fazendo. Problemas são solucionados com o mínimo esforço em virtude do momento.

2. PERMISSÃO

Relacionamentos
As pessoas seguem você porque querem.
Nota: As pessoas irão segui-lo além de sua autoridade declarada. Esse nível permite que o trabalho seja divertido. Aviso: Permanecer por muito tempo nesse nível sem crescer fará com que pessoas altamente motivadas fiquem inquietas.

1. POSIÇÃO

Direitos
As pessoas seguem você porque têm de fazê-lo.
Nota: Sua influência não ultrapassará as linhas da descrição de seu trabalho. Quanto mais tempo permanecer nesse nível, maior será a rotatividade e mais baixo será o moral.

Primeiro Nível: Posição — *As pessoas seguem você porque têm de fazê-lo*

Esse é o nível básico de acesso à liderança. A única influência que você tem é aquela que vem com um título. As pessoas que permanecem nesse nível não saem de direitos territoriais, protocolos, tradições e gráficos organizacionais. Essas coisas não são negativas, a menos que se tornem as bases para a autoridade e influência, mas são substitutos insatisfatórios para as capacidades de liderança.

É possível a uma pessoa estar "no controle" porque foi apontada para determinada posição. Nessa posição, pode ter autoridade. Entretanto, a verdadeira liderança é mais do que ter autoridade; é mais do que ter o treinamento técnico e seguir os procedimentos adequados. O verdadeiro líder é aquele que os outros seguirão com prazer e confiança. Um verdadeiro líder sabe a diferença entre ser chefe e ser líder.

- O chefe dirige seus trabalhadores; o líder os treina.
- O chefe depende da autoridade; o líder depende da boa vontade.
- O chefe inspira medo; o líder inspira entusiasmo.
- O chefe diz "eu"; o líder diz "nós".
- O chefe determina o culpado pelo fracasso; o líder conserta o fracasso.

Características de um "líder posicional"

A segurança está baseada no título, não no talento. Conta-se a história de um soldado raso, na Primeira Guerra Mundial, que gritou no campo de batalha a um superior:

— Fora desta batalha!

Descobriu, para seu pesar, que o ofendido era o General "Black Jack" Pershing. Quando o soldado, que temia uma punição severa, tentou balbuciar suas desculpas, o general Pershing bateu de leve em suas costas e disse:

— Tudo bem, filho. Alegre-se por eu não ser um segundo-tenente. O ponto, aqui, é bem claro. Quanto maior o nível de capacidade e, consequentemente, de influência de uma pessoa, mais segura e confiante ela é.

Esse nível é muitas vezes obtido por designação. Todos os outros são conquistados por habilidade. Leo Durocher estava treinando na primeira base, em um jogo de exibição do qual os Giants, time de beisebol, participavam no West Point. Um iniciante barulhento ficou gritando com Leo e fazendo de tudo para perturbá-lo.

— Hei, Durocher — ele gritou. — Como um sujeito sem importância como você conseguiu entrar para as ligas principais?

Leo gritou:

— Um amigo que tenho no Congresso me indicou![4]

As pessoas não seguirão um líder posicional além de sua autoridade declarada. Elas farão somente aquilo que têm de fazer quando forem solicitadas a fazê-lo. Moral baixo é um fator sempre presente. Quando o líder perde a confiança, seus seguidores perdem o compromisso. São como o garotinho a quem Billy Graham pediu informação a respeito de como chegar a uma agência de correio mais próxima. Quando o garoto o orientou, o doutor Graham agradeceu-lhe e disse:

— Se você for ao centro de convenções nesta noite, poderá ouvir-me dizer como chegar ao céu.

— Acho que não vou... — o garoto respondeu. — Você nem sabe chegar à agência do correio!

Os líderes posicionais têm mais dificuldade em trabalhar com voluntários, colarinhos-brancos e pessoas mais jovens. Os voluntários não têm obrigação de trabalhar na organização, por isso não há poder monetário que um líder posicional use que os faça reagir. Os colarinhos-brancos estão acostumados a participar na tomada de decisão e se ofendem com a liderança ditatorial. A geração que nasceu após a segunda grande guerra, em particular, não se impressiona com símbolos de autoridade.

As seguintes características devem ser exibidas com excelência neste nível antes que você possa avançar para o próximo nível:

- Conheça bem a descrição de seu trabalho.
- Conheça o histórico da organização.
- Associe o histórico da organização às pessoas da organização (em outras palavras, trabalhe em conjunto).
- Aceite responsabilidades.
- Faça seu trabalho com excelência consistente.
- Faça mais do que o esperado.
- Apresente ideias criativas para mudanças e melhorias.

Segundo Nível: Permissão — *As pessoas seguem você porque querem*

Fred Smith diz: "Liderar é fazer as pessoas trabalharem por você quando não são obrigadas."[5] Isso somente acontecerá quando passar para o segundo nível de influência. As pessoas não ligam muito para o quanto você sabe até que tenham consciência do quanto se importa com elas. A liderança começa com o coração, não com a cabeça. Floresce de um relacionamento significativo, não de um número maior de regulamentos.

Uma pessoa no nível da "permissão" será líder por meio de relações mútuas. A programação de atividades não está relacionada à lei do mais forte, mas ao desenvolvimento do pessoal. Nesse nível, o líder concentra seu tempo, energia e atenção nas necessidades e desejos daquele que o segue. Uma maravilhosa ilustração para explicar por que é vital colocar as pessoas e suas necessidades em primeiro lugar é encontrada na história de Henry Ford no livro de Amitai Etzioni, *Organizações modernas*: "Ele criou um carro perfeito, o Modelo T, que pôs fim à necessidade de se ter outro. Investiu tudo naquele produto. Queria encher o mundo com carros Modelos T. No entanto, quando as pessoas começaram a aproximar-se dele e dizer: 'Senhor Ford, gostaríamos de um carro de cor diferente', ele observou: 'Vocês podem ter o carro da cor que quiserem, contanto que seja preto'. Foi aí que começou sua queda."

Pessoas que não conseguem construir relacionamentos fortes e duradouros logo descobrirão que são incapazes de manter uma liderança longa e eficaz. Não é preciso dizer que é possível amar as pessoas sem ter de liderá-las, mas é impossível liderá-las sem amá-las.

Aviso! Não tente pular de nível. O nível frequentemente ignorado é o segundo, *Permissão*. Por exemplo, um marido passa do primeiro nível, *Posição* — um título que adquire no dia do casamento —, para o terceiro nível, *Produção*. Torna-se o grande provedor da família, mas, no processo, ignora os relacionamentos essenciais que mantêm uma família unida, a família desfaz-se. Isso também acontece com os negócios. Nos relacionamentos, dá-se o processo que forma a liga e boa parcela da base para uma produção consistente e de longa duração.

As seguintes características devem ser dominadas nesse nível antes de avançar para o próximo:

- Ame genuinamente as pessoas.
- Faça com que aqueles que trabalham com você tenham mais sucesso.
- Veja pela ótica de outras pessoas.
- Ame mais as pessoas do que os procedimentos.
- Desenvolva situações em que a única opção seja vencer; do contrário, não desenvolva coisa alguma.
- Inclua outras pessoas em sua jornada.
- Seja inteligente ao lidar com pessoas difíceis.

Terceiro Nível: Produção — *As pessoas seguem você em razão daquilo que fez pela organização*

Nesse nível, as coisas começam a acontecer — coisas boas. Aumentos nos lucros. Moral alto. Rotatividade baixa. Metas sendo alcançadas. É o "grande momento" de acompanhar o crescimento. Liderar e influenciar é diversão. Problemas são solucionados com o mínimo esforço. Novas estatísticas são compartilhadas regularmente com os que sustentam o crescimento da organização. Todos estão voltados para a busca de resultados. Na realidade, os resultados são a principal razão para a atividade.

Essa é a grande diferença entre o segundo e o terceiro nível. No nível de "relacionamento", as pessoas reúnem-se apenas para estar juntas. Não existe outro objetivo. No nível de "resultados", as pessoas reúnem-se para alcançar um objetivo. Gostam de se reunir para estarem juntas, mas adoram reunir-se para alcançarem algo. Em outras palavras, são orientadas para a obtenção de resultados.

As seguintes características devem ser dominadas com excelência antes de avançar para o próximo nível:

- Inicie e aceite a responsabilidade pelo crescimento.
- Desenvolva e siga uma relação de objetivos.
- Inclua nos objetivos a descrição de suas atribuições e a energia para desenvolvê-los.
- Desenvolva a responsabilidade de obter resultados, começando por você.
- Saiba fazer e realize coisas que tragam grande retorno.

- Comunique a estratégia e a visão da organização.
- Torne-se um agente de mudança e entenda o momento.
- Tome decisões difíceis que farão a diferença.

Quarto Nível: *Desenvolvimento de pessoas — As pessoas seguem você em razão daquilo que fez por elas*

Um líder é grande não pelo poder que tem, mas por sua habilidade de capacitar outros. Sucesso sem um sucessor é fracasso. A principal responsabilidade de um trabalhador é fazer o trabalho. O líder é responsável por desenvolver outros para realizarem o trabalho. O verdadeiro líder pode ser reconhecido porque, de algum modo, seu pessoal consistentemente demonstra desempenhos superiores.

A lealdade ao líder chega ao ponto máximo quando aquele que o segue cresceu mentalmente por meio do aconselhamento do líder. Observe a progressão: no segundo nível, o seguidor ama o líder; no terceiro nível, o seguidor admira o líder; no quarto nível, o seguidor é leal ao líder. Por quê? Conquista-se o coração de outros, ajudando-os a crescer como pessoas.

O núcleo dos líderes à sua volta deve ser constituído das pessoas que você influenciou ou que ajudou a desenvolver-se de algum modo. Quando isso acontecer, o amor e a lealdade serão demonstrados pelos que estão mais próximos a você e pelos que são influenciados por seus principais líderes.

Há, no entanto, um problema potencial, que é o de passar dos níveis de influência como um líder e ficar à vontade com o grupo que você desenvolveu a sua volta. Muitas pessoas novas podem vê-lo como um líder "posicional", uma vez que não teve contato com elas. Estas duas sugestões irão ajudá-lo a tornar-se alguém capaz de desenvolver pessoas:

1. *Caminhe devagar pela multidão.* Arranje meios de manter-se em contato com todos.

2. *Desenvolva os principais líderes.* Encontro-me sistematicamente com — e ensino — aqueles que são influentes dentro da organização. Eles, por sua vez, transmitem aos outros aquilo que lhes passei.

Seguem as características que devem ser dominadas nesse nível:

- Tome consciência de que as pessoas são seu bem mais valioso.
- Dê prioridade ao desenvolvimento do pessoal.
- Seja um modelo a ser seguido.
- Concentre seus esforços de liderança nos principais 20% de seu pessoal.
- Exponha os principais líderes às oportunidades de crescimento.
- Atraia outros vencedores/produtores para a meta em comum.
- Esteja cercado por um núcleo interno que complementa sua liderança.

Quinto Nível: Personalidade — *As pessoas seguem você em razão de quem é e do que representa*

A maioria das pessoas ainda não atingiu esse nível. Somente uma vida de liderança comprovada permitirá que passemos para o quinto nível e colhamos as recompensas infinitamente satisfatórias. Tenho consciência disso — quero sentar no topo desse nível algum dia. É possível.

As seguintes características definem o líder do quinto nível:

- Seus seguidores são leais e fazem sacrifícios.
- Você passou anos treinando e formando líderes.
- Você se tornou um estadista/consultor e é procurado por outros.
- Sua maior alegria está em ver outros crescerem e se desenvolverem.
- Você transcende à organização.

Subindo os degraus da liderança

Aqui estão algumas ideias adicionais sobre o processo dos níveis de liderança:

Quanto mais alto for, mais tempo levará

Toda vez em que ocorre uma mudança em seu trabalho ou você se unir a um novo círculo de amigos, comece no nível mais baixo e ponha-se a subir sozinho os degraus.

Quanto mais alto for, maior será o nível de compromisso

Esse aumento no nível de compromisso é uma via de mão dupla. Exige maior compromisso não apenas de você, mas também dos outros indivíduos envolvidos. Quando o líder ou seu seguidor não estiver disposto a fazer os sacrifícios que um novo nível exige, a influência começará a diminuir.

Quanto mais alto for, mais fácil será liderar

Observe a progressão do segundo para o quarto nível. O enfoque passa de gostar de você para gostar do que você faz em benefício do interesse comum, isto é, do que você faz pelo desenvolvimento pessoal de cada um. Cada nível atingido pelo líder e seus seguidores acrescenta outra razão para as pessoas terem vontade de segui-lo.

Quanto mais alto chegar, maior será o crescimento

O crescimento somente ocorre quando uma mudança efetiva acontece. Isso será mais fácil à medida que você escalar os níveis de liderança. Enquanto estiver subindo, outras pessoas aceitarão e até o ajudarão a fazer as mudanças necessárias.

O líder nunca deixa o nível básico

Cada nível fundamenta-se no anterior e virá abaixo caso o nível inferior seja negligenciado. Por exemplo, se passar do nível de permissão (relacionamentos) para o de produção (resultados) e deixar de preocupar-se com as pessoas que o seguem e que o ajudam a produzir, elas podem começar a desenvolver o sentimento de que estão sendo usadas. À medida que escalar os níveis, mais profunda e mais sólida será sua liderança sobre uma pessoa ou um grupo de pessoas.

Ao liderar um grupo de pessoas, nem todas estarão no mesmo nível

Nem todos responderão da mesma forma a sua liderança.

Para que sua liderança continue eficaz, é essencial levar consigo outros influenciadores do grupo para níveis mais altos

A influência coletiva que você e os outros líderes exercem fará o restante avançar. Se isso não acontecer, uma divisão de interesse e lealdade ocorrerá dentro do grupo.

Saiba em que nível está neste momento

Uma vez que estará em níveis diferentes com pessoas diferentes, precisa saber quais pessoas estão em determinado nível. Se os que têm maior influência dentro da organização estiverem nos níveis mais altos e o apoiarem, então o sucesso de sua liderança será possível. Se os melhores influenciadores estiverem nos níveis mais altos e não lhe derem apoio, logo surgirão problemas.

Todos são líderes porque todos influenciam alguém. Nem todos serão grandes líderes, mas todos podem tornar-se líderes melhores. Você está disposto a expandir seu potencial de liderança? Usará sua habilidade de liderar para melhorar a humanidade?

Como aumentar minha influência?

O ato de capacitar outras pessoas transforma vidas

Um artista inglês chamado William Wolcott foi a Nova York, em 1924, para registrar suas impressões sobre essa fascinante cidade. Certa manhã, enquanto visitava o escritório de um ex-colega, teve vontade de fazer um desenho. Ao ver algumas folhas de papel sobre a mesa do amigo, perguntou:

— Posso pegar essas folhas?

— Não são folhas para desenho. São papéis comuns, para embrulhos — o amigo respondeu.

Sem querer perder aquele momento de inspiração, Wolcott pegou o papel de embrulho e disse:

— Nada é comum se você souber usá-lo.

Naquele papel simples, Wolcott fez dois desenhos. Mais tarde, no mesmo ano, um desses desenhos foi vendido por quinhentos dólares e o outro por mil dólares, quantias consideráveis em 1924.

As pessoas sob a influência de alguém que consegue capacitá-las são como folhas de papel comum nas mãos de um talentoso artista. Não importa do que foram feitas, podem transformar-se em tesouros.

A habilidade de capacitar outras pessoas é uma das chaves para o sucesso pessoal e profissional. John Craig observou: "Não importa a quantidade de trabalho que faça, não importa quão atraente sua personalidade seja, você não será muito próspero nos negócios se não puder trabalhar por meio de pessoas." O executivo empresarial J. Paul Getty afirmou: "Não faz muita diferença o grau de conhecimento ou de experiência que um executivo possui; se for incapaz de atingir resultados por meio de pessoas, não terá valor como executivo."

Ao se tornar um capacitador, você trabalha com e por meio de pessoas, mas faz muito mais. Capacita outros a atingirem os níveis mais altos de seu desenvolvimento pessoal e profissional. Por simples definição, capacitar é influenciar com a finalidade de crescimento pessoal e organizacional. É compartilhar experiências — influência, posição, poder e oportunidades —, a fim de investir na vida das pessoas para que possam atuar da melhor forma. É vislumbrar o potencial delas compartilhando recursos e mostrando-lhes que você acredita totalmente nelas.

As pessoas sob a influência de alguém que consegue capacitá-las são como folhas de papel comum nas mãos de um artista talentoso.

Talvez você já esteja capacitando algumas pessoas em sua vida sem ter consciência disso. Capacitar é confiar a seu cônjuge uma decisão importante e, depois, com alegria, dar-lhe apoio. Ao perceber que seu filho está pronto para atravessar a rua sozinho e dar-lhe permissão para fazê-lo, você o capacitou. Ao delegar um trabalho desafiador a uma funcionária e dar-lhe a autoridade de que ela precisa para realizá-lo, você a capacitou.

O ato de capacitar transforma vidas, e é uma situação satisfatória para você e para aqueles a quem capacita. Dar autoridade não é como abrir mão de um objeto, como seu carro, por exemplo. Se abrir mão de seu carro, você ficará impossibilitado de locomover-se. Não terá mais um meio de transporte. Entretanto, capacitar, transmitir sua autoridade tem o mesmo efeito de compartilhar informações: não se perde coisa alguma. Aumenta-se a capacidade de outros sem diminuir a sua.

Qualidades de um capacitador

Quase todos têm potencial para se tornar um capacitador, mas não é possível capacitar a todos. O processo somente funciona quando certas condições são cumpridas. É preciso ter:

Posição

Você não pode capacitar pessoas as quais não lidera. O especialista em liderança, Fred Smith, explicou: "Quem pode permitir que alguém tenha sucesso? Uma pessoa com autoridade. Outros podem incentivar, mas a permissão só procede de um indivíduo com autoridade: um pai, chefe ou pastor."

Relacionamento

Diz-se que os relacionamentos são forjados, não formados. Eles exigem tempo e experiência comum. Se você fez um esforço para conectar-se às pessoas, então, quando estiver pronto para capacitá-las, seu relacionamento deverá ser sólido o suficiente para poder liderá-las. No processo, lembre-se do que escreveu Ralph Waldo Emerson: "Todo homem (ou mulher) tem o direito de ser valorizado por seus melhores momentos." Ao valorizar as pessoas e sua relação com elas, você lança a base para a capacitação.

Respeito

Os relacionamentos levam as pessoas a terem vontade de estar com você, mas o respeito faz com que queiram ser capacitadas por você. Respeito mútuo é essencial para o processo de capacitação. O psiquiatra Ari Kiev resumiu a questão desta forma: "Todos querem sentir que têm valor e que são importantes para alguém. Invariavelmente, as pessoas dedicarão amor, respeito e atenção a quem preencher essa necessidade." Quando acreditar, preocupar-se e confiar nas pessoas, elas sentirão isso. Esse respeito faz com que sintam vontade de seguir o caminho de sua liderança.

Compromisso

A última qualidade que um líder precisa para tornar-se um capacitador é o compromisso. O executivo da Força Aérea dos Estados Unidos Ed McElroy salientou que o "compromisso nos dá poder renovado. Independentemente do que nos aconteça: doença, pobreza ou desastre; nunca desviamos nossos olhos da meta". O processo de capacitação nem sempre é fácil, principalmente quando você o faz pela primeira vez. É uma estrada que tem muitos obstáculos e desvios. Entretanto, vale a pena percorrê-la, pois as recompensas são muito grandes. Lembre-se: ao capacitar pessoas, não estará apenas influenciando-as, mas também todas as pessoas que elas influenciam. Isso é impacto!

A ATITUDE CERTA

Mais um elemento importante na capacitação precisa estar em dia, se quiser tornar-se um líder de sucesso: é preciso ter a atitude certa. Muitos negligenciam a capacitação por insegurança. Têm medo de perder o emprego para aqueles a quem ensinam. Não desejam ser substituídos nem demitidos, ainda que isso signifique que seriam capazes de alcançar uma posição mais alta e deixar que a posição atual fosse ocupada por aquele a quem ensinam. Têm medo da mudança. No entanto, a mudança é parte da capacitação pessoal e daqueles que são capacitados por você. Se quiser subir, há coisas às quais tem de estar disposto a renunciar.

Se você não tem certeza de sua postura e atitude em relação às mudanças envolvidas no processo de capacitar outros, responda a estas perguntas:

Questões que devem ser respondidas antes de iniciar

1. Acredito nas pessoas e as sinto como o bem mais precioso de minha organização?
2. Acredito que capacitar outros pode ser mais compensador do que minha realização pessoal?
3. Será que efetivamente procuro líderes potenciais a quem capacitar?
4. Estaria disposto a colocar outros em um nível superior a meu próprio nível de liderança?
5. Estaria disposto a investir tempo no desenvolvimento de pessoas que têm potencial para liderar?
6. Estaria disposto a permitir que outros recebessem o crédito por aquilo que lhes ensinei?
7. Concedo a outros liberdade de personalidade e de procedimento ou tenho de estar sempre no controle?
8. Estaria disposto a conceder publicamente minha autoridade e influência a líderes potenciais?
9. Estaria disposto a permitir que outros realizassem meu trabalho?
10. Estaria disposto a passar a batuta da liderança para as pessoas a quem capacito e realmente torcer por elas?

Se responder "não" para mais de duas perguntas, talvez você precise de um ajuste de atitude. Precisa acreditar nos outros para dar-lhes tudo o que pode, e em seu íntimo saber que isso não irá prejudicá-lo. Lembre-se de que, enquanto continuar a crescer e a desenvolver-se, sempre terá algo a oferecer e não precisará se preocupar com a possibilidade de ser substituído.

COMO CAPACITAR OUTROS PARA QUE ATINJAM SEU POTENCIAL

Uma vez que tenha confiança em si e nas pessoas que deseja capacitar, estará pronto a iniciar o processo. Sua meta deve ser delegar tarefas relativamente pequenas e simples, no início, e progressivamente aumentar suas responsabilidades e autoridades. Quanto mais inexperientes forem as pessoas com as quais estiver trabalhando, mais tempo levará o processo. Entretanto, independente de serem recrutas novatos ou veteranos experientes, ainda é importante conduzi-los ao longo de todo o processo. Aproveite os seguintes passos, que o orientarão a capacitar outros:

1. *Avalie as pessoas*

O ponto de partida na capacitação de pessoas é avaliá-las. Se você logo delegar muita autoridade às pessoas inexperientes, poderá levá-las ao fracasso. Se for muito devagar com pessoas que têm muita experiência, poderá frustrá-las e desmoralizá-las.

Lembre-se de que todas as pessoas têm potencial para o sucesso. Seu trabalho é enxergar o potencial, descobrir o que lhes falta para serem desenvolvidas e municiá-las com aquilo de que precisam. Ao avaliar as pessoas que pretende capacitar, observe estas áreas:

Conhecimento. Pense no que elas precisam saber para realizarem qualquer tarefa que pretende conferir-lhes. Não tome por certo que sabem tudo aquilo que você sabe. Faça-lhes perguntas. Forneça-lhes histórias ou informações referentes à experiência. Tenha visão, apresentando-lhes um contexto mais amplo de como suas ações se ajustam à missão e às metas da organização. Conhecimento não é apenas poder, é o que capacita.

Capacidade. Examine o nível de capacidade das pessoas que deseja capacitar. Nada mais frustrante do que ser solicitado a realizar coisas para as quais não tem capacidade alguma. Seu trabalho como capacitador é descobrir o que o trabalho exige e certificar-se de que seu pessoal tem o que precisa para obter sucesso.

Desejo. O filósofo grego Plutarco observou: "O solo mais rico, se não cultivado, produz as piores ervas daninhas." Nenhum grau de capacidade, conhecimento ou potencial pode ajudar as pessoas a terem sucesso se elas não tiverem desejo de tê-lo. Contudo, quando há desejo, a capacitação é grandemente facilitada. Como escreveu o ensaísta francês do século XVII Jean La Fontaine, "o homem foi criado para que, sempre que algo inflamar sua alma, as impossibilidades desapareçam".

2. *Seja um modelo*

Até as pessoas com conhecimento, capacidade e desejo precisam saber o que se espera delas, e a melhor maneira de informá-las é mostrando-lhes. As pessoas realizam o que veem.

Aqueles a quem deseja capacitar precisam visualizar o que é voar. Por ser o orientador deles, você é a pessoa mais indicada para mostrar-lhes. Seja exemplar nas atitudes e na ética de trabalho que gostaria que adotassem. Toda vez que puder incluí-las em seu trabalho, leve-as com você. Não há melhor maneira de ajudá-las a aprender e a compreender o que você deseja que façam.

3. *Deixe que tenham sucesso*

Como líder e capacitador, acredite que todos desejam ter sucesso e automaticamente lutam por ele, provavelmente como aconteceu com você. Entretanto, nem todos que influencia pensarão da mesma forma que você. Ajude outros a acreditarem que podem ter sucesso e mostre-lhes que você deseja que eles o tenham. Como fazer isso?

Espere por isso. O autor e palestrante profissional Danny Cox recomendou: "É importante lembrar que, se você não tiver aquele entusiasmo que inspira e que é contagiante, tudo aquilo que tiver também é contagiante." As pessoas podem perceber sua atitude, independentemente do que você diga ou faça. Se tiver a expectativa de que seu pessoal terá sucesso, todos perceberão.

Verbalize isso. As pessoas precisam ouvi-lo dizer que acredita nelas e que deseja que tenham sucesso. Diga-lhes com frequência que sabe que terão sucesso. Envie-lhes avisos de incentivo. Torne-se um firme profeta do sucesso delas. Reforce suas ideias sempre que puder.

Uma vez que reconhecerem e compreenderem que você realmente deseja sucesso a elas e que está comprometido a ajudá-las, começarão a acreditar que podem realizar aquilo que lhes é atribuído.

4. *Delegue autoridade*

Muitas pessoas estão dispostas a dar responsabilidade a outros. Têm prazer em delegar-lhes tarefas. Entretanto, capacitar outros é mais do que compartilhar sua carga de trabalho. É compartilhar seu poder e capacidade para realizar coisas.

O especialista em administração Peter Drucker afirmou: "Nenhum executivo sofreu porque seus subordinados eram fortes e eficientes." As pessoas ficam fortes e eficientes somente quando lhes é dada a oportunidade de tomar decisões, iniciar ações, solucionar problemas e vencer desafios. Quando isso acontece, a liderança que capacita é, por vezes, a única vantagem real que uma organização tem sobre outra em nossa sociedade competitiva.

5. *Demonstre publicamente que confia em seus liderados*

Ao delegar pela primeira vez autoridade às pessoas que capacita, precisa dizer-lhes que acredita nelas, e precisa fazê-lo em público. O reconhecimento público permite que saibam que você acredita que terão sucesso, mas também permite que as outras pessoas com as quais estão trabalhando saibam que têm seu apoio e que sua autoridade lhes dá suporte. É uma forma tangível de compartilhar (e difundir) sua influência.

À medida que formar líderes, mostre a eles e a seus seguidores que têm sua confiança e autoridade. Descobrirá que rapidamente estarão capacitados a terem sucesso.

6. Incentive

Embora seja necessário elogiar publicamente seus liderados, você não permitirá que cheguem muito longe se não lhes der um incentivo sincero e positivo. Reúna-se em particular com eles para prepará-los comentando quais foram seus erros, falhas e decisões injustas. A princípio, alguns talvez passem por momentos de dificuldade. Durante esse período inicial, tente dar-lhes o que precisam, não o que merecem. Elogie qualquer progresso que façam. As pessoas fazem aquilo que é elogiado.

7. Solte-os para que continuem por si

Independente de quem esteja capacitando — funcionários, filhos, colegas ou cônjuge —, seu principal objetivo deve ser soltá-lo para que tome decisões acertadas e tenha sucesso por si. Isso significa dar-lhe a maior liberdade possível tão logo esteja pronto.

O presidente Abraham Lincoln foi um mestre na capacitação de líderes. Por exemplo, quando indicou o general Ulysses S. Grant como comandante das Forças Armadas dos Estados Unidos, em 1864, enviou-lhe a seguinte mensagem: "Não questiono nem desejo saber algo referente a seus planos. Assuma a responsabilidade, aja e conte com meu apoio."

Em nossa sociedade competitiva, a liderança que capacita é, por vezes, a única vantagem real de uma organização.

Essa é a atitude que precisa ter como capacitador. Atribua autoridade e responsabilidade e ofereça apoio, quando necessário. O maior capacitador de minha vida é meu pai, Melvin Maxwell. Sempre me incentivou a ser a melhor pessoa possível dando-me sua permissão e poder, quando estava a seu alcance. Anos mais tarde, conversando com ele a respeito disso, meu pai revelou-me sua filosofia:

— Nunca, conscientemente, limitei você, desde que soubesse que o que estava fazendo era moralmente correto.

Ora, essa é uma atitude que capacita!

Os resultados da capacitação

Se você lidera qualquer tipo de organização — empresa, clube, igreja ou família —, aprender a capacitar outros é uma das coisas mais importantes que fará como líder. A capacitação tem um retorno incrivelmente alto. Não apenas ajuda os indivíduos a quem habilita, tornando-os mais confiantes, enérgicos e produtivos, mas também melhora sua vida, concede mais liberdade, promovendo o crescimento e a saúde de sua organização.

À medida que capacitar outros, descobrirá que a maior parte dos aspectos de sua vida mudará para melhor. Capacitar outros vai liberá-lo para dedicar mais tempo às coisas importantes de sua vida, aumentará sua influência com os outros e, na melhor das hipóteses, terá impacto incrivelmente positivo sobre os que capacita.

Como fazer com que minha liderança seja permanente?

O VALOR PERMANENTE DE UM LÍDER É AVALIADO PELA SUCESSÃO

Em 1997, morreu um dos melhores líderes empresariais do mundo. Seu nome era Roberto Goizueta, presidente e diretor-executivo da Coca-Cola Company. Em um discurso que fez para o Clube de Executivos de Chicago, alguns meses antes de sua morte, Goizueta fez a seguinte afirmação: "Há um bilhão de horas, a vida humana apareceu na Terra. Há um bilhão de minutos, surgiu o cristianismo. Há um bilhão de segundos, os Beatles apresentaram-se no programa *The Ed Sullivan Show*. Um bilhão de coca-colas vendidas... isso foi ontem pela manhã. O que nos perguntamos agora é: 'O que fazer nesta manhã para repetir esse evento de um bilhão de coca-colas vendidas?'"

Fazer com que a Coca-Cola fosse a principal empresa do mundo foi o objetivo de toda a vida de Goizueta, algo que ele ainda buscava com diligência, quando morreu súbita e inesperadamente. A perda de um diretor-executivo muitas vezes leva as empresas a passarem por uma situação crítica, principalmente se seu afastamento é inesperado, como foi o caso de Goizueta. Pouco antes de sua morte, Goizueta disse em uma entrevista para o *Atlanta Journal-Constitution* sobre a aposentadoria: "Ela não é minha bússola. Enquanto estiver me divertindo como agora, enquanto tiver a energia necessária, enquanto não impedir que as pessoas tenham seu lugar ao sol e enquanto a diretoria quiser minha permanência, eu ficarei."[6] Alguns meses após essa entrevista, ele recebeu o diagnóstico de câncer. Seis meses depois, veio a falecer.

A respeito da morte de Goizueta, o ex-presidente Jimmy Carter observou: "Talvez nenhum outro líder empresarial nos tempos modernos tenha ilustrado de modo tão belo o sonho americano. Ele acreditava que, nos Estados Unidos, todas as coisas eram possíveis. Viveu esse sonho. Em razão de sua extraordinária habilidade de liderança, ajudou milhares de outras pessoas a realizarem seus sonhos também."

O LEGADO DE GOIZUETA

O legado deixado para a empresa por Goizueta é incrível. Quando assumiu a Coca-Cola, em 1981, a empresa valia quatro bilhões de dólares. Sob sua liderança, esse valor subiu para 150 bilhões. Trata-se de um aumento de mais de 3.500%! A Coca-Cola chegou a tornar-se a segunda empresa mais valiosa dos Estados Unidos, à frente de fabricantes de automóveis, de indústrias petrolíferas, da Microsoft, da Wal-Mart e de todo o resto. A única empresa mais valiosa era a General Electric. Muitos acionistas da Coca-Cola ficaram milionários ao longo do tempo. A Emory University, em Atlanta, cujo *portfólio* contém grande bloco das ações da Coca-Cola, agora tem uma fundação de porte comparável ao de Harvard.

Entretanto, ações de valor elevado não constituíram o mais importante legado de Goizueta à empresa Coca-Cola, pelo contrário, o importante foi a forma como deixou esse legado. Quando a morte do diretor-executivo foi anunciada, não houve pânico entre os acionistas da Coca-Cola. Emanuel Goldman, analista da Paine Webber, disse que Goizueta "preparou a empresa para sua ausência melhor que qualquer executivo que já vi".

Como ele fez isso? Primeiro, tornando a empresa o mais forte possível. Segundo, preparando um sucessor para a principal posição chamado Douglas Ivester. Mickey H. Gramig, escritor de *Atlanta Constitution*, relatou: "Diferente de algumas empresas que enfrentam uma crise quando o principal executivo as deixa ou falece, espera-se que a Coca-Cola mantenha seu prestígio como uma das empresas mais admiradas do mundo. Goizueta preparou Ivester para seguir seus passos desde sua indicação na Geórgia, em 1994, para o posto nº 2 da empresa. Como um indício de como a bolsa de valores de Wall Street continuava segura em relação à posição da Coca-Cola, as ações da empresa mal se movimentaram, seis semanas atrás, quando Goizueta recebeu o diagnóstico de câncer no pulmão."[1]

Doug Ivester, formado em contabilidade, iniciou sua carreira na Coca-Cola em 1979 como inspetor-assistente. Quatro anos mais tarde, foi nomeado chefe do departamento financeiro. Ficou conhecido por sua excepcional criatividade financeira e foi uma das principais forças de Goizueta em sua habilidade para revolucionar a abordagem da empresa quanto a investimentos e tratamento de dívidas. Por volta de 1989, Goizueta deve ter chegado à conclusão de que Ivester tinha potencial de sobra, pois o tirou de sua função estritamente financeira e o mandou para a Europa para adquirir experiência na área operacional e internacional. Um ano mais tarde, Goizueta tornou a trazê-lo e nomeou-o presidente da Coca-Cola nos Estados Unidos, posição em que supervisionava despesas e a área de *marketing*. A partir de então, continuou a prepará-lo e, em 1994, não havia dúvida de que Ivester seguiria Goizueta até a posição principal.

Goizueta constituiu-o presidente e diretor de operações. O que Roberto Goizueta fez foi muito incomum. São poucos os presidentes de empresas hoje que desenvolvem líderes fortes preparando-os para assumir a organização. John S. Wood, consultor da Egon Zehnder International Inc., observou que "as empresas, nos últimos anos, não têm investido muito na capacitação dos funcionários. Se não conseguem fazer seu próprio pessoal crescer, têm de ir atrás de outros". Assim, por que Roberto Goizueta foi diferente? Ele conhecia o efeito positivo de ser um mentor direto.

Roberto Goizueta nasceu em Cuba e estudou em Yale, onde se formou em engenharia química. Quando voltou para Havana, em 1954, atendeu a um anúncio no jornal que procurava por um químico bilíngue. A empresa que o estava contratando era a Coca-Cola. Por volta de 1966, tornou-se vice-presidente de pesquisa e desenvolvimento técnico no escritório central da empresa em Atlanta. Ele era o homem mais jovem a ocupar essa posição na empresa. Entretanto, no início da década de 70, algo ainda mais importante aconteceu. Robert W. Woodruff, patriarca da Coca-Cola, trouxe Goizueta sob sua proteção e começou a trabalhar em seu desenvolvimento. Em 1975, Goizueta tornou-se o vice-presidente executivo da divisão técnica da empresa e assumiu outras responsabilidades empresariais, como supervisor de casos legais. Em 1980, com a bênção de Woodruff, Goizueta tornou-se presidente e diretor de operações. A razão pela qual Goizueta escolheu, desenvolveu e preparou um sucessor na década de 90 foi edificar sobre o legado que recebera na década de 70.

LÍDERES QUE DEIXAM UM LEGADO DE SUCESSÃO

Líderes que deixam um legado de sucessão para sua organização fazem o seguinte:

Lideram a organização com uma "visão ampla"

Quase todos podem fazer uma organização parecer boa momentaneamente — iniciando um programa ou produto novo e impressionante, arrastando multidões para um grande evento ou cortando o orçamento de modo a promover a linha principal. Entretanto, os líderes que deixam um legado têm uma abordagem diferente. Têm tanto o amanhã quanto o hoje em mente. Foi o que fez Goizueta. Tinha planos de continuar na liderança, desde que fosse eficiente, contudo preparou um sucessor. Sempre procurava os melhores interesses da organização e de seus acionistas.

Criam uma cultura de liderança

As empresas mais estáveis têm líderes fortes em todos os níveis da organização. A única maneira de desenvolver essa liderança é promovendo o desenvolvimento de líderes como parte da cultura da empresa. Esse é um aspecto forte do legado da Coca-Cola. Quantas empresas de sucesso você conhece que tiveram uma sucessão de líderes de dentro da própria organização?

Pagam o preço hoje para garantir o sucesso amanhã

Não há sucesso sem sacrifício. Cada organização é única, e isso dita o preço a ser pago. Entretanto, qualquer líder que deseja ajudar sua organização deve estar disposto a pagar o preço para garantir o sucesso duradouro.

Valorizam a liderança em equipe acima da liderança individual

Independentemente do quanto seja bom, nenhum líder pode fazer tudo sozinho. Assim como no esporte um técnico precisa de um time de bons jogadores para vencer, uma organização precisa de uma equipe de bons *líderes* para ter sucesso. Quanto maior a organização, mais forte, mais ampla e mais intensa a equipe de líderes precisa ser.

Afastam-se da organização com integridade

No caso da Coca-Cola, o líder não teve a oportunidade de afastar-se, porque teve uma morte inesperada. Contudo, se estivesse vivo, creio que Goizueta teria feito exatamente isso. Quando chega o momento de um líder deixar a organização, tem de estar disposto a afastar-se e deixar seu sucessor fazer o que é preciso. Interferir serve apenas para prejudicar a si e a empresa.

POUCOS LÍDERES DEIXAM ALGO

Max Dupree, autor de *Leadership Is an Art* [A liderança é uma arte], declarou: "A sucessão é uma das principais responsabilidades da liderança." Contudo, de todas as características da liderança, deixar um legado parece ser aquela que poucos líderes aprenderam. A realização acontece na vida de alguém quando é capaz de desempenhar grandes feitos. O sucesso acontece quando capacita seguidores a fazerem grandes coisas *com* ele. A importância vem à tona quando desenvolve líderes para fazerem grandes coisas *por* ele. Entretanto, um legado é criado somente quando alguém coloca sua organização na posição de fazer grandes coisas *sem* ele.

Aprendi a importância do legado de um modo difícil. Uma vez que a igreja crescia muito quando eu estava em minha primeira posição de liderança, em Hillham, Indiana, achei que fosse um sucesso. Quando iniciei o trabalho ali, tínhamos somente três pessoas que frequentavam a igreja. Por três anos, formei aquela igreja, alcancei a comunidade e influenciei a vida de muita gente. Quando saí, a média de frequência era de duzentas pessoas, e nosso recorde superou o número de trezentas pessoas. Eu tinha programas adequados, e tudo parecia um mar de rosas para mim. Achava que realmente havia feito algo importante.

Dezoito meses depois de mudar para minha segunda igreja, fui almoçar com um amigo, que não via havia algum tempo, que acabara de estar em Hillham. Perguntei-lhe como andavam as coisas por lá e fiquei surpreso em ouvir sua resposta.

— Não muito boas... — ele respondeu.

— Sério? — perguntei. — Por quê? As coisas estavam ótimas quando saí de lá. O que há de errado?

— Bem — ele disse —, é uma espécie de recaída. Alguns dos programas que você iniciou acabaram. A igreja conta apenas com cerca de cem pessoas. Talvez fique ainda menor e acabe fechando.

Aquilo realmente me incomodou. Um líder odeia ver algo em que derramou seu suor, sangue e lágrimas começar a fracassar. A princípio, fiquei aborrecido com o líder que ocupara meu lugar. Entretanto, isso me acertou em cheio. Se eu tivesse feito um trabalho realmente bom ali, o líder que ficou em meu lugar, bom ou ruim, não viria ao caso. A falha era realmente minha. Não havia preparado a organização para ter sucesso após minha saída. Foi a primeira vez que percebi a importância do legado.

Mudança de paradigma

Depois disso, comecei a observar a liderança de um modo completamente novo. Todo líder, por fim, deixa sua organização de uma forma ou de outra. Pode mudar de cargo, ser promovido ou aposentar-se. Ainda que uma pessoa se recuse a aposentar-se, irá morrer. Isso me fez perceber que parte de meu trabalho como líder era começar a preparar meu pessoal e minha organização para o que inevitavelmente viria pela frente. Isso fez com que mudasse meu enfoque de um trabalho de liderar seguidores para o desenvolvimento de líderes.

Meu principal valor, como o de qualquer líder, seria avaliado por minha capacidade de dar à organização uma sucessão estável. A melhor história de sucessão de minha vida tem a ver com minha saída da igreja Skyline. Quando cheguei ali pela primeira vez, em 1981, fiz com que uma de minhas principais metas fosse a identificação e o desenvolvimento de líderes, porque sabia que nosso sucesso dependia disso. Ao longo dos 14 anos em que estive lá, minha equipe e eu desenvolvemos literalmente centenas de líderes notáveis, tanto voluntários quanto membros da equipe.

Uma de minhas maiores alegrias na vida é saber que a Skyline é mais forte agora do que quando a deixei, em 1995. Jim Garlow, meu sucessor como pastor presidente, está realizando um trabalho maravilhoso ali. No outono de 1997, Jim pediu-me que fosse à Skyline e ministrasse em uma festa que tinha como objetivo angariar fundos para a próxima fase do projeto de construção, e tive o prazer de aceitar seu convite.

Cerca de quatro mil e cem pessoas participaram do evento no Centro de Convenções de San Diego, localizado na bela enseada da cidade. Minha esposa, Margaret, e eu realmente gostamos de encontrar e de conversar com muitos de nossos velhos amigos. Sem dúvida, senti-me privilegiado por ser o principal pregador da noite. Foi uma bela celebração, e um verdadeiro sucesso. As pessoas comprometeram-se a doar mais de 7,8 milhões de dólares para a construção do novo templo da igreja.

Assim que concluí a pregação, Margaret e eu saímos rapidamente do salão. Queríamos que a noite fosse de Jim, uma vez que ele era agora o líder da Skyline. Por causa disso, sabíamos que seria melhor se saíssemos antes que a programação chegasse ao fim. Enquanto descíamos as escadas, segurei a mão dela e a apertei com força. Foi maravilhoso saber que o que havíamos começado há tantos anos continuava progredindo. É como meu amigo Chris Musgrove diz: "O sucesso não é medido pelo que deixou feito, mas pelo que deixou para trás."

No final da história, sua capacidade de liderar não será julgada pelo que realizou pessoalmente nem mesmo pelos feitos de sua equipe durante seu mandato. Você será avaliado pelo bom desempenho de seu pessoal e de sua organização depois de sua saída. O valor permanente será medido pela sucessão.

Parte 2

Capítulo 4

Capacitação para o sucesso

Por que precisamos capacitar outras pessoas?

Um é um número muito pequeno para alcançar grandeza

Quem são os seus heróis pessoais? Tudo bem, talvez você não tenha nenhum. Deixe-me então lhe perguntar isto: quem são as pessoas que você mais admira? Com quem você mais gostaria de se parecer? Quais pessoas o estimulam ou o incendeiam? Você admira...

1. Homens de negócio inovadores, tais como Sam Walton, Fred Smith ou Bill Gates?
2. Grandes atletas, tais como Michael Jordan, Tiger Woods ou Mark McGwire?
3. Gênios criativos, tais como Pablo Picasso, Buckminster Fuller ou Wolfgang Amadeus Mozart?
4. Ícones da cultura pop, tais como Marilyn Monroe, Andy Warhol ou Elvis Presley?
5. Líderes espirituais, tais como John Wesley, Billy Graham ou Madre Teresa?

6. Líderes políticos, tais como Alexandre, o Grande, Carlos Magno ou Winston Churchill?
7. Gigantes da indústria do cinema, tais como D. W. Griffith, Charlie Chaplin ou Steven Spielberg?
8. Arquitetos e engenheiros, tais como Frank Lloyd Wright, os irmãos Starrett ou Joseph Strauss?
9. Pensadores revolucionários, tais como Marie Curie, Thomas Edison ou Albert Einstein?

Talvez sua lista inclua pessoas em áreas não mencionadas.

É seguro dizer que todos nós admiramos empreendedores. E nós, norte-americanos, especialmente, adoramos pioneiros, indivíduos ousados, pessoas que lutam sozinhas, a despeito de indefinições ou oposição: o colonizador que estabelece um lugar para si nos ermos da fronteira, o xerife do Velho Oeste que resolutamente encara um inimigo em um duelo, o piloto que bravamente voa sozinho cruzando o Oceano Atlântico e o cientista que muda o mundo por meio do poder de sua mente.

O MITO DO ZORRO, O CAVALEIRO SOLITÁRIO

Apesar de admirarmos os empreendimentos solitários, a verdade é que nenhum indivíduo sozinho fez alguma coisa que realmente tenha valor. A crença de que uma pessoa só pode fazer algo grandioso é um mito. Não há Rambos reais que possam conquistar um exército hostil por si mesmos. Até mesmo Zorro, o Cavaleiro Solitário, não foi verdadeiramente um solitário. Por onde ia ele tinha a companhia de Tonto!

Nada muito significativo foi alcançado por um indivíduo que tenha agido sozinho. Olhe abaixo da superfície e verá que atos aparentemente solitários são na verdade esforços de equipe. O colonizador Daniel Boone teve companheiros da Companhia Transilvânia, enquanto deixava marcas pela estrada que atravessa o deserto. O xerife Wyatt Earp teve dois irmãos e Doc Holliday, que cuidaram dele. O aviador Charles Lindbergh teve o apoio de nove empresários de St. Louis e os serviços da Companhia Aeronáutica Ryan, que construiu seu avião. Mesmo Albert Einstein, o cientista que revolucionou o mundo com sua teoria da relatividade, não trabalhou no vácuo. A respeito da dívida que tinha para com outras pessoas, Einstein certa vez observou: "Muitas vezes ao dia percebo o quanto minha própria vida, exterior e interior, está construída sobre o labor de meus companheiros, vivos e mortos, e o quão sinceramente devo esforçar-me a fim de devolver tudo o que tenho recebido." É fato que a história de nosso país é marcada pelas realizações de muitos líderes corajosos e indivíduos inovadores que correram riscos consideráveis. Mas essas pessoas sempre fizeram parte de equipes.

O economista Lester C. Thurow comentou sobre o assunto:

> Não existe nada que vá contra o trabalho em equipe na história, cultura ou tradição norte-americanas. Equipes são importantes na história dos Estados Unidos — os vagões de trem conquistaram o Oeste, homens trabalhando juntos em uma linha de produção na indústria norte-americana conquistaram o mundo, uma estratégia nacional de sucesso e muito trabalho em equipe levaram os Estados Unidos, o primeiro país, a viajar para a lua (e até aqui, o último). Mas a mitologia norte-americana exalta somente o indivíduo... Nos Estados Unidos, *halls* da fama existem para quase toda a atividade concebível, mas em nenhum lugar no país erguem-se monumentos em honra ao trabalho em equipe.

Devo dizer que não concordo com todas as conclusões de Thurow. Afinal, já vi o memorial de guerra da Marinha em Washington D. C., comemorando o hasteamento da bandeira em Iwo Jima. Mas ele está certo sobre algo. O trabalho em equipe é e sempre foi essencial na edificação dos Estados Unidos. E isso também se ajusta a todos os países do mundo.

Um provérbio chinês declara: "Por trás de um homem capaz há sempre outros homens capazes." E a verdade é que o trabalho em equipe está no cerne de uma grande realização. Não se pergunta se o trabalho em equipe tem valor. O que se pergunta é se o trabalho em equipe tem seu valor reconhecido e se isso nos torna melhores membros de uma determinada equipe. É por isso que afirmo que um é um número muito pequeno para se alcançar grandeza.

Você não consegue fazer nada de real valor sozinho. Se você levar isso verdadeiramente a sério, começará a enxergar o valor do desenvolvimento e da capacitação dos membros de seu grupo.

Eu o desafio a pensar em um ato de genuína significância na história da humanidade que tenha sido realizado por apenas um ser humano. Não importa o que você mencionar, descobrirá que um grupo de pessoas estava envolvido. É por isso que o presidente Lyndon Johnson disse: "Não há problemas que não possamos resolver juntos, e muito poucos que possamos resolver por nós mesmos."

Por traz de um homem capaz há sempre outros homens capazes.
Provérbio chinês

C. Gene Wilkes, em seu livro, *Jesus on Leadership* [Jesus na liderança], observou que o poder das equipes não é evidente somente no mundo moderno dos negócios, mas que também tem uma história evidente até mesmo nos tempos bíblicos. Wilkes afirma que:

- Equipes envolvem mais pessoas, demandando assim mais recursos, ideias, e energia que um único indivíduo.
- Equipes maximizam o potencial de um líder e minimizam suas fraquezas. Pontos fortes e fracos estão mais expostos em indivíduos.
- Equipes oferecem múltiplas perspectivas de como suprir uma necessidade ou atingir um objetivo, delineando assim muitas alternativas para cada situação.
- Equipes compartilham o crédito pelas vitórias e a responsabilidade por perdas. Isso fomenta humildade e comunidade autênticas.
- Equipes mantêm os líderes responsáveis pelo alvo.
- Equipes podem simplesmente fazer mais que um indivíduo.

Se você quer alcançar o seu potencial ou lutar por aquilo que é aparentemente impossível — como comunicar sua mensagem dois anos depois que você partiu — precisa se tornar membro de uma equipe. Isto pode ser um clichê, porém é verdadeiro: indivíduos jogam a partida, mas equipes vencem os campeonatos.

Por que ficamos sozinhos?

Sabendo tudo o que sabemos sobre o potencial das equipes, por que algumas pessoas ainda insistem em fazer as coisas sozinhas? Eu creio que há vários motivos:

1. Ego

Poucas pessoas gostam de admitir que não podem fazer tudo, ainda que essa seja a realidade da vida. Não há super-homens ou supermulheres. Portanto, a pergunta não é se você pode fazer tudo sozinho, mas quanto tempo levará para perceber que não pode.

O filantropo Andrew Carnegie declarou: "Há um grande marco em seu desenvolvimento quando você percebe que outras pessoas podem ajudá-lo a fazer uma tarefa melhor do que se fizesse sozinho." Para fazer algo realmente grande, abra mão de seu ego e prepare-se para ser parte de uma equipe.

2. Insegurança

Em meu trabalho com líderes, percebo que alguns indivíduos fracassam na promoção do trabalho em grupo e na capacitação dos membros de sua equipe para liderança porque se sentem ameaçados por outras pessoas. O político florentino do século XVI, Maquiavel, fez observações semelhantes, que provavelmente o levaram a escrever: "O primeiro método para avaliar a inteligência de um governante é o de observar os homens que ele tem à sua volta."

Eu acredito que a insegurança, ao contrário do julgamento pobre ou da falta de inteligência, na maioria das vezes, leva líderes a se cercarem de pessoas fracas. Somente líderes seguros dão poder aos outros. Por outro lado, líderes inseguros normalmente fracassam ao montar equipes por uma das duas razões: ou porque querem manter o controle sobre tudo pelo qual são responsáveis, ou porque temem ser substituídos por alguém mais capaz. Em ambos os casos, os líderes que não conseguem promover o trabalho em equipe subestimam seu próprio potencial e minam os melhores esforços das pessoas com quem trabalham. Eles ganhariam muito com o conselho do presidente Woodrow Wilson: "Devemos não somente usar os cérebros que temos, mas todos os que pudermos emprestar."

O primeiro método para avaliar a inteligência de um governante é observar os homens que ele tem a sua volta.
Maquiavel

3. *Ingenuidade*

O consultor John Ghegan tem uma placa sobre a sua mesa com a seguinte frase: "Se tivesse que fazer tudo de novo, arrumaria ajuda." Essa observação representa de forma exata os sentimentos do terceiro tipo de pessoa que não consegue se tornar um formador de equipes. Essas pessoas, ingenuamente, subestimam a dificuldade de se realizar grandes coisas. Como consequência, tentam seguir adiante sozinhas.

Algumas pessoas desse grupo se dão bem no final. Elas descobrem que seus sonhos são maiores que suas capacidades, percebem que não vão alcançar seus objetivos sozinhas e se ajustam. Fazem da montagem de equipes sua estratégia para a realização de metas. Mas outras aprendem a verdade muito tarde e, como consequência, nunca alcançam seus objetivos. E isso é uma pena.

4. *Temperamento*

Algumas pessoas não são muito sociáveis e simplesmente não pensam em formar equipes ou capacitá-las. Quando enfrentam desafios, nunca pensam em aliar-se a outros para obter algo.

Como uma pessoa amistosa, tenho dificuldade com esse tipo de situação. Toda vez que encaro qualquer tipo de desafio, a primeira coisa que faço é pensar nas pessoas que quero na equipe para me ajudar. Fui assim desde criança. Sempre pensei, *por que trilhar a jornada sozinho se você pode convidar outros para trilhá-la com você?*

Entendo que nem todo o mundo funciona assim. Caso você esteja naturalmente inclinado a ser parte de uma equipe, ou não, isso é irrelevante. Se você faz tudo sozinho e nunca estabelece parceria com outras pessoas, cria barreiras enormes ao seu próprio potencial. O Dr. Allan Fromme disse: "As pessoas são conhecidas por alcançar mais como consequência de trabalharem com outras do que contra elas." Que declaração mais sutil! É preciso uma equipe para se fazer algo de valor permanente. Além disso, mesmo a pessoa mais introvertida do mundo pode aprender a desfrutar dos benefícios de estar em uma equipe (isso é verdade, mesmo se alguém não estiver tentando realizar algo grande).

Anos atrás, meu amigo Chuck Swindoll escreveu um texto em *The Finishing Touch* [O toque final] que resume a importância do trabalho em equipe. Ele disse:

> Ninguém é uma equipe inteira... precisamos uns dos outros. Você precisa de alguém e alguém precisa de você. Não somos ilhas isoladas. Para fazer esta coisa chamada vida funcionar, temos que nos curvar e dar apoio. E nos relacionar e responder. E dar e receber. E confessar e perdoar. E estender a mão e abraçar e confiar... uma vez que nenhum de nós é um fora de série inteiro, independente, autossuficiente, supercapaz e todo-poderoso, vamos parar de agir como se fôssemos. A vida é solitária o suficiente sem que façamos esse papel estúpido. O jogo acabou. Vamos nos ligar.

Para a pessoa que tenta fazer tudo sozinha, o jogo realmente acabou. Se você quer fazer algo grande, deve se juntar a outros. Um é um número muito pequeno para alcançar grandeza.

Como posso adotar uma mentalidade de equipe?

Investir em uma equipe é a garantia do retorno do esforço, porque uma equipe pode fazer muito mais do que indivíduos

Ele é um dos maiores formadores de equipes do mundo esportivo, ainda que você provavelmente nunca tenha ouvido sobre ele. Aqui está uma lista de suas impressionantes realizações:

- 40 temporadas consecutivas de basquete com no mínimo 20 vitórias
- Cinco campeonatos nacionais
- Numero um no *ranking* em sua região por 20 dos últimos 33 anos
- 87% de vitórias em toda a carreira

Seu nome é Morgan Wootten. E por que a maioria das pessoas nunca ouviu sobre ele? Porque ele é um treinador de basquete de alunos do segundo grau!

Se perguntadas sobre quem seria o maior treinador de basquete de todos os tempos, a maioria responderia Red Auerback ou John Wooden. Mas você sabe o que John Wooden, o treinador da Universidade da Califórnia chamado de "Mago de Westwood", disse sobre Morgan Wootten? Ele foi enfático em sua avaliação:

> As pessoas dizem que Morgan Wootten é o melhor treinador de alunos de segundo grau no país. Eu discordo. Não conheço técnico melhor em nenhum outro nível — segundo grau, universidade ou profissional. Já disse isso em outro lugar e vou dizer aqui: fico de boca aberta diante dele.[1]

Essa é uma recomendação bem contundente de um homem que venceu dez campeonatos nacionais e foi técnico dos jogadores mais talentosos do mundo, incluindo Kareem Abdul-Jabar (a propósito, quando Kareem era aluno de segundo grau na Academia Power Memorial, seu time perdeu somente um jogo — para o time de Morgan Wootten!).

SEM PLANOS DE SER UM FORMADOR DE EQUIPE

Morgan Wootten nunca planejou ser um técnico de basquete. Ele foi um bom atleta no segundo grau, mas nada especial. No entanto, tinha uma ótima conversa. Quando estava crescendo, sua ambição era a de ser um advogado. Mas, aos 19 anos, na faculdade, um amigo, por brincadeira, incitou-o a aceitar a tarefa de dirigir um time de *baseball*, um jogo que ele conhecia muito pouco, formado por meninos de um orfanato. O time não tinha uniformes nem equipamento. E, embora se esforçassem, os meninos perderam todos os 16 jogos que disputaram.

Durante a primeira temporada, Wootten apaixonou-se por aqueles meninos. Quando pediram que voltasse e dirigisse o time de futebol americano, ele não pôde recusar. Além disso, ele havia jogado futebol americano no segundo grau, de modo que sabia algo sobre o esporte. O time do orfanato ganhou invicto o campeonato da Liga de Jovens Católicos. Wootten começou a perceber que queria investir seu tempo nas crianças, e não em casos judiciais.

Já naquele primeiro ano ele fez diferença na vida dos meninos. Ele lembra um garoto em particular que havia começado a roubar e era constantemente levado para o orfanato pela polícia. Ele descreveu o menino como já tendo "duas jogadas e meia contra ele". Wootten explicou ao garoto que ele estava enrascado. Mas também o colocou sob sua proteção. Wootten recorda:

> Começamos a passar tempo juntos. Eu o levei para a minha casa e ele adorava as refeições preparadas por minha mãe. Ele passou finais de semana conosco. Ficou amigo de meu irmão e de minhas irmãs. Ele ainda está em Washington hoje, indo muito bem e conhecido por muitas pessoas. Qualquer um teria orgulho de chamá-lo de filho. Ele, no entanto, estava destinado a uma vida de crimes e prisão, e talvez algo ainda pior, até que alguém lhe deu o maior presente que um pai ou mãe pode dar a um filho — seu tempo.

Dar de si às pessoas em seus times é algo que Wootten tem feito desde então. O técnico de basquete Marty Fletcher, um ex-jogador e assistente de Wootten, resumiu seu talento desta maneira: "O segredo dele é que ele faz qualquer pessoa com quem esteja sentir-se a pessoa mais importante no mundo."[2]

Criando uma dinastia

Não passou muito tempo até que Wootten fosse convidado para se tornar técnico-assistente de uma influente escola de segundo grau. Então, com alguns anos de experiência em seu currículo, tornou-se o técnico principal da Escola de Segundo Grau DeMatha.

Quando começou na escola, em 1956, Wootten falava a derrotados. Ele convocou todos os alunos que queriam praticar esportes na DeMatha e lhes disse:

> Pessoal, as coisas vão mudar. Eu sei que os times da DeMatha têm jogado mal nos últimos anos, mas agora chega. Nós iremos vencer e estabelecer uma tradição de vitória. A começar agora mesmo..., mas deixe-me dizer-lhes como iremos fazer isso. Nós iremos nos

> desdobrar em cada time que jogarmos... com muito trabalho, disciplina e dedicação, as pessoas irão ouvir sobre nós e nos respeitar, porque DeMatha será uma escola vencedora.[3]

Naquele ano, o time de futebol americano venceu metade de seus jogos, o que foi uma grande conquista. No basquete e no *baseball*, eles foram campeões de divisão. Seus times têm ganhado desde então. DeMatha tem sido considerada, já há um bom tempo, uma dinastia.

No dia 13 de outubro de 2000, Wootten foi empossado no Naismith Hall da Fama do Basquete, em Springfield, Massachusetts. Na ocasião, seus times haviam acumulado um recorde de 1.210 pontos em 183 partidas. Mais de 250 de seus jogadores ganharam bolsas de estudo universitárias. Doze de seus jogadores de segundo grau foram jogar na NBA.[4]

Não é o basquete

Mas ganhar jogos e honrarias não é o que mais estimula Wootten. É o investir em crianças. Wootten diz:

> Técnicos de todos os níveis têm, às vezes, a tendência de perder de vista seus propósitos, principalmente depois da chegada do sucesso. Eles começam a colocar o carro na frente dos bois, trabalhando cada vez mais duro para desenvolver seus times, usando seus meninos e meninas para fazer isso, esquecendo-se aos poucos de que, o propósito real deles, deveria ser o de desenvolver as crianças, usando seus times para tal.[5]

A postura de Wootten traz benefícios não somente para o time, como também para os indivíduos no time. Por exemplo, por 26 anos, cada um dos titulares de Wootten ganhou bolsas de estudo — não somente os titulares, como também os reservas.

Com o tempo, capacitar seu time só produz dividendos. Morgan Wootten capacita seus jogadores porque essa é a coisa certa para se fazer, porque ele se importa com eles. Essa prática tem aprimorado seus jogadores, levado sucesso aos seus times e tornado sua carreira extraordinária. Ele é o primeiro treinador de basquete a conseguir ganhar 1.200 jogos em todas as categorias. Desenvolver pessoas dá retorno, em todos os sentidos.

Como investir em seu time

Eu acredito que a maioria das pessoas reconhece que investir em um time beneficia o grupo todo. Como fazer isso? Vamos aos dez passos que você pode dar para investir em seu time.

Aqui está como começar:

1. *Tome a decisão de montar um time — este é o início do investimento na equipe*

Dizem que uma jornada começa com o primeiro passo. Decidir que as pessoas que compõem o time merecem ser capacitadas e desenvolver-se é o primeiro passo para montar uma equipe melhor. Isso requer compromisso.

2. *Reúna o melhor time possível — isso eleva o potencial da equipe*

Quanto melhores forem as pessoas do time, maior o seu potencial. Só há um tipo de time para o qual você não deve sair procurando pelos melhores jogadores disponíveis, e esse é a família. Você precisa agarrar-se a esses companheiros de equipe nos bons e maus momentos. Mas qualquer outro tipo de time pode se beneficiar do recrutamento das melhores pessoas possíveis e disponíveis.

3. *Pague o preço de desenvolver o time — isso assegura o crescimento da equipe*

Quando Morgan Wootten decidiu colaborar com o garoto mencionado anteriormente, ele e sua família tiveram que pagar o preço por isso. Não foi conveniente ou confortável. Custou a eles energia, dinheiro e tempo.

Não é fácil desenvolver um time. Você terá de dedicar tempo, que poderia ser utilizado para sua produtividade pessoal. Você terá de gastar aquele dinheiro que poderia ser usado para o seu benefício pessoal. E às vezes, você terá de colocar de lado sua própria agenda.

4. *Façam coisas juntos, como time — isso produz espiríto de equipe*

Certa vez, li esta declaração: "Mesmo quando você jogou o jogo de sua vida, é do sentimento do trabalho em equipe que você se lembra.

Você esquecerá as jogadas, os chutes e os placares, mas nunca se esquecerá de seus colegas de time." Essa é a descrição do sentimento de equipe que se desenvolve entre companheiros de grupo que passam algum tempo fazendo coisas juntos.

Decidir que as pessoas que compõem o time merecem investimento e capacitação é o primeiro passo para montar uma equipe melhor.

A única maneira de desenvolver um espírito comunitário e coeso entre colegas de equipe é fazer com que estejam juntos, não só no ambiente profissional, mas também no que diz respeito à vida pessoal. Há muitas maneiras de se relacionar com seus companheiros de time e de conectá-los uns aos outros. Muitas famílias que querem se sentir unidas descobrem que acampar é muito bom. Colegas de trabalho podem se reunir fora do escritório (de maneira apropriada). O onde e o quando não são tão importantes; o importante é os membros da equipe compartilharem experiências comuns.

5. *Revista os membros da equipe de responsabilidade e autoridade — isso suscita líderes para o time*

O crescimento individual é consequência do método de tentativa e erro no que tange à experiência pessoal. Qualquer time que queira pessoas com elevado nível de desempenho — e níveis mais altos de liderança — deve transmitir aos membros da equipe autoridade e responsabilidade. Se você é um líder em seu time, não proteja sua posição ou acumule poder. Abra mão dele. Essa é a única maneira de capacitar sua equipe.

6. *Dê crédito ao sucesso do seu time — isso eleva o moral da equipe*

Mark Twain disse: "Eu posso viver por dois meses com um bom elogio." Esse é o modo como a maioria das pessoas se sente. Elas estão dispostas a trabalhar duro se receberem reconhecimento por seus esforços. Elogie seus colegas de equipe. Exalte suas conquistas. E, se for o líder, retire a culpa mas nunca o crédito. Faça isso e sua equipe sempre lutará por você.

7. *Observe e veja que o investimento no time compensa — isso traz responsabilidade à equipe*

Se você coloca dinheiro em um determinado investimento, espera retorno — talvez não imediato, mas certamente a longo prazo. Como saberá se está ganhando ou perdendo dinheiro? Você tem de estar atento e medir seu progresso.

> **Eu posso viver por dois meses com um bom elogio.**
> ***Mark Twain***

A mesma verdade se aplica ao investimento em pessoas. Você precisa observar se está obtendo retorno em relação ao tempo, energia e recursos que está colocando nelas. Algumas pessoas se desenvolvem rapidamente. Outras são mais lentas para responder, mas tudo bem. O resultado principal é progresso.

8. *Pare de investir em jogadores que não crescem — isso elimina as maiores perdas para a equipe*

Uma das experiências mais difíceis para qualquer membro de equipe é deixar um colega de time para trás. No entanto, é isso o que você deve fazer se algum membro do seu time se recusar a crescer ou a mudar em benefício dos colegas de equipe. Isso não significa que você ame menos a pessoa. Apenas mostra que você deve parar de gastar seu tempo tentando investir em alguém que não vai ou não pode fazer com que o time seja melhor.

9. *Crie novas oportunidades para o time — isso permite que a equipe se desdobre*

Não há maior investimento que você possa fazer em um time do que o de dar a ele novas oportunidades. Quando uma equipe tem a possibilidade de pisar em terreno novo ou encarar novos desafios, ela tem de se desdobrar para superá-los. Esse processo não somente dá ao time uma oportunidade de crescer, como também beneficia todos os indivíduos. Todos têm a oportunidade de crescer de acordo com o seu potencial.

10. *Dê ao time a melhor oportunidade possível de ser bem-sucedido — isso garante alto retorno à equipe*

James E. Hunton disse: "Juntar-se é um começo. Continuar juntos é progresso. Trabalhar juntos é sucesso." Uma das tarefas mais essenciais que você pode realizar é a de retirar os obstáculos de modo que o time tenha a melhor possibilidade possível de trabalhar em busca do sucesso. Se você é membro de uma equipe, isso pode significar fazer um sacrifício pessoal de ajudar os outros a trabalhar melhor juntos. Se você é um líder, isso significa criar um ambiente agradável para o time e capacitar cada pessoa para o que ela necessita, em qualquer tempo, para alcançar o sucesso.

Investir em uma equipe quase sempre assegura um alto retorno em relação ao esforço, porque o time pode fazer muito mais que indivíduos. Ou, como Rex Murphy, um dos frequentadores de minhas conferências, disse-me: "Onde há uma vontade, há um caminho; onde há uma equipe, há mais que um caminho."

MEU INVESTIMENTO PESSOAL — E RETORNO

Uma vez que você tenha experimentado o que significa investir em seu time, nunca conseguirá parar. Pensar em minha equipe — em como meus colegas de grupo agregam valor a mim enquanto eu agrego valor a eles — me traz alegria abundante. E assim como meu investimento e o retorno deles, minha alegria continua rendendo.

Nesse estágio de minha vida, tudo o que faço é um esforço de equipe. Quando comecei a dar seminários, eu fazia tudo. É certo que havia outras pessoas por perto, mas eu era tão apto a empacotar e despachar uma caixa quanto era para falar. Agora eu chego e ensino. Minha maravilhosa equipe toma conta do restante. Até mesmo o livro que você está lendo é resultado de um esforço de equipe. Eu faria qualquer coisa pelas pessoas em minha equipe, porque eles fazem tudo para mim:

Minha equipe me faz melhor do que sou.
Minha equipe multiplica meu valor para os outros.
Minha equipe me capacita a fazer melhor o que faço.

Minha equipe me dá mais tempo.
Minha equipe me representa onde eu não posso ir.
Minha equipe fornece espírito comunitário para o nosso deleite.
Minha equipe realiza os desejos do meu coração.

Se suas atuais experiências em equipe não são tão positivas quanto você gostaria que fossem, então é tempo de aumentar o seu nível de investimento. Montar e capacitar um time para o futuro é como desenvolver um pé-de-meia. Pode começar vagarosamente, mas o que você poupa traz alto retorno — semelhante aos juros compostos na economia. Tente e você descobrirá que investir em uma equipe traz dividendos com o passar do tempo.

Capítulo 5

Capacitando as pessoas certas

A quem eu devo capacitar?

Aqueles que estiverem mais próximos do líder determinarão o nível de sucesso dele

Certa noite, depois de trabalhar até tarde, apanhei uma cópia da revista Sports Illustrated, na esperança de que suas páginas embalassem meu sono. O efeito foi contrário. Em sua contracapa, havia uma propaganda que chamou minha atenção e estimulou minhas emoções. Ela mostrava uma foto de John Wooden, o técnico que dirigiu os Bruins da Universidade da Califórnia por muitos anos. O texto da legenda informava o seguinte: "O camarada que coloca a bola no aro tem dez mãos."

John Wooden foi um grande treinador de basquete. Chamado de "Mágico de Westwood", ele conquistou dez campeonatos para a Universidade da Califórnia, em 20 anos. Duas conquistas consecutivas não são muito alardeadas no mundo dos esportes competitivos, mas ele conduziu os Bruins a sete títulos seguidos. Isso demandou um nível consistente de desempenho acima da média, bom padrão de treinamento e trabalho duro. Mas a chave para o sucesso dos Bruins foi a dedicação incansável do técnico Wooden ao seu conceito de trabalho em equipe.

Ele sabia que, se você supervisiona pessoas e deseja desenvolver líderes, deve se responsabilizar por (1) apreciá-los por quem eles são; (2) crer que farão o melhor deles; (3) elogiar suas realizações e (4) aceitar sua responsabilidade pessoal como líder.

O técnico Bear Bryant expressou esse mesmo sentimento ao declarar: "Eu sou apenas um lavrador do Arkansas, mas aprendi a manter uma equipe unida — como motivar alguns homens, como acalmar outros, até que finalmente eles tenham os corações pulsando no mesmo ritmo como uma equipe. Há sempre três coisas que digo: se algo dá errado, fui eu. Se algo vai mais ou menos, fomos nós. Se algo vai muito bem, foram eles. Isso é tudo o que é preciso para fazer as pessoas vencerem." Bear Bryant conquistou pessoas e títulos. Até bem pouco tempo atrás, ele sustentou a marca de treinador mais vitorioso na história do futebol americano universitário, com 323 vitórias.

Grandes líderes — os que foram verdadeiramente bem-sucedidos e que representam 1% — têm algo em comum. Eles sabem que conquistar e manter pessoas boas é a tarefa mais importante de um líder. Uma organização não pode aumentar sua produtividade — mas pessoas podem! O ativo verdadeiramente apreciado dentro de uma organização são as pessoas. Os sistemas desatualizam-se. Os prédios se deterioram. O maquinário se desgasta. Mas as pessoas podem crescer, desenvolver-se e tornar-se mais eficazes se tiverem um líder que compreenda o seu valor em potencial.

Se você realmente quer ser um líder de sucesso, deve desenvolver e capacitar outros líderes ao seu redor. Você deve encontrar uma maneira de passar adiante a sua visão, implementá-la, e fazê-la contribuir para o time. O líder vê o todo, mas precisa que outros líderes o ajudem a fazer daquilo que ele tem em mente uma realidade.

A maioria dos líderes tem seguidores a sua volta. Esses líderes acreditam que a chave para a liderança é ganhar mais seguidores. Poucos líderes cercam-se de outros líderes, mas os que assim o fazem valorizam suas organizações. E, assim, eles têm não somente seus fardos aliviados, como também sua visão levada adiante e ampliada.

QUEM VOCÊ CAPACITA REALMENTE IMPORTA

A chave para cercar-se de outros líderes é encontrar as melhores pessoas que você puder, e então equipá-las para que se tornem os melhores líderes que puderem ser. Grandes líderes produzem outros líderes. Vou explicar o porquê.

OS MAIS PRÓXIMOS DO LÍDER DETERMINARÃO O NÍVEL DE SUCESSO DESSE LÍDER

O grande princípio de liderança aprendido por mim nos últimos 30 anos é o de que as pessoas mais próximas do líder determinarão o nível de sucesso desse líder. Uma leitura negativa dessa declaração também é verdadeira: os mais próximos do líder determinarão o nível de fracasso desse líder. Em outras palavras, as pessoas próximas a mim "me fazem ou me quebram". A determinação de um resultado positivo ou negativo em minha liderança depende de minha habilidade, como líder, de desenvolver e capacitar os que estão mais próximos de mim. Também depende de minha habilidade em reconhecer o valor que os outros trazem à organização. Meu objetivo não é ter uma multidão de seguidores. Meu objetivo é desenvolver líderes que se tornem um movimento.

Pare por um momento e pense em cinco ou seis pessoas mais próximas a você, em sua organização. Você as está desenvolvendo? Possui uma estratégia para o crescimento delas? Elas estão sendo devidamente capacitadas para a liderança? Elas têm conseguido aliviar o seu fardo?

Em minha organização o desenvolvimento de liderança é constantemente enfatizado. Na primeira sessão de treinamento, dou aos novos líderes este princípio: como um líder em potencial, você é um ativo ou um passivo para a organização. Ilustro essa verdade ao contar a história dos baldes. "Quando há um problema, um 'incêndio' na organização, vocês, como líderes, são os primeiros a chegar ao local. Vocês têm em suas mãos dois baldes. Um contém água e o outro contém gasolina. A 'faísca' diante de você se tornará um problema ainda maior se você jogar gasolina, mas pode ser extinguida se você jogar água."

Todas as pessoas dentro da organização também carregam dois baldes. A pergunta que um líder precisa fazer é a seguinte: "Eu as estou treinando para usar gasolina ou água?"

O POTENCIAL DE CRESCIMENTO DE UMA ORGANIZAÇÃO ESTÁ DIRETAMENTE RELACIONADO AO POTENCIAL DE SEU PESSOAL

Ao ministrar conferências para líderes, frequentemente faço a seguinte declaração: "Faça crescer um líder — faça crescer a organização." Uma organização não pode crescer sem que seus líderes tenham crescido dentro dela.

Fico sempre impressionado com a quantidade de dinheiro, energia e esforço de *marketing* gastos em áreas que não produzirão crescimento. Por que fazer propaganda de que o cliente é prioridade quando o pessoal não foi treinado no atendimento ao cliente? Quando os clientes chegarem, saberão a diferença entre um empregado que foi treinado a prestar atendimento e o que não foi. Folhetos lustrosos e *slogans* bem bolados não disfarçarão uma liderança incompetente.

Em 1981, tornei-me o pastor principal da igreja wesleyana Skyline em San Diego, Califórnia. Essa congregação teve uma frequência média de mil pessoas entre 1969 e 1981, o que denotava um platô. Quando assumi as responsabilidades de liderança, perguntei-me por que o crescimento havia parado. Precisava encontrar uma resposta, e então convoquei minha primeira reunião de equipe. Minha tese estava fundamentada na seguinte ideia: os líderes determinam o nível de uma organização. Desenhei uma linha em um quadro e escrevi o número mil. Compartilhei com o grupo que por 13 anos a frequência média na Skyline era de mil pessoas. Eu sabia que a equipe era capaz de conduzir mil pessoas com eficiência. O que eu não sabia era se eles poderiam conduzir 2 mil da mesma forma. Fiz uma linha pontilhada e escrevi o número 2 mil e

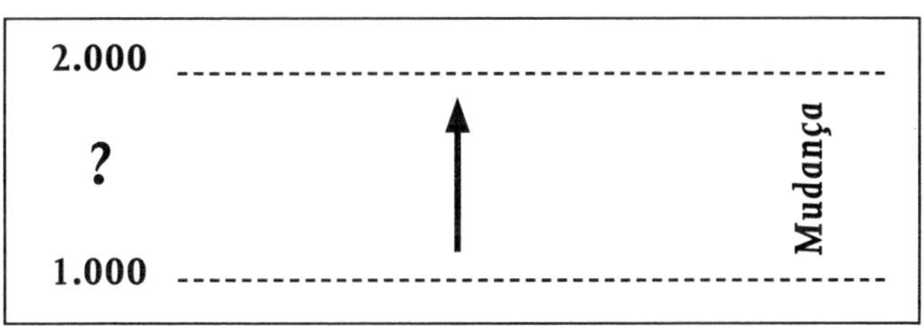

coloquei um ponto de interrogação entre as duas linhas. Fiz então uma seta do número mil até o 2 mil e escrevi a palavra "mudança".

Seria minha responsabilidade capacitá-los e ajudá-los a fazer as mudanças necessárias para alcançar nosso novo objetivo. Quando os líderes mudaram de forma positiva, soube que o crescimento viria automaticamente. Mas eu teria de ajudá-los a mudarem-se a si mesmos, ou contratar outras pessoas para aquelas funções.

Entre 1981 e 1995, ministrei sobre esse assunto na Skyline em três ocasiões. Na última delas, o número 4 mil foi colocado na linha de cima. Descobri que os números mudaram, mas a aula não. A força de qualquer organização é resultado direto da força de seus líderes. Líderes fracos, organizações fracas. Líderes fortes, organizações fortes. Tudo começa e termina na liderança.

Líderes potenciais ajudam a carregar o fardo

O empresário Rolland Young disse a seguinte frase: "Sou um homem que me fiz, mas penso que se tivesse de fazer tudo de novo, eu chamaria mais alguém!" Líderes normalmente fracassam ao desenvolver outros líderes porque ou carecem de treinamento ou possuem atitudes erradas no que diz respeito à permissão e ao encorajamento para que outros andem ao lado deles. Na maioria das vezes, líderes têm a convicção errônea de que devem competir com as pessoas próximas a eles em vez de trabalhar com elas. Grandes líderes possuem uma mentalidade diferente. Em Profiles in Courage [Perfis de Coragem], o presidente John F. Kennedy escreveu: "A melhor maneira de prosseguir é se dando bem com os outros." Esse tipo de interação positiva somente pode acontecer se o líder tiver uma atitude de interdependência em relação aos outros e estiver comprometido com relacionamentos benéficos para ambas as pessoas que se relacionam.

Observe as diferenças entre duas visões que líderes possuem sobre pessoas:

Vencendo por meio da competitividade	Vencendo por meio da cooperação
Olha os outros como inimigos	Olha os outros como amigos
Suspeita dos outros	Apóia os outros
Vence somente se você for bom	Vence se você ou outros forem bons
Vitória determinada por suas habilidades	Vitória determinada pela habilidade de muitos
Pequena vitória	Grande vitória
Alguma alegria	Muita alegria
Há ganhadores e perdedores	Há somente ganhadores

Peter Drucker estava correto ao dizer que "nenhum executivo jamais sofreu porque seus subordinados eram fortes e eficazes". Os líderes que me cercam carregam o meu fardo de muitas maneiras. Aqui estão duas das mais importantes:

1. Eles se tornam uma caixa de ressonância para mim. Como líder, às vezes ouço conselhos que não quero ouvir, mas que preciso. Essa é a vantagem de ter líderes à sua volta — ter pessoas que sabem tomar decisões. Seguidores lhe dizem aquilo que você quer ouvir. Líderes lhe dizem aquilo que você precisa ouvir.

Sempre encorajei os que estão mais próximos de mim a me dar conselhos antes que as decisões sejam tomadas. Ou, em outras palavras, antes que elas tenham valor potencial. Opiniões dadas depois da decisão tomada tornam-se inúteis. Alex Agase, um treinador de times universitários de futebol americano, disse: "Se você realmente quer me dar um conselho, faça isso no sábado à tarde, entre uma e quatro horas, quando tiver 25 segundos para fazê-lo, entre as jogadas. Eu sei a coisa certa a ser feita na segunda-feira."

2. Eles possuem uma mentalidade de liderança. Líderes companheiros fazem mais que trabalhar com o líder, eles pensam como líderes. Isso dá a eles o poder de aliviar o fardo. Isso tem um valor incalculável nos momentos de se tomar uma decisão importante, *brainstorm*, e também na provisão de segurança e direção a outros.

Grande parte de meu tempo é gasta longe do escritório, falando em conferências e eventos. Portanto, é essencial que eu tenha líderes em minhas organizações que possam efetivamente conduzi-la quando eu estiver fora. E eles o fazem. Isso acontece porque eu tenho passado minha vida encontrando e desenvolvendo líderes em potencial. Os resultados são gratificantes.

LÍDERES ATRAEM LÍDERES POTENCIAIS

Pássaros de uma pena só realmente andam em bandos. Eu verdadeiramente acredito que apenas um líder conhece outro líder, consegue desenvolvê-lo e mostrá-lo. É preciso um líder para conhecer um líder, desenvolver um líder e mostrar um líder. Também tenho visto que é necessário um líder para atrair outro líder.

> **Jamais um executivo sofreu porque seus subordinados eram fortes e eficazes.**
> ***Peter Drucker***

Atração é obviamente o primeiro passo para capacitar outros, embora eu encontre muitas pessoas em posição de liderança que são incapazes de realizar essa tarefa. Bons líderes conseguem atrair líderes potenciais porque:

1. Líderes pensam como eles.
2. Líderes expressam sentimentos que outros líderes também têm.
3. Líderes criam um ambiente que atrai líderes potenciais.
4. Líderes não são ameaçados por pessoas com grande potencial.

Por exemplo, uma pessoa em posição de liderança que é "5" em uma escala de 1 a 10 não irá atrair um líder que seja "9". Por quê? Porque líderes formam conceito sobre qualquer multidão e migram para outros líderes que estejam em um nível semelhante ou superior.

Qualquer líder que tenha somente seguidores à sua volta será desafiado a utilizar continuamente seus próprios recursos para executar suas tarefas. Sem outros lideres para carregar o fardo, ele ficará fatigado e esgotado. Você tem se perguntado ultimamente se está cansado? Se a resposta for sim, você deve ter uma boa razão para isso, como ilustra essa história engraçada:

> Em algum lugar no mundo, há um país com uma população de 220 milhões de pessoas. Oitenta e quatro milhões estão acima dos 60 anos; restam 136 milhões para fazer o trabalho. Pessoas abaixo dos 20 anos de idade totalizam 95 milhões; restam 41 milhões para fazer o trabalho.
>
> Há 22 milhões de pessoas empregados pelo governo; restam 19 milhões para fazer o trabalho. Quatro milhões estão nas forças armadas; restam 15 milhões para fazer o trabalho. Deduza 14.800.000, o número de pessoas em repartições estaduais e municipais; restam 200.000 para fazer o trabalho. Há 188.000 em hospitais e asilos, e assim restam 12.000 para fazer o trabalho.
>
> É interessante notar que nesse país 11.998 pessoas estão presas; restam então apenas duas pessoas para carregarem o fardo. Elas são eu e você — e irmão, eu estou ficando cansado de fazer tudo sozinho!

A menos que queira carregar todo o fardo, você precisa desenvolver e capacitar outros.

LÍDERES CAPACITADOS AMPLIAM E MELHORAM O FUTURO DA ORGANIZAÇÃO

Uma das coisas que meu pai me ensinou foi a importância das pessoas sobre todos os outros elementos em uma organização. Ele foi presidente de uma faculdade por 16 anos. Um dia, sentamo-nos em um banco do campus e ele explicou que os trabalhadores mais caros não eram os mais bem pagos. Os mais caros eram as pessoas não-produtivas. Ele explicou que desenvolver líderes levou tempo e custou dinheiro. Você normalmente tinha de pagar mais aos líderes. Mas tais pessoas eram um ativo inestimável. Eles atraíam pessoas de mais qualidade, eram mais produtivos e continuavam a valorizar a organização. Ele terminou a conversa dizendo que grande parte das pessoas produz quando sente vontade. Líderes produzem mesmo quando não têm vontade.

QUANTO MAIS PESSOAS VOCÊ LIDERA, MAIS LÍDERES VOCÊ PRECISA

Zig Ziglar diz: "Sucesso é a utilização máxima da habilidade que você tem." Eu acredito que o sucesso de um líder possa ser definido como a utilização máxima das habilidades dos que estão subordinados a ele. Andrew Carnegie explicou isso assim: "Gostaria de ter em meu epitáfio: 'Aqui jaz um homem que foi sábio o suficiente para trazer para o seu serviço homens que sabiam mais do que ele'." Esse é um objetivo valioso para qualquer líder.

Qual a aparência de um potencial líder?

GRANDES LÍDERES BUSCAM E ENCONTRAM LÍDERES EM POTENCIAL, E ENTÃO OS TRANSFORMAM EM BONS LÍDERES

Há algo muito mais importante e raro que habilidade: a habilidade de reconhecer a habilidade. Uma das responsabilidades primárias de um líder bem-sucedido é identificar líderes em potencial. Essas são as pessoas em quem você irá querer investir seu tempo capacitando-as. Identificá-las nem sempre é uma tarefa fácil, mas é fundamental.

> **A maioria das pessoas produz quando sente vontade. Líderes produzem mesmo quando não têm vontade.**
> ***Melvin Maxwell***

Andrew Carnegie foi um mestre em identificar líderes. Quando um repórter certa vez lhe perguntou como ele havia conseguido contratar 43 milionários, Carnegie respondeu que aqueles homens não eram milionários quando começaram a trabalhar para ele. Eles haviam ficado milionários como consequência. O repórter então quis saber como ele havia capacitado aqueles homens a se tornarem líderes tão valiosos. Carnegie respondeu que "os homens são desenvolvidos da mesma maneira que o ouro é garimpado. Muitas toneladas de lama têm de ser removidas para se obter uma pequena quantidade de ouro. Mas não se vai para a mina procurando por lama", ele acrescentou. " Você vai procurando por ouro." Essa é a maneira exata para se desenvolver pessoas positivas e bem-sucedidas. Procure pelo ouro, não pela lama. Quanto mais positivas as qualidades que você procura, mais você irá encontrar.

SELECIONANDO OS JOGADORES CERTOS

Organizações esportivas profissionais reconhecem a importância de selecionar os jogadores certos. Todos os anos, técnicos e donos de equipes profissionais de *baseball*, basquete e futebol americano aguardam pela contratação de novos jogadores. Para isso, representantes gastam muito tempo e energia em busca de novos postulantes a uma vaga em seus times. Por exemplo, olheiros de organizações de futebol profissional viajam para assistir a jogos de campeonatos universitários, amistosos, jogos de veteranos para obter informações a respeito de jogadores com bom potencial. Assim os olheiros colhem dados suficientes para seus chefes e treinadores para que, quando o prazo final de contratações chegar, as equipes já possam contar com os jogadores mais promissores. Donos de equipes e técnicos sabem que o sucesso futuro de seus times depende em grande parte de sua habilidade de contratar com eficiência.

Não é diferente no mundo dos negócios. Você deve selecionar os jogadores certos em sua organização. Se você selecionar bem, os benefícios serão múltiplos e quase inesgotáveis. Se você selecionar mal, os problemas se multiplicarão e parecerão infindáveis.

A chave para se fazer a escolha certa depende de dois fatores:

(1) sua habilidade de ter uma visão do todo e (2) sua habilidade de avaliar empregados em potencial durante o processo de seleção.

É uma boa ideia começar com um inventário. Eu o utilizo porque olho sempre para dentro e para fora da organização a fim de encontrar candidatos. Eu chamo o inventário de lista dos cinco "As":

Avaliação das necessidades:	O que é necessário?
Ativos à mão:	Quem está disponível na organização?
A habilidade dos candidatos:	Quem está apto?
Atitude dos candidatos:	Quem está disposto?
Aperfeiçoamentos dos candidatos:	Quem faz as coisas?

Note que o inventário começa com uma avaliação das necessidades. O líder da organização deve basear essa avaliação no todo. Quando foi diretor do Chicago Cubs, Charlie Grimm recebeu uma ligação de um de seus olheiros. O homem estava entusiasmado e começou a gritar ao telefone: "Charlie, encontrei o melhor lançador jovem no país! Ele abateu todos os que assumiram o bastão. Vinte e sete, um após o outro. Ninguém conseguiu mandar nenhuma bola fora até o nono turno. O lançador está bem aqui comigo. O que é que eu faço?" Charlie respondeu: "Assine com o camarada que mandou a bola fora. Estamos precisando de batedores." Charlie sabia qual era a necessidade do time.

Há uma situação que se sobrepõe a uma análise das necessidades: quando uma pessoa verdadeiramente excepcional está disponível, mesmo que não supra a necessidade presente, faça o que puder para contratá-la, de um jeito ou de outro. Você observa esse tipo de decisão no meio esportivo. Técnicos de times de futebol americano geralmente contratam jogadores para preencher necessidades específicas. Se estiverem precisando de um defensor, contratam o melhor disponível. Mas, às vezes, eles têm a oportunidade de fazer uma "contratação de impacto", uma superestrela que pode mudar instantaneamente toda a aparência do time. Normalmente, jogadores de impacto possuem não só habilidade física como também habilidades de liderança. Mesmo quando estreantes, têm todas as qualidades para serem capitães. Quando tenho oportunidade de contratar alguém excepcional — uma superestrela — eu contrato. E então encontro um espaço para ela no time. Pessoas boas no que fazem são difíceis de encontrar, e sempre há lugar para uma pessoa mais produtiva dentro da organização.

QUALIDADES PARA SEREM PROCURADAS EM UM LÍDER

Antes de encontrar líderes para capacitar, você precisa primeiro saber como eles são. Aqui estão dez qualidades relacionadas à liderança que você deve procurar em alguém que você queira contratar:

1. *Caráter*

A primeira qualidade que se deve procurar em qualquer tipo de líder, ou líder potencial, é a força do caráter. Não encontrei nada mais importante do que isso. Falhas graves de caráter não podem ser ignoradas. Elas por fim tornarão um líder ineficaz — sempre.

Falhas de caráter não devem ser confundidas com fraqueza. Todos nós temos fraquezas. Elas podem ser superadas com treinamento ou experiência. Falhas de caráter não podem ser mudadas do dia para a noite. A mudança normalmente exige um longo período de tempo e envolve, por parte do líder, um significativo investimento e dedicação ao relacionamento. Qualquer pessoa que você contrate e que tenha falhas de caráter será o elo fraco de sua organização. Dependendo da natureza da falha de caráter, a pessoa terá o potencial de destruir a organização.

Algumas das qualidades que formam o bom caráter incluem: honestidade, integridade, autodisciplina, receptividade ao aprendizado, confiança, perseverança, escrúpulo e ética acentuada no trabalho. As palavras de uma pessoa de caráter combinam com suas atitudes. Sua reputação é sólida. Seus modos também. Sua conduta é objetiva.

A análise do caráter pode ser difícil. Sinais de advertência a serem observados incluem:

- A deficiência de uma pessoa em assumir responsabilidade por suas ações ou circunstâncias
- Promessas ou obrigações não-cumpridas
- Deficiência em cumprir prazos

Você pode dizer muito acerca da habilidade de uma pessoa em liderar outras a partir do modo como ela administra sua própria vida. Observe sua interação com os outros também. Você pode dizer muito acerca do caráter de uma pessoa a partir de seus relacionamentos. Examine o relacionamento dela com seus superiores, colegas e subordinados. Converse com seus funcionários para saber como o líder em potencial os trata. Isso lhe dará percepção adicional.

2. Influência

Liderança é influência. Todo líder tem estas duas características: (A) ele está indo para algum lugar e (B) ele é capaz de persuadir outros a irem com ele. Influência por si só não é suficiente. Essa influência deve ser medida para determinar sua qualidade. Quando observar a influência de um líder em potencial, examine o seguinte:

Qual o nível de influência do líder? Essa pessoa possui seguidores devido à sua posição (usa o poder do título de sua função), permissão (desenvolveu relacionamentos que motivam), produção (ela e seus seguidores produzem resultados consistentes), desenvolvimento de pessoal (colaborou no desenvolvimento de outros ao seu redor) ou caráter individual (transcende a organização e desenvolve pessoas com excelência)?

Quem influencia o líder? A quem ele está seguindo? As pessoas se transformam em seus modelos. O modelo dele é ético? Seu modelo possui as prioridades certas?

A quem ele influencia? Do mesmo modo, a qualidade do seguidor irá indicar a qualidade do líder. Seus seguidores são produtores positivos ou um bando de medíocres que só dizem sim?

Stuart Briscoe, em *Discipleship for Ordinary People* [Discipulado para pessoas comuns], conta a história de um jovem ministro que oficializou um funeral de um veterano de guerra. Os amigos militares do veterano queriam participar do culto para honrar seu companheiro, de modo que solicitaram ao jovem pastor que os conduzisse até ao lado do caixão para um momento de lembrança e daí até uma porta lateral de saída. A ocasião não teve o efeito desejado quando o religioso os conduziu pela porta errada. Diante da vista de todos os presentes, os homens marcharam com precisão militar para dentro de um compartimento onde são guardados os utensílios de limpeza, de onde eles tiveram que bater rapidamente em retirada. Todo líder deve saber para onde está indo. E todo seguidor deve certificar-se de que está atrás de um líder que sabe o que está fazendo.

3. *Atitude positiva*

Uma atitude positiva é um dos ativos mais valiosos que uma pessoa pode ter na vida. Minha convicção sobre isso é tão forte que escrevi um livro inteiro sobre o assunto, *The Winning Attitude: Your Key to Personal Success* [Uma atitude vitoriosa: sua chave para o sucesso pessoal]. Na maioria das vezes, o que as pessoas acreditam ser o seu problema na verdade não o é. O problema delas reside na atitude que os faz lidar com os obstáculos da vida de maneira medíocre.

O indivíduo cujas atitudes o levam a encarar a vida a partir de uma perspectiva inteiramente positiva é alguém que pode ser chamado de uma pessoa sem limites. Em outras palavras, alguém que não aceita as limitações normais da vida com as quais a maioria das pessoas concorda. Alguém que está determinado a caminhar no extremo do seu potencial, ou do potencial de seu produto, antes de aceitar a derrota. Pessoas com atitudes positivas são capazes de ir a lugares onde outras pessoas não conseguem ir. Elas fazem coisas que outras não conseguem fazer. Elas não estão restritas a limitações autoimpostas.

Uma pessoa com uma atitude positiva é como um zangão. O zangão não consegue voar porque o tamanho, o peso e a forma de seu corpo em relação ao comprimento de suas asas abertas tornam o voo aerodinamicamente impossível. Mas o abelhão, como não conhece a teoria científica, voa e produz mel todos os dias...

Essa mentalidade de desafio aos limites permite que uma pessoa comece cada dia com uma disposição positiva, assim como o ascensorista sobre quem, certa vez, li. Em uma segunda-feira, dentro de um elevador lotado, o homem começou a cantarolar uma melodia. Um passageiro, irritado com o bom humor do homem, perguntou rispidamente: "Por que você está tão feliz?" E o ascensorista respondeu alegremente: "Bem, senhor, eu nunca vivi este dia antes." Quando a atitude é correta, não somente o futuro parece promissor, como também o presente é muito mais agradável. A pessoa positiva entende que a jornada é tão desfrutável quanto o destino.

Pense o seguinte acerca da atitude:

> Ela é o homem avançado do nosso verdadeiro eu.
> Suas raízes são internas, mas seus frutos são externos.
> Ela é nossa melhor amiga e nossa pior inimiga.
> Ela é mais honesta e mais consistente que nossas palavras.
> Ela é um olhar exterior assentado em experiências passadas.
> Ela é algo que atrai pessoas para nós, ou as repele.
> Ela nunca está contente, até que seja expressa.
> Ela é a bibliotecária do nosso passado.
> Ela é a oradora do nosso presente.
> Ela é o profeta do nosso futuro.[1]

A atitude dá o tom, não somente para o líder que a possui, mas também para as pessoas que o seguem.

4. *Excelentes habilidades no tratamento com as pessoas*

Um líder sem habilidade no trato pessoal, em pouco tempo, não terá seguidores. Dizem que Andrew Carnegie, um líder fantástico, pagava a Charles Schwab um salário de um milhão de dólares por ano justamente por causa de suas excelentes habilidades para lidar com pessoas. Carnegie tinha outros líderes que compreendiam melhor o trabalho e cuja experiência e treinamento eram muito apropriados. Mas eles careciam da qualidade humana essencial de conseguir fazer com que os outros colaborassem, e Schwab conseguia obter o melhor de seus colegas de trabalho. As pessoas podem admirar alguém que tenha somente talento e habilidade, mas não o seguirão — não por muito tempo.

Ter excelentes habilidades no trato pessoal exigem interesse genuíno pelos outros, habilidade de compreender as pessoas e determinação em fazer de uma interação positiva com os outros uma preocupação prioritária. O nosso comportamento para com as outras pessoas determina o comportamento deles conosco. Um líder bem-sucedido sabe disso.

5. *Dons evidentes*

Toda pessoa que Deus cria tem dons. Uma de nossas tarefas como líderes é fazer uma avaliação desses talentos ao considerar uma pessoa para uma vaga ou uma capacitação. Eu enxergo todo candidato a uma vaga como um líder "que quer ser". Minha observação é de que há quatro tipos de "quero ser":

Nunca ser. Algumas pessoas simplesmente carecem da habilidade de fazer uma tarefa em particular. Elas simplesmente não são dotadas, em particular, para a tarefa que está diante delas. Uma pessoa desse tipo, que for direcionada para uma área para a qual ela não seja habilitada, fica frustrada, e, na maioria das vezes, responsabiliza outros por seu insucesso e por fim acaba se prejudicando. Se redirecionado, tem possibilidade de alcançar o seu potencial.

Poderia ser. Uma pessoa desse tipo tem os dons e habilidades corretos, mas carece de autodisciplina. Ela pode até ser alguém com habilidades extraordinárias, mas não consegue produzir. Essa pessoa precisa desenvolver a disciplina de "simplesmente fazer".

Deveria ser. Pessoas assim têm talentos (dons), mas pouca prática para aproveitar a habilidade. Precisam de treinamento. Ao receber ajuda para desenvolver essas habilidades, podem se tornar as pessoas que foram criadas para ser.

Deve ser. Carecem apenas de oportunidade. Possuem os dons corretos, as habilidades corretas e a atitude correta. Têm a determinação para serem as pessoas que foram criadas para ser. Cabe a você ser o líder que dá a esse tipo de pessoa essa oportunidade. Se você não der, ele encontrará outra pessoa que dê.

Deus cria todas as pessoas com dons naturais. Mas ele também as faz com duas extremidades, uma para sentar e a outra para pensar. O sucesso na vida depende de qual dessas extremidades é mais utilizada, e as probabilidades são iguais: com a "cara" (ou cabeça) você ganha, e com a "coroa" (traseiro) você perde!

6. *Registro de percurso provado*

O poeta Archibald MacLeish, certa vez, disse o seguinte: "Só há uma coisa mais dolorosa que aprender com a experiência, é não aprender com a experiência." Líderes que aprendem essa verdade desenvolvem registros de percurso provados com o tempo. Todos os que inovam, que lutam por construir algo, cometem erros. Pessoas sem registros de percurso ou não aprenderam com seus erros ou não tentaram.

Trabalhei com muitas pessoas talentosas que estabeleceram registros de percursos fantásticos. Quando dei início à minha organização, um homem se destacou como um líder de primeira linha, capacitado com a mais alta qualidade de liderança: Dick Peterson. Ele havia trabalhado na IBM por muitos anos, e rapidamente demonstrou que não havia desperdiçado seu tempo por lá, adquirindo vasta experiência. Dick já tinha um registro de percurso quando eu lhe pedi que se juntasse a mim em 1985, para começar uma de minhas empresas, a INJOY. Tínhamos muito potencial e poucos recursos. O trabalho duro, o planejamento e as percepções de Dick transformaram um negócio que começou sem capital algum e que operava na garagem da casa dele em um empreendimento de produção de materiais e que influencia dezenas de milhares de líderes nacional e internacionalmente todos os anos. Por 15 anos, Dick foi presidente da INJOY e ajudou a empresa a decolar.

Para o especialista em gerenciamento Robert Townsend, "surgem líderes de todos os tamanhos, idades, formas e condições. Alguns são administradores limitados, alguns não são dotados de inteligência extraordinária. Mas há uma dica para identificá-los. Uma vez que a maioria das pessoas por si é medíocre, o verdadeiro líder pode ser reconhecido porque, de um modo ou de outro, seus subordinados acabam tendo desempenhos superiores". Sempre confira o desempenho passado de um candidato. Um líder comprovado sempre possui um registro de percurso comprovado.

7. *Confiança*

As pessoas não seguirão um líder que não confia em si mesmo. Na verdade, as pessoas sentem-se naturalmente atraídas por pessoas que transmitam confiança. Um exemplo excelente pode ser observado em um incidente na Rússia durante uma tentativa de golpe. Tanques do exército haviam cercado a residência oficial do presidente Boris Yeltsin e seus aliados pró-democracia. Militares de alta patente haviam ordenado ao comandante dos tanques que abrisse fogo e matasse Yeltsin. Quando os tanques tomaram posição, Yeltsin saiu a passos largos do prédio, subiu em um dos tanques, olhou bem nos olhos do comandante e o agradeceu por ter passado para o lado dos democratas. Mais tarde, o comandante admitiu que não tinha a intenção de passar para o lado do presidente. Yeltsin parecera tão confiante e imponente que os soldados conversaram entre si depois que ele saiu e decidiram juntar-se a ele.

A confiança é característica da atitude positiva. Os grandes conquistadores e líderes permanecem confiantes a despeito das circunstâncias. A confiança não é algo aparente. A confiança capacita. Um bom líder tem a habilidade de estimular em seus comandados a confiança nele. Um grande líder tem a habilidade de despertar em seus comandados a confiança neles mesmos.

8. *Autodisciplina*

Grandes líderes sempre possuem autodisciplina — sem exceção. Infelizmente, nossa sociedade busca a gratificação instantânea em vez da autodisciplina. Queremos cafés da manhã em segundos, *fast food*, os filmes do momento, e um saque rápido nos caixas eletrônicos. Mas o sucesso não acontece instantaneamente. Nem a habilidade de liderar. Como dizia o general Dwight Eisenhower: "Não há vitórias pelo preço de pechincha."

Pelo fato de vivermos em uma sociedade que busca gratificação instantânea, não podemos menosprezar a característica da autodisciplina nos líderes potenciais que entrevistamos — característica que os torna dispostos a pagar o preço da grande liderança. Em se tratando de autodisciplina, as pessoas escolhem uma entre duas opções: a dor da disciplina que vem do sacrifício e do crescimento, ou a dor do arrependimento que vem da estrada fácil e das oportunidades perdidas. Todos na vida fazem escolhas. Em *Adventures of Achievement* [Aventuras de realizações], E. James Rohn afirma que a dor da disciplina pesa quilos. A do arrependimento, toneladas.

Há duas áreas da autodisciplina que devemos investigar em líderes potenciais que estejamos considerando capacitar. A primeira é a autodisciplina emocional. Líderes eficazes reconhecem que suas reações emocionais são de sua própria responsabilidade. Um líder que decide não permitir que a reação das outras pessoas dite suas reações, experimenta uma liberdade poderosa. Como disse o filósofo grego Epíteto: "Nenhuma pessoa é livre até que seja mestre de si mesma."

A segunda área diz respeito ao tempo. Todas as pessoas no planeta recebem a mesma quantidade de minutos em um dia. Mas o nível de disciplina de cada pessoa determina a eficácia com que esses minutos serão utilizados. Pessoas disciplinadas estão sempre crescendo, sempre lutando por melhora, e maximizam o uso de seu tempo. Encontrei três fatores que caracterizam líderes disciplinados:

- Identificaram objetivos de curto e de longo prazo para si mesmos.
- Têm um plano para atingir esses objetivos.
- Possuem um desejo que os motiva a continuar trabalhando para alcançar esses objetivos.

O progresso tem um preço. Ao entrevistar um líder potencial, avalie se ele está disposto a pagar esse preço. O autor da popular história em quadrinhos Ziggy reconheceu isso quando criou a seguinte cena:

> Enquanto o nosso amigo Ziggy em seu pequeno automóvel dirigia em uma estrada, viu duas placas. Na primeira, estava escrito em

letras garrafais: A ESTRADA PARA O SUCESSO. Mais adiante, estava a segunda placa: PREPARE-SE PARA PARAR NOS PEDÁGIOS.

9. *Habilidades de comunicação eficaz*

Nunca subestime a importância da comunicação. Ela consome enorme quantidade de nosso tempo. Um estudo, descrito por D. K. Burlow em *The Process of Communication* [O processo da comunicação], declara que os norte-americanos gastam todos os dias, em média, 70% de suas horas ativas comunicando-se verbalmente. Sem a habilidade para se comunicar, um líder não consegue de maneira eficaz expor sua visão e conclamar as pessoas para que ajam de acordo com ela.

As habilidades de um líder para transmitir confiança e sua habilidade para comunicar-se eficazmente são semelhantes. Ambas exigem ação de sua parte e resposta do comandado. A comunicação é interação positiva. Quando a comunicação é unilateral, pode ser cômico. Você deve ter ouvido a história do juiz frustrado preparando-se para ouvir um caso de divórcio:

— Por que você quer o divórcio? — o juiz perguntou. — Por qual razão?

— Por tudo. Temos um acre e meio —, respondeu a mulher.

— Não, não. Vocês têm ressentimento? — perguntou o juiz.

— Sim, senhor. Lota dois carros.

— Eu preciso de uma razão para o divórcio —, disse o juiz, impaciente. Ele bate em você?

— Não. Eu estou em pé às seis para fazer meus exercícios. Ele levanta mais tarde.

— Por favor, — disse o juiz, irritado — qual é a razão que vocês têm para o divórcio?

— Bem, — ela respondeu — parece que não conseguimos nos comunicar um com o outro.

Ao observar as habilidades de comunicação de um líder em potencial, procuro pelo seguinte:

Interesse genuíno pela pessoa que está falando. Quando as pessoas sentem que você se interessa por elas, estão dispostas a escutar o que você tem a dizer. Gostar das pessoas é o princípio da habilidade da comunicação.

Habilidade de concentrar-se em quem responde. Os que se comunicam mal estão concentrados em si mesmos e em suas próprias opiniões. Bons comunicadores concentram-se na resposta da pessoa com quem estão conversando. Bons comunicadores também leem a linguagem do corpo.

Habilidade de se comunicar com todos os tipos de pessoas. Um bom comunicador tem a habilidade de deixar a pessoa à vontade. Ele consegue encontrar uma maneira de se relacionar com quase todo o mundo, de qualquer classe social.

Contato visual com a pessoa com quem está falando. A maioria das pessoas que estão sendo diretas com você estão dispostas a olhá-lo nos olhos.

Sorriso caloroso. A maneira mais rápida de abrir linhas de comunicação é o sorriso. Um sorriso transpõe inúmeras barreiras de comunicação, cruzando as fronteiras de raça, cultura, idade, classe, gênero, educação e *status* social.

Se espero que uma pessoa lidere, devo esperar que ela possa se comunicar.

10. Descontente com o status quo

Antes de qualquer coisa, já disse à minha equipe que *status quo*, em latim, significa "a bagunça na qual estamos". Lideres enxergam aquilo que é, mas, o que é mais importante, têm a visão do que aquilo poderia ser. Eles nunca estão satisfeitos com as coisas como elas estão. Liderar, por definição, é estar à frente, rompendo novas barreiras, conquistando novos mundos, saindo do *status quo*. Donna Harrison já disse que os grandes líderes nunca estão satisfeitos com os níveis atuais de desempenho e que eles lutam constantemente por níveis cada vez mais altos de realização. Eles se movem para além do *status quo*, e pedem o mesmo para aqueles que estão ao seu redor.

A insatisfação com o *status quo* não significa uma atitude negativa ou murmuração. Ela tem a ver com disposição para ser diferente e correr riscos. Uma pessoa que recusa o risco da mudança não cresce. Um líder que ama o *status quo* logo se torna um comandado. Raymond Smith, o ex CEO e Presidente da Bell Atlantic Corporation certa vez declarou: "Pegar a estrada segura, fazer o seu trabalho e não produzir nenhuma onda pode preservar o seu emprego (ao menos por hora), mas por certo não fará muito por sua carreira ou sua empresa, no longo prazo. Não somos estúpidos, sabemos que administradores são fáceis de serem encontrados e baratos para serem mantidos. Líderes — daqueles que correm riscos — são muito raros. E os com visão são ouro puro."

O risco parece perigoso para as pessoas que se sentem mais confortáveis com velhos problemas do que com novas soluções. A diferença entre a energia e o tempo que se leva para suportar os velhos problemas e a energia e o tempo que se gastam para aparecer com novas ideias é surpreendentemente pequena. A diferença é a atitude. Ao procurar por líderes com potencial, busque pessoas que buscam soluções.

Bons líderes deliberadamente buscam e encontram líderes em potencial. Grandes líderes não somente os encontram, como também os transformam em outros grandes líderes. São hábeis para reconhecer a habilidade em outras pessoas e se valem de estratégia para encontrar líderes que fazem acontecer. E isso leva suas organizações para o nível seguinte.

O que é necessário para capacitar um líder?

A CAPACITAÇÃO, ASSIM COMO A ALIMENTAÇÃO, É UM PROCESSO CONTÍNUO

Capacitar é semelhante a treinar. Mas eu prefiro o termo "capacitar" porque ele descreve mais exatamente o processo pelo qual líderes em potencial devem passar. O treinamento está geralmente concentrado em tarefas específicas de trabalho; por exemplo, você treina uma pessoa para usar uma copiadora ou responder a ligações telefônicas de uma determinada maneira. O treinamento é somente parte de um processo de capacitação que prepara a pessoa para a liderança.

Quando penso em capacitar um líder potencial, penso em preparar uma pessoa desabilitada para escalar um pico ou uma montanha bem alta. A sua preparação é um processo. Ela certamente precisa estar equipada; precisa de roupas de frio, cordas, ganchos e picaretas. Ela também precisa ser treinada para manusear esse equipamento.

A preparação de um alpinista, no entanto, envolve muito mais do que simplesmente ter o equipamento apropriado e saber como usá-lo. A pessoa deve estar condicionada fisicamente para a difícil tarefa de escalar.

Deve ser treinada para ser parte de uma equipe. E, o mais importante, deve ser ensinada a pensar como um alpinista. Ela precisa conseguir olhar para o pico e observar como ele deve ser conquistado. Sem passar por todo o processo de capacitação, ela não chegará ao topo da montanha, e poderá ver-se encalhada ao lado da montanha, congelando até a morte.

Capacitação é um processo contínuo.

Capacitação, como a alimentação, é um processo contínuo. Você não capacita uma pessoa em poucas horas ou dias. E isso não pode ser feito usando--se uma fórmula ou uma fita de vídeo. A capacitação deve ser feita sob medida, para cada líder potencial.

Seu papel como capacitador

O capacitador ideal é uma pessoa que consegue repartir a visão do trabalho, avaliar o líder potencial, dar a ele as ferramentas de que necessita, e então ajudá-lo ao longo do caminho no princípio de sua jornada.

O capacitador é um modelo — um líder que faz o trabalho, e o faz bem, corretamente e com consistência.

O capacitador é um mentor — um conselheiro que tem a visão da organização e consegue comunicá-la a outros. Ele tem experiência para repartir.

O capacitador é um estimulador — alguém que pode instigar no líder potencial o desejo e a habilidade para fazer o trabalho. Ele é capaz de liderar, ensinar e avaliar o progresso da pessoa que está sendo capacitada.

Os passos que se seguem o conduzirão por todo o processo. Eles começam com o cultivo de um relacionamento com seus líderes potenciais. A partir dessa base, você pode estabelecer uma programação para o crescimento deles, supervisionar o progresso de cada um, estimulá-los a realizar a tarefa, e finalmente, fazê-los levar o legado adiante.

Desenvolva um relacionamento pessoal com as pessoas que você capacita

Todos os bons relacionamentos de orientação começam com relacionamentos pessoais. Quando o seu pessoal o conhecer e gostar de você, o desejo deles em seguir a sua direção e aprender de você aumentará. Se eles não gostarem de você, não vão querer aprender nada com você, e o processo de capacitação diminui de ritmo ou até mesmo para.

Para cultivar relacionamentos, comece escutando a história de vida das pessoas, suas jornadas até aqui. O seu interesse genuíno terá um profundo significado para elas. Ele também o ajudará a conhecer suas fraquezas e virtudes. Descubra qual o tipo de temperamento que elas têm. Se você primeiro encontrar seus corações, elas terão alegria em lhe estender suas mãos.

COMPARTILHE SEU SONHO

Enquanto conhece as pessoas, compartilhe seu sonho. Isso as ajuda a conhecer você e saber para onde você está indo. Não há atitude para elas que melhor mostre o seu coração e a sua motivação.

Woodrow Wilson certa vez disse: "Crescemos por meio dos sonhos. Todos os grandes indivíduos são sonhadores. Eles enxergam coisas na névoa suave de um dia de primavera, ou no fogo vermelho de uma longa noite de inverno. Alguns de nós permitimos que esses grandes sonhos morram, mas outros os alimentam e os protegem; os alimentam nos dias maus até que eles os levem para a claridade e para a luz, que sempre vem para aqueles que sinceramente esperam que seus sonhos se realizem." Sempre me pergunto se é o sonho que faz a pessoa, ou a pessoa quem faz o sonho. Minha conclusão é a de que ambas as frases são verdadeiras.

Todos os bons relacionamentos de orientação começam com relacionamentos pessoais.

Todos os bons líderes têm um sonho. Todos os grandes líderes compartilham seus sonhos com outros que podem ajudá-los a torná-lo realidade. Como Florence Littauer sugere, devemos:

Ousar sonhar:	Ter o desejo de fazer algo maior que você mesmo.
Preparar o sonho:	Fazer a lição de casa; estar pronto quando a oportunidade chegar.
Vestir a camisa do sonho:	Faça isso.
Compartilhar o sonho:	Fazer com que outros tomem parte do seu sonho, e ele se tornará ainda maior do que você esperava.

EXIJA COMPROMISSO

Em seu livro *O gerente-minuto*, Kenneth Blanchard explica que há diferença entre interesse e compromisso: "Se você tem interesse em fazer algo, você só o faz porque é conveniente. Quando você está comprometido com alguma coisa, não aceita desculpas." Não capacite pessoas que estejam meramente interessadas. Capacite pessoas que estejam comprometidas.

Para saber se as pessoas estão comprometidas, primeiro você deve certificar-se de que elas sabem o quanto custará a elas tornarem-se líderes. Isso significa que você deve estar certo de não vender a tarefa mais barato — faça-as saber o quanto ela vai custar. Se elas não se comprometerem, não vá adiante no processo de capacitação. Não perca o seu tempo.

ESTABELEÇA ALVOS PARA O CRESCIMENTO

As pessoas precisam de objetivos claros diante delas, se pretendem alcançar qualquer coisa de valor. O sucesso nunca acontece instantaneamente. Ele é resultado de muitos pequenos passos. Um conjunto de alvos torna-se um mapa que o líder potencial pode seguir a fim de crescer. Como Shad Helmsetter declara em *You Can Excel in Time of Change* [Você pode se destacar em tempos de mudança], "é o alvo que molda o plano; é o plano que estabelece a ação; é a ação que alcança o resultado; e é o resultado que traz o sucesso. E tudo começa com uma simples palavra: alvo." Nós, como líderes capacitadores, devemos apresentar o nosso pessoal para a prática do estabelecimento e da execução de alvos.

Ao ajudar o seu pessoal a estabelecer alvos, use as seguintes diretrizes:

Faça com que seus alvos sejam apropriados. Sempre tenha em mente a tarefa que você quer que as pessoas façam e os resultados desejados: o desenvolvimento de seu pessoal em líderes eficazes. Identifique alvos que contribuirão para um alvo mais abrangente.

Faça com que seus alvos sejam atingíveis. Nada irá fazer com que as pessoas queiram desistir mais rápido do que encarar alvos inalcançáveis. Gosto do comentário feito por Ian McGregor, ex-presidente do conselho da AMAX Corporation: "Trabalho com o mesmo princípio de pessoas que treinam cavalos. Você começa com cercas baixas, alvos facilmente atingíveis, e vai complicando. É importante, no gerenciamento, nunca pedir às pessoas que tentem atingir alvos que não podem executar."

Faça com que seus alvos sejam mensuráveis. Seus líderes potenciais nunca saberão quando atingiram seus alvos se eles não forem mensuráveis. Quando os alvos são mensuráveis, o conhecimento obtido dará um sentido de realização. Isso também libertará seus liderados para estabelecer novos alvos em lugar dos antigos.

Declare seu alvo claramente. Quando os alvos não têm foco definido, as ações das pessoas tentando alcançá-los também não terão.

Faça com que os alvos exijam um "limite". Como mencionado anteriormente, os alvos têm de ser atingíveis. Por outro lado, quando os alvos não exigem um limite, as pessoas que buscam atingi-los não crescerão. O líder deve conhecer seu pessoal suficientemente bem para identificar alvos alcançáveis que exigem um limite.

Registre seus alvos por escrito. Quando as pessoas colocam seus alvos no papel, tornam-se mais responsáveis por eles. Um estudo em uma classe de formandos da Universidade de Yale mostrou que a pequena porcentagem de graduandos que havia colocado no papel seus alvos realizou mais do que todos os outros graduandos juntos. Coloque seus alvos no papel.

Comunique os fundamentos

Para que as pessoas sejam produtivas e satisfeitas profissionalmente, precisam conhecer suas responsabilidades fundamentais. Parece simples, mas Peter Drucker diz que um dos problemas mais críticos no local de trabalho hoje é que não há entendimento entre o empregador e o empregado com relação ao que o empregado deve fazer. Os empregadores, quase sempre, sentem-se vagamente responsáveis por todas as coisas. Isso os paralisa. É necessário deixar claro para os empregados o que é e o que não é responsabilidade deles. Aí sim eles serão capazes de concentrar seus esforços naquilo que queremos, e serão bem-sucedidos.

Olhe novamente o funcionamento de um time de basquete. Cada um dos cinco titulares tem uma tarefa específica. Há um atacante cuja tarefa é marcar cestas. O outro é passador. Sua tarefa é passar a bola para os que podem marcar pontos. Outro é um jogador de frente, cujo objetivo é apanhar rebotes. Outro jogador de frente também é atacante, com a função de fazer cestas. O central deve apanhar rebotes, bloquear arremessos e marcar pontos. Cada pessoa no time sabe qual é a sua função e qual deve ser a sua contribuição específica para a equipe. Quando cada um se concentra em suas responsabilidades individuais, o time pode vencer.

Finalmente, um líder deve comunicar ao seu pessoal que o trabalho deles tem valor para a organização e para o líder enquanto indivíduo. Para o empregado, isto quase sempre é o fundamento mais importante de todos.

COLOQUE EM PRÁTICA O PROCESSO DE CINCO PASSOS PARA TREINAMENTO DE PESSOAS

Parte do processo de capacitação inclui treinar pessoas para executar determinadas tarefas nos trabalhos que devem fazer. A abordagem que o líder faz com relação ao treinamento determinará em grande parte o sucesso ou o fracasso de seu pessoal. Se ele tiver uma abordagem estéril, acadêmica, os líderes potenciais pouco se lembrarão daquilo que foi ensinado.

O melhor tipo de treinamento tira vantagem do modo como as pessoas aprendem. Pesquisadores dizem que nos lembramos de 10% daquilo que ouvimos, 50% do que vemos, 70% do que dizemos e 90% do que ouvimos, vemos, dizemos e fazemos. Sabedores disso, temos de desenvolver uma abordagem de treinamento. Tenho descoberto que o melhor método de treinamento se constitui em um processo de cinco passos:

Passo 1: Eu sou o modelo. O processo se inicia comigo realizando as tarefas, enquanto as pessoas que estão sendo treinadas assistem. Quando faço isso, tento dar a elas uma oportunidade de me observar durante todo o processo.

Passo 2: Eu supervisiono. Durante o próximo passo, continuo executando a tarefa, mas desta vez a pessoa que estou treinando fica ao meu lado e me assiste no processo. Eu também separo tempo para explicar não apenas o como, mas também o porquê de cada passo.

Passo 3: Eu monitoro. Trocamos de lugar desta vez. O estagiário executa a tarefa e eu assisto e corrijo. É particularmente importante durante esta fase ser positivo e encorajar o estagiário. Isso o mantém tentando e o faz querer melhorar, ao contrário de desistir. Trabalhe com ele até que desenvolva consistência. Uma vez tendo chegado ao final do processo, peça que o explique para você. Isso o ajudará a entender e lembrar.

Passo 4: Eu motivo. Neste momento, deixo a tarefa e permito que ele a leve adiante. Minha tarefa é a de certificar-me de que ele sabe como fazê-la sem ajuda e mantê-lo encorajado de modo que continue melhorando. Para mim, é importante ficar com ele até que experimente o sucesso. Isso é muito motivador. Nesta fase, o estagiário pode querer fazer melhorias no processo. Encoraje-o a fazê-las, e ao mesmo tempo aprenda com ele.

Passo 5: Eu multiplico. Esta é a minha parte favorita em todo o processo. Quando os líderes fazem bem o trabalho, é hora de ensinar os outros a fazê-lo. Como os professores bem sabem, a melhor maneira de aprender algo é ensinando. E o melhor é que tudo isso me liberta para fazer outras tarefas importantes e que representam desenvolvimento, enquanto outros levam adiante o treinamento.

DÊ OS TRÊS GRANDES PILARES

Qualquer tipo de treinamento será limitado se você não deixar as pessoas à vontade para fazer o trabalho delas. Eu acredito que, se consigo as melhores pessoas, dou a elas minha visão, treino-as no que julgo básico e deixo que sigam adiante, terei alto retorno da parte delas. Como o general George S. Patton certa vez observou: "Nunca diga às pessoas como fazer as coisas. Diga a elas o que fazer e elas o surpreenderão com sua ingenuidade."

Mas, não adianta dar liberdade e não dar estrutura às pessoas; você também tem de oferecer liberdade suficiente para que elas sejam criativas. A maneira de fazer isso é explicar a elas os três pilares de qualquer trabalho: responsabilidade, autoridade e prestação de contas.

Alguns líderes não permitem ao seu pessoal manter a responsabilidade sobre o trabalho depois que as tarefas já foram distribuídas. Gerentes limitados querem controlar cada detalhe do trabalho de seu pessoal. Quando isso acontece, os líderes potenciais que trabalham para eles ficam frustrados e não se desenvolvem. Em vez de desejar mais responsabilidades, tornam-se indiferentes ou evitam o comprometimento.

Se você quer que o seu pessoal assuma responsabilidades, dê verdadeiramente essas responsabilidades a eles.

Juntamente com a responsabilidade deve vir a autoridade. O progresso não existe se elas não andarem juntas. Winston Churchill, em um discurso na Casa dos Comuns durante a Segunda Guerra, disse: "Eu sou seu servo. Vocês têm o direito de me demitir quando quiserem. O que não têm o direito de fazer é me pedir para assumir responsabilidades sem o poder da ação." Quando responsabilidade e autoridade vêm juntas, as pessoas se tornam genuinamente capacitadas.

Há um aspecto importante da autoridade que precisa ser observado. Ao concedermos autoridade a novos líderes, pela primeira vez, estamos, na verdade, dando a eles permissão para ter autoridade; é diferente de dar a autoridade propriamente dita. A verdadeira autoridade tem de ser conquistada. Devemos dar ao nosso pessoal permissão para desenvolverem autoridade. Essa é a nossa responsabilidade. Eles, por sua vez, devem assumir a responsabilidade por recebê-la.

Tenho descoberto que há diferentes níveis de autoridade:

Posição. O tipo mais básico de autoridade advem da posição da pessoa no quadro organizacional. Esse tipo de autoridade não se estende para além dos parâmetros da lista de incumbências que essa determinada função exige. É nesse estágio que todos os novos líderes iniciam sua carreira. A partir desse ponto, podem obter mais autoridade ou diminuir a pequena autoridade que receberam. Depende deles.

Competência. Esse tipo de autoridade é fundamentado nas capacidades profissionais de uma determinada pessoa, na habilidade de se fazer um trabalho. Comandados dão a líderes competentes autoridade dentro de sua área de especialidade.

Personalidade. Comandados também darão autoridade às pessoas com base em suas características pessoais, tais como personalidade, aparência e carisma. Autoridade apoiada na personalidade é um pouco mais abrangente do que a autoridade firmada na competência; no entanto, não é mais avançada porque tende a ser superficial.

Integridade. A autoridade fundamentada na integridade tem origem no cerne da pessoa. Está assentada em seu caráter. Quando a autoridade de novos líderes deriva da integridade, é por que eles conseguiram avançar para um novo estágio de desenvolvimento.

Espiritualidade. Em círculos seculares, as pessoas raramente consideram o poder da autoridade espiritual. Ela vem das experiências individuais de pessoas com Deus e de seu poder trabalhando através delas. Essa é a mais alta forma de autoridade.

Líderes devem obter autoridade com cada novo grupo de pessoas. No entanto, tenho descoberto que uma vez que os líderes obtiveram autoridade em um nível particular, leva pouco tempo para que estabeleçam esse nível de autoridade com outro grupo de pessoas. Quanto mais alto o nível de autoridade, mais rapidamente isso acontece.

Uma vez que a responsabilidade e a autoridade foram dadas, as pessoas estão capacitadas a fazer com que as coisas aconteçam. Mas nós também temos que estar certos de que elas estejam fazendo as coisas certas acontecerem. É aqui que a prestação de contas aparece. Se você está propiciando a eles o clima apropriado, nosso pessoal não terá medo da prestação de contas. Eles admitirão erros e os verão como parte do processo de aprendizado.

A função do líder na prestação de contas envolve a separação do tempo para avaliar o trabalho do novo líder e fazer críticas honestas e construtivas. É muito importante que, o líder estimule, mas que também seja honesto. Comenta-se, que, quando Harry Truman assumiu a presidência, após a morte do presidente Franklin D. Roosevelt, o porta-voz da Casa Branca, Sam Rayburn, deu a ele um conselho paternal: "De agora em diante, você terá muita gente ao seu redor. Elas tentarão colocar um muro à sua volta e inibir quaisquer ideias que não sejam delas. Elas lhe dirão que grande homem você é, Harry. Mas você e eu sabemos que você não é." Rayburn estava estabelecendo uma relação de prestação de contas com o presidente Truman.

DÊ A ELES AS FERRAMENTAS DE QUE NECESSITAM

Dar responsabilidade sem recursos é ridículo; trata-se de algo inacreditavelmente limitador. Abraham Maslow disse que, se a única coisa que você tiver for um martelo, você tem a tendência de enxergar todos os problemas com se fossem um prego. Se queremos que o nosso pessoal seja criativo e desembaraçado, precisamos fornecer a eles recursos.

É óbvio que as ferramentas mais básicas são equipamentos tais como copiadoras, computadores, e qualquer coisa que simplifique o trabalho. Precisamos nos certificar de que estamos fornecendo tudo o que for necessário para que uma tarefa seja realizada. E também que outros tipos de tarefas, especialmente as de prioridade "B", sejam feitas o mais rápido e eficientemente possível. Tenho sempre o objetivo de liberar tempo às pessoas para que façam coisas mais importantes.

As ferramentas, no entanto, incluem muito mais que equipamentos. É importante oferecer ferramentas de desenvolvimento. Gaste tempo instruindo pessoas em áreas específicas de necessidade. Esteja disposto a gastar dinheiro em livros, fitas, seminários e conferências. Há muita informação disponível, e ideias de fora da organização podem estimular o crescimento. Seja criativo ao fornecer ferramentas. Isso manterá seu pessoal em constante processo de crescimento e capacitado para trabalhar bem.

Confira sistematicamente o trabalho deles

Eu acredito no contato frequente com as pessoas. Gosto de fazer miniavaliações o tempo todo. Líderes que esperam para dar retorno a seus comandados, e quando isso acontece o fazem somente durante avaliações anuais e formais, estão pedindo para ter problemas. As pessoas precisam regularmente do encorajamento de ouvir que estão fazendo bem o seu trabalho no dia a dia. Elas também precisam ouvir o mais rápido possível quando não estão indo bem. Isso evita muitos problemas com a organização e aperfeiçoa o líder.

A frequência com que confiro o trabalho das pessoas é determinada por vários fatores:

A importância da tarefa. Quando algo é fundamental para o sucesso da organização, faço checagens constantes.

As demandas do trabalho. Percebo que, se o trabalho exige muito, a pessoa que o está fazendo precisa de encorajamento frequentemente.

A novidade do trabalho. Alguns líderes não têm problema em assumir uma nova tarefa, não importa o quão diferente ela seja do trabalho anterior. Outros têm grande dificuldade para se adaptar. Eu confiro constantemente o trabalho de pessoas que sejam menos flexíveis ou criativas.

A novidade do trabalhador. Eu quero dar a novos líderes todas as chances possíveis para que sejam bem-sucedidos. Assim, confiro com mais frequência o trabalho dos mais novos. Desse modo, eu os ajudo a antecipar problemas e certifico-me de que eles tenham uma série de sucessos. Desse modo eles obtêm confiança.

A responsabilidade do trabalhador. Quando tenho certeza de que ao dar uma tarefa para uma determinada pessoa ela será sempre realizada, eu posso não cobrar dessa pessoa até que a tarefa esteja concluída. Com pessoas menos responsáveis, não posso me dar ao luxo de fazer isso.

Minha maneira de conferir o trabalho varia de pessoa para pessoa. Por exemplo, novatos e veteranos devem ser tratados diferentemente. Mas não importa quanto tempo as pessoas estejam comigo, há algumas coisas que sempre faço: discutir sentimentos; medir o progresso; dar retorno; oferecer encorajamento.

Embora não aconteça com frequência, ocasionalmente tenho uma pessoa cujo progresso é repetidamente inexpressivo. Quando isso acontece, tento determinar o que está errado. Desempenhos inexpressivos geralmente resultam de três fatores: (1) incompatibilidade entre o trabalho e a pessoa; (2) treinamento ou liderança inadequados; (3) deficiências no desempenho do trabalho da pessoa. Antes de tomar qualquer atitude, sempre tento determinar quais são as questões. Relaciono os fatos em ordem cronológica para certificar-me de que realmente há uma deficiência no desempenho e não apenas um problema com a minha percepção. A seguir, defino o mais precisamente possível qual seja a deficiência. Finalmente, confiro com a pessoa o outro lado da história.

Uma vez tendo feito minha lição de casa, tento determinar onde está a deficiência. Se for uma incompatibilidade, explico o problema à pessoa, transfiro-a para um lugar que se encaixe ao seu perfil e a tranquilizo com relação à minha confiança nela.

Se o problema envolve treinamento ou questão de liderança, volto atrás e refaço qualquer passo que não tenha sido dado de maneira apropriada. Mais uma vez, deixo que a pessoa saiba qual foi o problema e dou a ela encorajamento suficiente.

Se o problema é com a pessoa, sento-me com ela e faço-a saber o que está acontecendo. Deixo claro quais são as suas falhas e o que deve fazer para superá-las. E então lhe dou uma outra chance. Mas também começo a levantar a documentação, caso tenha de despedi-la. Eu quero que ela seja bem-sucedida, mas não perderei tempo em deixá-la seguir seu caminho se ela não fizer o que for necessário para melhorar.

Conduza reuniões periódicas de capacitação

Mesmo depois que você concluiu a maior parte dos treinamentos de seu pessoal e os está preparando para o passo seguinte — desenvolvimento — continue a conduzir reuniões periódicas de capacitação. Isso ajuda as pessoas a permanecerem nos trilhos e a continuarem crescendo; encoraja a começar a assumir a responsabilidade de capacitarem-se a si mesmas.

Quando preparo uma reunião de capacitação, incluo o seguinte:

Boas notícias. Sempre começo com uma nota positiva. Comento as coisas boas que estão acontecendo na organização e presto particular atenção nas áreas de interesse e responsabilidade.

Visão. As pessoas podem ficar tão envolvidas com suas responsabilidades diárias que talvez percam de vista o projeto que orienta a organização. Use a oportunidade de uma reunião de capacitação para relançar essa visão.

Conteúdo. O conteúdo dependerá de suas necessidades. Tente concentrar o treinamento nas áreas que as ajudarão com as áreas prioritárias. E oriente o treinamento a partir das pessoas, e não da lição.

Administração. Cubra quaisquer itens organizacionais que deem às pessoas um sentido de segurança e encoraje o senso de liderança delas.

Fortalecimento. Gaste tempo conectando-se com as pessoas que você capacita. Encoraje-as pessoalmente. E mostre-as como as sessões de capacitação as fortalecem para melhor desempenharem suas tarefas. Elas sairão da reunião sentindo-se bem e prontas para trabalhar.

O processo de capacitação como um todo toma muito tempo e atenção. Ele requer mais tempo e dedicação do líder capacitador do que um mero treinamento. Mas o seu foco está no longo prazo, não no curto. Em vez de criar comandados, ou mesmo adicionar novos líderes, ele *multiplica* líderes. Conforme explicado anteriormente, ele não se completa até que aquele que capacita e o novo líder selecionem alguém para o novo líder treinar. E somente assim o processo de capacitação terá percorrido seu ciclo completo. Sem um sucessor para repeti-lo, não pode haver sucesso.

Capítulo 6

Capacitando para o patamar seguinte

Como um líder pode inspirar outros a se destacar?

Agregar valor é verdadeiramente a essência de capacitar outros

Em 1296, o rei Eduardo I da Inglaterra reuniu um grande exército e cruzou a fronteira de sua nação com a Escócia. Eduardo era um líder habilidoso e um guerreiro feroz. Alto e forte, venceu sua primeira experiência real de combate aos 25 anos. Nos anos seguintes, tornou-se um veterano de lutas nas Cruzadas pelas terras santas.

Aos 57 anos, venceu uma guerra no País de Gales, cujo povo ele havia esmagado e cuja terra ele havia anexado. Nesse conflito, seu propósito era bem claro: confrontar o impulso impetuoso dos galeses e assim punir sua presunção de fazer guerra contra os ingleses.[1]

A invasão da Escócia por Eduardo tinha por objetivo subjugar o povo escocês de uma vez por todas. Ele já era o monarca do território, mas havia colocado um rei inepto para reinar sobre ele, um homem que o povo da Escócia chamava de Toom Tabard, que significa "casaco vazio".

Eduardo então intimidou o rei inoperante até que ele se rebelou, dando assim uma razão para que o monarca inglês invadisse o país. O povo escocês preparou-se para o pior.

UM LÍDER OUSADO SURGIU

Eduardo saqueou o castelo de Berwick e massacrou seus habitantes. Outros castelos foram rendidos em uma rápida sucessão. O rei escocês foi retirado do poder, e muitos pensaram que o destino dos escoceses seria o mesmo dos galeses. Mas, eles não levaram em consideração os esforços de um homem: Sir William Wallace, que ainda hoje é reverenciado como herói nacional na Escócia, embora tenha morrido há quase 700 anos.

Se você viu o filme Coração Valente, terá então uma imagem de William Wallace como a de um lutador determinado e feroz que valorizou a liberdade acima de qualquer outra coisa. De seu irmão mais velho, Malcolm, o primogênito, esperava-se que seguisse os passos do pai, um guerreiro. William, como muitos segundos filhos, estava por sua vez designado para a vida religiosa. Foi ensinado a valorizar ideias, incluindo a liberdade. Mas cresceu guardando rancor dos reis ingleses opressores depois que seu pai foi morto em uma emboscada e sua mãe forçada a deixar o país. Aos 19 anos, tornou-se um lutador quando um grupo de ingleses tentou intimidá-lo. Aos 20 e poucos anos, William Wallace era um guerreiro muito habilidoso.

AS PESSOAS QUE FORAM PARA UM PATAMAR MAIS ALTO

Na época de William Wallace e Eduardo I, as guerras eram geralmente conduzidas por cavaleiros adestrados, soldados profissionais e às vezes, por mercenários. Quanto maior e mais preparado o exército, maior era o seu poder. Quando Eduardo enfrentou o exército galês, menor que o inglês, os galeses não tiveram chance. E o mesmo era esperado com relação aos escoceses. Mas William possuía uma habilidade incomum. Ele atraiu o povo simples da Escócia para si, e fez com que cressem na causa da liberdade, inspirou-os e capacitou-os a lutar contra a máquina de guerra profissional da Inglaterra. Ele ampliou seus horizontes e suas habilidades.

William Wallace não foi capaz, ao final, de derrotar os ingleses e conquistar a independência da Escócia. As 33 anos, foi brutalmente executado (o tratamento a ele dispensado foi ainda pior do que o retratado no filme *Coração Valente*). Mas o seu legado de liberdade permaneceu. No ano seguinte, inspirado no exemplo de Wallace, o nobre Robert Bruce reivindicou o trono da Escócia e mobilizou não somente os camponeses, como também a nobreza. E em 1314, a Escócia conquistou, depois de muita luta, a sua independência.

> **O critério mais importante para que eu possa saber se joguei bem é o quanto fiz com que meus companheiros jogassem.**
> ***Bill Russell***

CARACTERÍSTICAS DOS LÍDERES QUE AMPLIAM HORIZONTES

Jogadores de um time amam e admiram um jogador que seja capaz de ajudá-los a chegar a um outro patamar, alguém que amplie seus horizontes, e potencialize sua capacidade de ter sucesso. Pessoas desse tipo são como Bill Russell, integrante do *hall* da fama do Boston Celtics, que disse: "O critério mais importante para que eu possa saber se joguei bem é o quanto fiz com que meus companheiros jogassem." Líderes que ampliam os horizontes de seus companheiros de equipe possuem várias características comuns:

VALORIZAM SEUS COMPANHEIROS DE EQUIPE

O industrial Charles Schwab observou: "Ainda estou para encontrar o homem, por mais alto que seja o seu posto, que não fez um trabalho melhor e empreendeu um esforço maior sob um espírito de aprovação do que sob um espírito de crítica." Seus colegas de equipe podem lhe dizer se você acredita neles. Os desempenhos das pessoas geralmente refletem a expectativa daqueles a quem eles respeitam.

VALORIZAM AQUILO QUE SEUS COMPANHEIROS DE EQUIPE VALORIZAM

Jogadores que ampliam os horizontes fazem mais do que valorizar seus colegas de equipe; eles compreendem aquilo que seus companheiros de equipe valorizam. Eles escutam a fim de descobrir sobre o que estão falando e observam para ver no que eles estão gastando o seu dinheiro. Esse tipo de conhecimento, junto com o desejo de se relacionar com seus colegas jogadores, cria uma forte conexão entre eles. E torna possível a característica seguinte do ampliador de horizontes.

AUMENTAM O VALOR AOS SEUS COMPANHEIROS DE EQUIPE

Aumentar o valor é realmente a essência da ampliação de horizontes para os outros. É encontrar maneiras de ajudar os outros a melhorar suas habilidades e atitudes. Um líder que capacita e amplia o horizonte de outros procura por dons, talentos e singularidade em outras pessoas, e então as ajuda a aumentar essas habilidades para o benefício delas e de toda a equipe. Um líder que amplia horizontes é capaz de levar outros a um patamar totalmente novo.

TORNAM A SI MESMOS MAIS VALIOSOS

Ampliadores de horizontes melhoram a si mesmos, não somente porque isso os beneficia pessoalmente, mas também porque ajuda outros a ajudarem outros. Você não pode dar aquilo que não tem. Se você quer aumentar a habilidade dos membros de sua equipe, melhore a si mesmo.

COMO SE TORNAR UM AMPLIADOR DE HORIZONTES

Se você quer ser um líder que amplia os horizontes de uma equipe, faça o seguinte:

1. *Acredite nos outros antes que eles acreditem em você*

Se você quiser ajudar as pessoas a se tornarem melhores, precisa se tornar um iniciador. Você não pode se isentar disso. Pergunte a você mesmo o que é especial, singular e maravilhoso naquele membro da equipe.

Então compartilhe suas observações com a pessoa e com outros. Se você acreditar nas pessoas e der a elas uma reputação positiva para preservar, pode ajudá-las a se tornar melhores do que pensam que são.

2. *Sirva aos outros antes que eles sirvam a você*

Um dos serviços mais benéficos que você pode desempenhar é o de ajudar outras pessoas a alcançar o seu potencial. Em sua família, sirva ao seu cônjuge. Nos negócios, ajude seus colegas a brilhar. E, sempre que possível, dê aos outros os devidos créditos pelo sucesso da equipe.

3. *Valorize os outros antes que eles valorizem você*

Uma verdade básica a respeito da vida é que as pessoas sempre se voltarão para alguém que as tornem melhores e se afastarão de quem as desvalorizam. Você pode ampliar o horizonte de outras pessoas ao destacar suas virtudes e assim ajudá-las a melhorar.

Um menino chamado Chris Greicius sonhou um dia em se tornar policial. Mas havia um grande obstáculo em seu caminho. Ele tinha leucemia, e sua expectativa de vida era de poucos anos. Aos sete, a batalha de Chris com a doença ficou ainda mais intensa. Foi quando um amigo da família, funcionário da alfândega, providenciou para que Chris chegasse o mais próximo possível de realizar seu sonho. Ele telefonou para o oficial Ron Cox, em Phoenix, e agendou para que Chris passasse um dia com os policiais do Departamento de Segurança Pública do Arizona.

Uma verdade básica a respeito da vida é que as pessoas sempre se voltarão para alguém que as tornem melhores e se afastarão de quem as desvalorizam.

Quando o dia chegou, Chris foi recepcionado por três esquadrões de carros e uma motocicleta policial dirigida por Frank Hankwitz. Ele foi então levado para um voo no helicóptero da polícia. Terminaram o dia condecorando Chris como o primeiro — e único — membro honorário da tropa. No dia seguinte, Cox solicitou a ajuda da empresa que fabricava os uniformes para a Patrulha Rodoviária do Arizona e, em 24 horas, Chris foi presenteado com um uniforme de patrulheiro. Ele ficou em êxtase.

Dois dias depois, Chris morreu no hospital, com seu uniforme ao lado. O oficial Shankwitz ficou triste ao saber da morte de seu amiguinho, mas grato por ter experimentado a oportunidade de ajudar Chris. E também tomou consciência de que havia muitas crianças em circunstâncias semelhantes às de Chris. Isso estimulou Shankwitz a criar, com um amigo, a Fundação Make-A-Wish (Faça um Pedido). Há 20 anos, desde então, ele e sua organização têm tornado realidade o sonho de mais de 80 mil crianças.

Não há nada mais valioso — ou recompensador — do que aumentar o valor da vida dos outros. Quando você ajuda outras pessoas a atingir um outro patamar, você mesmo sobe com elas.

Como posso ajudar outros a alcançar seu pleno potencial?

Ter as pessoas certas nos lugares certos é essencial para o sucesso individual e coletivo

Se você obtiver sucesso no desenvolvimento de pessoas em sua organização e capacitá-las para liderar, você será bem-sucedido. Se você ampliar os horizontes delas e motivá-las à realização, elas serão gratas a você enquanto líder. E, para ser honesto, você terá feito mais do que os outros líderes fazem. No entanto, você pode dar ainda um outro passo que ajudará uma pessoa capacitada por você a alcançar seu pleno potencial. Você pode ajudá-la a encontrar o espaço dela na vida. Coisas boas acontecem quando o jogador ocupa no time o espaço que aumenta seu valor. Coisas grandes acontecem quando todos os jogadores na equipe desempenham o papel que potencializa suas virtudes — seus talentos, habilidades e experiência. Isso leva cada indivíduo — e toda a equipe — a um patamar totalmente novo.

Quando as pessoas estão no lugar errado

Quase todos nós já trabalhamos em algum tipo de equipe na qual as pessoas tinham de desempenhar papéis que não condiziam com elas:

um contador forçado a trabalhar com o público, um atacante de um time de basquete forçado a jogar no meio, um guitarrista tocando teclado, um professor limitado a trabalhar com papéis, uma esposa que odeia a cozinha assumindo toda a responsabilidade de cozinhar.

O que acontece com uma equipe quando um ou mais de seus membros atua constantemente "fora de posição"? Primeiro, o moral se desintegra porque a equipe não está atuando em sua plena capacidade. As pessoas ficam então ressentidas. As pessoas, ao trabalharem em uma área na qual o seu potencial não é devidamente explorado, entristecem-se porque aquilo que possuem de melhor não é utilizado. E outras pessoas, que sabem que poderiam ocupar uma posição atualmente mal utilizada, entristecem-se porque suas habilidades estão sendo menosprezadas. Em pouco tempo, as pessoas não se dispõem a trabalhar em equipe. E um clima de desconfiança se instaura. E a situação vai piorando. A equipe pára de progredir, e a concorrência tira vantagem da óbvia fraqueza da equipe. Como consequência, o grupo nunca desenvolve seu pleno potencial. Quando as pessoas não estão no lugar onde desempenham bem suas funções, as coisas acabam não saindo a contento — para o indivíduo e para a equipe.

Ter as pessoas certas nos lugares certos é essencial para o sucesso do indivíduo e da equipe. Observe como a dinâmica da equipe muda de acordo com o posicionamento das pessoas:

A pessoa errada no lugar errado: Regressão
A pessoa errada no lugar certo: Frustração
A pessoa certa no lugar errado: Confusão
A pessoa certa no lugar certo: Progressão
As pessoas certas nos lugares certos: Multiplicação

Não importa o tipo de equipe com a qual você está lidando: os princípios são os mesmos. David Ogilvy estava certo quando disse que um restaurante bem administrado é como um time de basquete vencedor. Ele retira o máximo do talento de cada um de seus membros e aproveita cada segundo de oportunidade para acelerar o serviço.

Anos atrás me pediram para escrever um capítulo para um livro chamado *Destiny and Deliverance* [Destino e libertação], vinculado ao filme da

Dreamworks, *Príncipe do Egito*. Foi uma experiência maravilhosa, a qual apreciei imensamente. Durante o processo de redação, fui convidado a ir à Califórnia e assistir a alguns trechos do filme em fase de pré-produção. Isso me fez querer fazer algo que eu nunca havia querido fazer antes: ir à exibição de pré-estreia de um filme em Hollywood.

Meu editor providenciou-me dois ingressos para a pré-estreia, e, quando a hora chegou, minha esposa Margaret e eu fomos para o evento. Foi uma loucura. Foi um acontecimento de alto nível, repleto de estrelas e produtores de cinema. Margaret e eu gostamos imensamente do filme e de toda a experiência.

Agora, qualquer um que tenha ido assistir a um filme, show, ou algum evento esportivo comigo sabe o esquema. Tão logo eu esteja certo quanto ao resultado do jogo, corro para a saída para evitar a aglomeração. Enquanto a plateia na Broadway aplaude o ato final, eu já saí. E no segundo em que os créditos de um filme começam a aparecer na tela, já me levantei da poltrona. Quando o *Príncipe do Egito* se aproximava do fim, comecei a me preparar para me levantar, mas ninguém no cinema se mexia. E então algo realmente surpreendente aconteceu. Enquanto os créditos passavam na tela, as pessoas começaram a aplaudir os indivíduos menos conhecidos, cujos nomes iam aparecendo: o figurinista, o eletricista, o cabo *man*, o diretor-assistente. Foi um momento que jamais esquecerei — e uma grande lembrança de que todos os participantes têm um lugar onde eles aumentam o maior de todos os valores. Isso não somente ajuda as pessoas a desenvolver o seu potencial pleno, como também fortalece a equipe. Quando cada pessoa faz o seu trabalho, no melhor de sua capacidade, todos saem ganhando.

COLOCAR AS PESSOAS EM SEU LUGAR

O técnico Vince Lombardi observou certa vez que as realizações de uma organização são o resultado do esforço combinado de cada indivíduo. Isso é verdade, mas criar equipes vencedoras não é consequência somente de se ter os indivíduos certos. Mesmo que você tenha um grande grupo de pessoas talentosas, se cada um não estiver fazendo o que aumenta o maior valor à equipe, o conjunto não irá alcançar o seu pleno potencial. Essa é a arte de liderar uma equipe. Você tem de colocar as pessoas no lugar certo — e eu quero dizer isso da maneira mais positiva possível!

Para levar as pessoas ao patamar seguinte, colocando-as nos lugares em que elas utilizam seus talentos e multiplicam o potencial da equipe, você precisa...

1. *Conhecer a equipe*

Você não pode cultivar uma equipe vencedora ou um time vitorioso se não conhecer a visão, propósito, cultura ou história do grupo. Se você não souber aonde sua equipe está tentando ir — e por que está tentando chegar lá — não pode conduzir o time ao seu potencial máximo. Você tem de começar de onde a equipe efetivamente está; somente então poderá levá-la a algum lugar.

2. *Conhecer a situação*

Embora a visão ou propósito de uma organização possam ser razoavelmente constantes, sua situação muda frequentemente. Bons cultivadores de equipes sabem em que estágio a equipe está e o que a situação exige. Por exemplo, quando uma equipe é jovem e está começando, a maior prioridade é, na maioria das vezes, conseguir boas pessoas.

> **Eu posso fazer o que você não pode, e você pode fazer o que não posso; juntos, podemos fazer grandes coisas.**
> ***Madre Teresa***

Mas, à medida que uma equipe amadurece e o número de pessoas talentosas aumenta, então a sintonia fina se torna mais importante. É nessa hora que um líder deve gastar mais tempo encaixando a pessoa na posição certa.

3. *Conhecer o participante*

Isso parece óbvio, mas você deve conhecer a pessoa que está tentando colocar em uma área específica. Escrevo isso porque líderes tendem a querer fazer com que todos se conformem à sua imagem, e passem a analisar suas atividades usando as habilidades e métodos dele para solucionar os problemas. Mas cultivar uma equipe não é trabalhar em uma linha de montagem.

Madre Teresa, que trabalhou com pessoas durante toda sua vida, disse o seguinte: "Eu posso fazer o que você não pode, e você pode fazer o que não posso; juntos, podemos fazer grandes coisas." Ao trabalhar para fortalecer uma equipe, atente para a experiência de cada pessoa, para suas habilidades, temperamento, atitude, paixão, disciplina, firmeza emocional e potencial. Somente então você estará pronto para ajudar um membro da equipe a encontrar o seu lugar.

Comece por encontrar o lugar certo para você

Agora mesmo você pode não precisar colocar outras pessoas em sua equipe, e pode estar pensando em encontrar o seu próprio espaço. Se esse é o caso, então siga as seguintes orientações:

- Seja seguro: meu amigo Wayne Schmidt costuma dizer que nenhuma quantidade de competência pessoal compensa a insegurança pessoal. Se você permitir que suas inseguranças ocupem o melhor de você, será inflexível e relutante para mudar. E não há crescimento sem mudança.
- Conheça a si mesmo: você não conseguirá encontrar o seu espaço se não conhecer suas virtudes e fraquezas. Gaste tempo refletindo e explorando seus dons. Peça a outros que o avaliem. Faça o que for preciso para remover seus pontos cegos pessoais.
- Confie em seu líder: um bom líder o ajudará a começar a se mover na direção certa. Se você não confia em seu líder, procure outro. Ou faça parte de outra equipe.
- Enxergue o todo: o seu lugar na equipe só faz sentido na perspectiva do todo. Se a sua única motivação para encontrar o seu espaço é o ganho pessoal, seus interesses inferiores podem impedi-lo de descobrir aquilo que você deseja.
- Dependa de sua experiência: finalmente, a única maneira de saber se você descobriu o seu espaço é tentar o que parece ser correto e aprender com os fracassos e sucessos. Quando você descobre aquilo para o qual foi feito, seu coração canta. *Ele diz, não há lugar como este lugar em qualquer lugar perto deste lugar! Portanto, este deve ser o lugar!*

Um lugar para cada um e todos em seu lugar

Uma organização que luta para colocar a pessoa em seu devido lugar são as Forças Armadas norte-americanas. E isso é ainda mais verdadeiro agora, já que o exército norte-americano emprega uma força toda ela composta por voluntários. Se cada uma das várias funções em um comando militar não funciona no máximo de sua eficiência (e interage bem com todas as outras partes), problemas terríveis podem ocorrer.

Ninguém é mais consciente disso do que um piloto de combate. Tome como exemplo Charlie Plumb, que se aposentou como capitão da Marinha. Formado em Annapolis, ele serviu no Vietnã na década de 60, voando em 75 missões a partir do porta-aviões USS Kitty Hawk.

Um porta-aviões é um lugar onde você pode prontamente observar todas as peças do "quebra-cabeças" militar se juntando e ajudando umas às outras. Um porta-aviões é descrito como uma cidade flutuante. Comporta 5.500 pessoas, uma população maior que a de algumas cidades de alguns membros de sua tripulação. Deve ser autossustentável, e cada um de seus 17 departamentos deve funcionar com uma equipe realizando uma missão. E essas equipes devem trabalhar juntas, como um time.

Todos os pilotos são muito conscientes do esforço de equipe exigido para colocar um jato no ar. Isso demanda centenas de pessoas usando dezenas de especialidades técnicas para decolar, monitorar, apoiar, aterrissar e manter a aeronave. Um número maior de pessoas estão envolvidas se esse avião estiver armado para combate. Charlie Plumb estava indubitavelmente ciente de que muitas pessoas trabalhavam incansavelmente para mantê-lo voando. Mas, apesar dos esforços do grupo de apoio aéreo mais bem treinado no mundo, Plumb foi capturado e levado a uma prisão norte-vietnamita depois que seu F-4 Phantom foi atingido em 19 de maio de 1967, durante sua septuagésima quinta missão.

Plumb ficou preso por seis exaustivos anos, parte do tempo no infame Hanoi Hilton. Durante esses anos, ele e seus companheiros de prisão foram humilhados, privados de comida, torturados e forçados a viver em condições sub-humanas. Ainda assim, ele não permitiu que a experiência o quebrasse. "Nossa unidade através de nossa fé em Deus e em nosso amor pelo país foram a grande força que nos manteve firmes durante esses tempos difíceis."

A VIRADA

Plumb foi solto em 18 de fevereiro de 1973, e continuou sua carreira na Marinha. Mas um incidente, após o seu retorno para os Estados Unidos, marcou sua vida tanto quanto sua prisão. Um dia, ele e sua esposa Cathy estavam comendo em um restaurante quando um homem veio até a mesa e disse:

— Você é Plumb. Você pilotava aviões no Vietnã.

— Isso mesmo — respondeu Plumb. — Eu pilotava.

— Foi o esquadrão 114 no Kitty Hawk. Você foi abatido. De paraquedas você caiu nas mãos do inimigo. Você passou seis anos como prisioneiro de guerra.

O ex-piloto ficou impressionado. Ele olhou para aquele homem, tentando identificá-lo, mas não conseguiu.

— Como é que você sabe disso? — Plumb finalmente perguntou.

— Eu preparei o seu paraquedas.

Plumb ficou sem saber o que dizer. Tudo o que conseguiu fazer foi lutar para ficar em pé e apertar a mão do homem.

— Eu devo lhe dizer — Plumb finalmente falou — que fiz muitas orações de agradecimento por seus dedos ágeis, mas não imaginei que teria a oportunidade de dizer obrigado pessoalmente.[2]

E, se a Marinha tivesse colocado a pessoa errada na posição de armador de paraquedas, a tarefa anônima e raramente reconhecida que aquele homem executou durante a guerra do Vietnã? Charlie Plumb não teria sabido onde a avaria ocorrera, porque não teria vivido para contar.

Hoje, Charlie Plumb é um orador motivacional para as 500 empresas da Fortune, agências governamentais e outras organizações. Ele sempre conta a história do homem que preparou seu paraquedas, e ele a usa para transmitir a mensagem sobre trabalho em equipe. Ele sempre diz que, em um mundo onde a redução de pessoal nos obriga a fazer mais com menos pessoas, devemos fortalecer a equipe. Portanto, preparar os paraquedas dos outros pode significar sobrevivência. A sua e a de sua equipe![3]

Se você deseja preparar os paraquedas do seu pessoal, depois de capacitá-los, encontre o espaço onde eles florescerão. Essa é a melhor maneira de fortalecê-los. Eles crescerão à plenitude de seu potencial, e a sua equipe subirá a um patamar totalmente novo.

PARTE 3

Capítulo 7

O impacto da atitude

Como a atitude afeta a liderança

A atitude é sempre um jogador a mais em sua equipe

Eu adorava basquete. Tudo começou na quarta série, quando assisti pela primeira vez a um jogo de basquete no colégio. Fiquei encantado. Depois disso, geralmente era visto praticando arremessos e fazendo jogadas de velocidade no pequeno quintal lá de casa.

Assim que fui para o colégio, tornei-me um excelente jogador. Comecei como titular na equipe de juniores quando era calouro, e ao passar para o segundo ano, nossa equipe bateu recordes maiores do que os da equipe principal. Ficamos orgulhosos de nosso desempenho — talvez orgulhosos demais...

No ano seguinte, os "olheiros" que acompanhavam os jogos de basquete de colégio em Ohio cogitaram a chance de nossa equipe vencer o campeonato estadual em nossa divisão. Acho que observaram os jogadores calouros, que voltaram como titulares da equipe de veteranos no ano seguinte, viram os talentos que surgiam em nosso time de juniores e imaginaram que seríamos uma força poderosa e promissora. Tínhamos mesmo muito talento. Quantos times do colégio, no final da década de

60, podiam dizer que todos, não apenas alguns jogadores da equipe, enterravam a bola na cesta? No entanto, a temporada foi muito diferente das expectativas de todos.

De mal a pior

Desde o início da temporada, a equipe enfrentou problemas. Havia dois de nós, juniores, na equipe principal que tinham o talento de dar a vantagem inicial para o time: John Thomas, que era o melhor pivô da equipe, e eu, o melhor ala. Achávamos que a partida acontecia estritamente com base na capacidade individual e imaginávamos que merecíamos nosso lugar no time. Os jogadores da equipe principal daquele ano, que ficaram em uma posição inferior aos veteranos do ano anterior, achavam que devíamos esperar nossa vez e ficar no banco.

O que começou como uma rivalidade entre o time de juniores e a equipe principal do ano anterior transformou-se em uma guerra entre calouros e veteranos. Quando havia uma briga durante os exercícios, eram os calouros contra os veteranos. Nos jogos, veteranos não passavam a bola para calouros e vice-versa. As brigas ficaram tão acirradas que, não demorou muito, calouros e veteranos passaram a não trabalhar mais em equipe na quadra durante os jogos. Nosso técnico, Don Neff, tinha de nos dividir em grupos. Os veteranos começavam e, quando uma substituição se fazia necessária, ele não colocava apenas um, mas cinco calouros no jogo. Tornamo-nos dois times em uma única equipe.

Não me lembro exatamente de quem começou a rivalidade que dividiu nossa equipe, mas estou certo de que John Thomas e eu a abraçamos logo no início. Sempre fui líder e fazia minha parte no sentido de influenciar outros jogadores do time. Infelizmente, tenho de admitir que levei os juniores para a direção errada.

A má atitude vinda de um ou dois jogadores transformou-se em uma situação confusa para todos. Lá pela metade do campeonato, até os jogadores que não queriam tomar partido na rivalidade foram afetados. A temporada foi um desastre. No final, acabamos em uma colocação medíocre e jamais chegamos perto de atingir nosso potencial. Esse foi apenas um exemplo para mostrar-lhe que as más atitudes acabam com um time.

Talento não é suficiente

Com a experiência que tive no basquete do colégio, aprendi que, apesar de ser necessário, o talento não é suficiente para trazer sucesso à equipe. Meu amigo Lou Holtz, extraordinário técnico de futebol universitário, observou: "É preciso ter bons atletas para vencer... Não dá para vencer sem eles, mas dá para perder com eles." Portanto, é preciso muito mais do que pessoas talentosas para vencer.

Meus colegas de equipe no colégio tinham muito talento e, se isso fosse suficiente, teríamos sido campeões estaduais. Contudo, também tínhamos muitas atitudes desagradáveis. Já deu para ver quem finalmente venceu a batalha entre talento e atitude. Talvez essa seja a razão de até hoje eu ter tanta consciência da importância da atitude positiva e por que enfatizei tanto esse aspecto para minha vida, para meus filhos e para as equipes que lidero.

Anos atrás, escrevi algo sobre atitude para meu livro *The Winning Attitude* [A atitude vencedora]. Gostaria de compartilhá-lo com você:

> Atitude...
> É nosso desejo pelo progresso.
> Suas raízes ficam no interior, mas seu fruto é exterior.
> É nossa melhor amiga ou nossa pior inimiga.
> É mais honesta e mais consistente do que nossas palavras.
> É nossa visão de mundo com base em experiências do passado.
> É algo que aproxima as pessoas de nós ou que as repele.
> Nunca está satisfeita até que possa ser expressa.
> É a biblioteca de nosso passado.
> É a porta-voz de nosso presente.
> É a profetiza de nosso futuro.[1]

As boas atitudes de jogadores de um time não asseguram o sucesso de uma equipe, porém más atitudes garantem seu fracasso. As cinco verdades a seguir elucidam o modo como essas atitudes afetam o trabalho da equipe e do líder:

1. *As atitudes têm o poder de animar a equipe ou desmotivá-la*

Em *The Winner's Edge* [O momento crítico do campeão], Denis Waitley afirma: "Os verdadeiros líderes nos negócios, na comunidade profissional, na educação, no governo e no lar também parecem percorrer uma trajetória especial que os destaca do restante da sociedade. A vantagem do vencedor não está em nascer em berço de ouro, ter QI elevado ou em ser talentoso. A vantagem do vencedor está na atitude, não na aptidão."[2] Infelizmente, acho que muita gente opõe-se a essa ideia acreditando que o talento, pura e simplesmente (ou o talento somado à experiência), é suficiente. No entanto, existem inúmeras equipes talentosas que nunca chegaram a lugar algum em virtude das atitudes de seus jogadores.

Diversas atitudes podem afetar uma equipe de jogadores extremamente talentosos:

Habilidades	+	Atitudes	=	Resultado
Grande talento	+	Atitudes desagradáveis	=	Equipe ruim
Grande talento	+	Más atitudes	=	Equipe comum
Grande talento	+	Atitudes comuns	=	Boa equipe
Grande talento	+	Boas atitudes	=	Grande equipe

Se desejar resultados excepcionais, precisará de boas pessoas, que tenham grande talento e atitudes surpreendentes. Quando as atitudes são nobres, o mesmo acontece com o potencial da equipe. Quando as atitudes são inferiores, o potencial da equipe acompanha esse padrão.

2. *A atitude difunde-se ao ser exposta*

O talento, a experiência e a disposição para o treinamento não contagiam uma equipe. A atitude, sem dúvida, é contagiante. Quando alguém na equipe é receptivo ao ensino e sua humildade é recompensada pelo aperfeiçoamento, é mais provável que os outros exibam características similares. Quando um líder está otimista diante de circunstâncias desanimadoras, essa qualidade é admirada e gera o desejo de segui-lo. Quando um membro da equipe exibe ética profissional segura e começa a impactar de forma positiva, outros o imitam. As pessoas inspiram-se nos colegas. Tendem a adotar as mesmas atitudes daqueles com os quais passam bastante tempo — para compreender sua mentalidade, suas convicções e abordagens diante dos desafios.

A história de Roger Bannister é um exemplo edificante do modo como as atitudes frequentemente "se difundem". Durante a primeira metade do século XX, muitos especialistas em esportes não acreditavam que algum corredor conseguisse atingir a marca dos 1.609 metros em menos de quatro minutos. De fato, foi assim por muito tempo. Entretanto, em 6 de maio de 1954, o corredor inglês e estudante universitário Roger Bannister percorreu 1.609 metros em três minutos e 59,4 segundos durante uma competição em Oxford. Menos de dois meses depois, outro corredor, o australiano John Landy, também superou a marca de quatro minutos. De repente, dúzias e depois centenas de outros o superaram. Por quê? Porque a atitude dos melhores corredores mudou. Eles adotaram a mentalidade e as convicções de seus colegas.

A atitude e o desempenho de Bannister ao serem expostos difundiram-se. Sua atitude espalhou-se. Hoje, todo corredor de nível internacional que compete nessa distância consegue percorrer 1.609 metros em menos de quatro minutos. As atitudes são contagiantes!

3. *As más atitudes difundem-se mais rápido do que as boas*

Há apenas uma coisa mais contagiosa do que a boa atitude: a má atitude... Por alguma razão, muitos acreditam que é chique ser negativo. Desconfio que pensam que isso faz com que pareçam espertos ou importantes. A verdade, porém, é que uma atitude negativa prejudica, em vez de ajudar. Além disso, afeta os que convivem com a pessoa negativista.

Para ver como uma atitude ou pensamento é capaz de espalhar-se rápida e facilmente, pense nesta história de Norman Cousins: Certa vez, durante um jogo de futebol, um médico do pronto-socorro atendia cinco pessoas que, segundo sua suspeita, estavam com intoxicação alimentar. Logo descobriu que todas haviam comprado bebidas em uma determinada barraca no estádio.

O médico pediu ao locutor que advertisse a todos no estádio de que não comprassem bebidas naquela barraca em particular por causa da possibilidade de uma intoxicação. Não demorou muito, mais de duzentas pessoas começaram a queixar-se de sintomas de intoxicação. Quase metade das pessoas precisaram ser levadas ao hospital, pois os sintomas reportados eram muito graves.

No entanto, a história não para por aqui. Depois de investigar mais um pouco, descobriu-se que as cinco primeiras vítimas haviam comido uma salada de batatas estragada em uma lanchonete a caminho do jogo. Quando descobriram que não havia problema algum com as bebidas do estádio, os outros "doentes" se recuperaram como que por milagre. Isso serve para mostrar que uma atitude se espalha muito rápido.

4. *As atitudes são subjetivas, por isso identificar uma atitude errada pode ser difícil*

Você já conversou com alguém pela primeira vez e desconfiou que a atitude dessa pessoa era medíocre, porém não foi capaz de identificar o que exatamente estava errado? Acredito que muita gente já passou por essa experiência.

A razão pela qual ficamos em dúvida a respeito das atitudes de outros é a subjetividade. Talvez alguém com má atitude não faça algo ilegal nem antiético, mas é bem provável que sua atitude prejudique a equipe.

A atitude realmente tem a ver com o modo de ser de uma pessoa. Isso se reflete em seu modo de agir.

As pessoas sempre exteriorizam o que sentem. A atitude realmente tem a ver com o modo de ser de uma pessoa. Isso se reflete em seu modo de agir. Deixe-me comentar algumas atitudes desagradáveis, porém comuns, capazes de acabar com uma equipe, para que possa reconhecê-las ao observá-las.

Incapacidade de admitir erros. Você conhece pessoas que nunca admitem estarem erradas? É difícil conviver com gente assim. Ninguém é perfeito, mas há quem imagine ser... Certamente esse não será o companheiro de equipe ideal. Sua atitude errada sempre criará conflitos.

Incapacidade de perdoar. Diz-se que Clara Barton, fundadora da enfermagem moderna, certa vez foi incentivada a lamentar-se por um ato terrível infligido sobre ela anos antes, mas Barton não se deixou enganar:

— Você não se lembra do mal que cometeram contra você? — o amigo a instigou.

— Não — respondeu Barton. — Lembro-me muito bem de ter perdoado o que fizeram.

Guardar rancor nunca é uma atitude positiva nem adequada. Quando a falta de perdão ocorre entre colegas de equipe, não há dúvida de que isso irá prejudicá-la.

Um pouquinho de ciúme. Uma atitude que realmente não coopera para o bem de ninguém é o desejo de igualdade que causa uma pontinha de ciúme. Por alguma razão, aqueles que têm essa atitude acreditam que todos merecem tratamento semelhante, independentemente de talento, desempenho ou impacto. Não obstante, nada pode estar mais longe da verdade do que isso. Cada um de nós foi criado como um ser único, com desempenhos diferentes, e, consequentemente, devemos ser tratados de forma diferenciada.

A síndrome do eu. Em seu livro *The Winner Within* [O vencedor que há em você], o técnico de grande sucesso da NBA, Pat Riley, fala sobre a "síndrome do eu". Segundo ele, os membros de uma equipe que têm esse mal "desenvolvem uma confiança muito forte em sua própria importância. Suas ações quase declaram em voz alta: 'Eu sou o único'." Riley afirma que esse mal apresenta um resultado inevitável: "A Derrota do nós."[3]

Espírito crítico. Fred e Marta voltavam para casa após um culto na igreja.

— Fred — disse Marta —, você notou que o sermão do pastor foi um pouco fraco hoje?

— Não, realmente não — respondeu Fred.

— Bem, então você notou que o coral estava desafinado?

— Não, não notei — ele respondeu.

— Com certeza você percebeu o jovem casal com os filhos bem na nossa frente fazendo todo aquele barulho e tumulto durante o culto inteiro!

— Desculpe, querida, mas não notei.

Por fim, com desgosto, Marta disse:

— Honestamente, Fred, não sei por que você se dá ao trabalho de ir à igreja!

Quando alguém na equipe tem espírito crítico, todos o reconhecem, porque para ele ninguém da equipe é capaz de fazer nada certo...

Desejo de receber todo o crédito. Outra má atitude que prejudica a equipe e é similar à "síndrome do eu". Contudo, se a pessoa com a síndrome fica nos bastidores provocando dissensão, quem gosta de receber créditos constantemente vai para o centro das atenções agradecer os aplausos — quer os tenha conseguido quer não. Sua atitude é oposta à de Bill Russell, um dos melhores pivôs da NBA, que disse o seguinte sobre uma partida: "A avaliação mais importante de meu bom desempenho em um jogo está no quanto consegui fazer com que meus colegas de equipe jogassem melhor."

Sem dúvida, existem outras atitudes negativas que não mencionei, porém minha intenção não é fazer uma lista de todas elas, e sim apenas mencionar as mais comuns. Resumindo, a maioria das más atitudes é resultado de egoísmo. Se um de nossos colegas de equipe desapontar os outros, sabotar o trabalho em equipe ou destacar-se a fim de ser mais importante que os demais, então esteja certo de estar diante de alguém com má atitude.

5. *Atitudes desagradáveis, de uma única pessoa, acabam com tudo*

Más atitudes devem ser confrontadas, pois sempre causarão dissensão, ressentimento, brigas e divisão em uma equipe. Nunca desaparecerão sozinhas se não forem tratadas. Simplesmente irritam todo mundo e acabam com qualquer equipe — e com as chances de atingir seu potencial.

Sabendo-se que é difícil lidar com pessoas de más atitudes e que as atitudes são tão subjetivas, é possível duvidar de sua aversão automática ao deparar-se com alguém que tenha má atitude. Afinal, se somente você acha que essa pessoa age de modo desagradável, então não tem o direito de falar sobre isso, certo? Claro que tem, se você se preocupa com a equipe. Atitudes desagradáveis acabam com qualquer time. É uma verdade incontestável. Se deixar uma maçã podre em uma fruteira cheia de maçãs boas, acabará inevitavelmente com uma fruteira cheia de maçãs podres. As atitudes sempre afetam a eficácia de um líder.

O presidente Thomas Jefferson observou: "Nada pode deter o homem que tem a atitude mental correta de alcançar sua meta; nada no mundo ajudará o homem que tem a atitude mental errada." Se você está preocupado com sua equipe e tem o compromisso de ajudar todos os integrantes, não pode ignorar más atitudes.

Lidar com uma pessoa de más atitudes pode ser bem difícil. Antes de tentar discutir o problema, seria melhor observar com cuidado as atitudes e o modo como elas afetam os indivíduos.

Como a atitude afeta um indivíduo?

Sua atitude e seu potencial andam de mãos dadas

O que é atitude? Como é possível identificá-la? Bem, atitude é um sentimento que se expressa por meio do comportamento. Essa é a razão porque uma atitude pode ser percebida sem que uma palavra sequer seja dita. Será que nenhum de nós nunca viu a "cara feia" dos mal-humorados ou o "nariz empinado" dos determinados? De todas as características de que dispomos, nossa expressão é a mais importante.

Por vezes, conseguimos mascarar nossa atitude por meio das aparências e enganar quem nos vê. No entanto, normalmente, os disfarces que usamos não duram muito tempo. Existe uma constante luta das atitudes para abrir caminho e vir à tona.

Meu pai gosta de contar a história de um menino de quatro anos de idade que teve um daqueles dias cheios de problemas. Depois de levar uma grande bronca da mãe, finalmente ela resolveu colocá-lo de castigo:

— Filho, sente-se naquela cadeira agora!

O garotinho foi até a cadeira, sentou-se e disse:

— Mamãe, por fora eu estou sentado, mas por dentro continuo em pé.

O filósofo e psicólogo James Allen afirma que "uma pessoa não pode mover-se interiormente e continuar imóvel por fora". Logo, aquilo que acontece no íntimo afetará o que acontece do lado de fora. Uma atitude insensível é uma terrível doença. É a causa de ter a mente fechada e prenúncio de um futuro sombrio. Quando nossa atitude é positiva e leva ao crescimento, a mente expande-se, e inicia-se o progresso.

Capítulo 7

A ATITUDE DETERMINA O SUCESSO OU O FRACASSO

Em uma conferência na Carolina do Sul, fiz a seguinte experiência. Perguntei ao público: "Qual é a palavra que descreve o que determinará nossa felicidade, aceitação, paz e sucesso?" As pessoas começaram a citar palavras do tipo *emprego*, *educação*, *dinheiro*, *tempo*. Por fim, alguém disse *atitude*. Esse aspecto tão importante da vida daquelas pessoas estava em segundo plano. A atitude é a principal força para determinar o sucesso ou o fracasso dos indivíduos.

Para alguns, a atitude representa uma dificuldade em cada oportunidade; para outros, uma oportunidade em cada dificuldade. Há os que crescem com uma atitude positiva, enquanto outros são derrubados por uma perspectiva negativa. O fato de a atitude "promover alguns" e "acabar com outros" já é suficiente para que exploremos sua importância. Seguem sete axiomas sobre a atitude que irão ajudá-lo a compreender melhor como ela afeta a vida de uma pessoa:

Axioma da atitude nº 1: A atitude determina o modo de ver a vida

Nossa atitude revela o que esperamos da vida. Como um avião, se nosso "nariz" estiver apontado para cima, estaremos decolando; se estiver apontado para baixo, podemos estar em plena queda.

Uma de minhas histórias favoritas tem a ver com um casal de idosos que visitava os netos. Todas as tardes, o avô deitava-se para tirar uma soneca. Certo dia, em um momento de pura travessura, as crianças decidiram colocar um pouco de queijo no bigode dele.

Logo depois, ele acordou franzindo o nariz:

— Ora, este quarto está cheirando mal — exclamou ao levantar-se para ir à cozinha.

Não ficou ali por muito tempo até chegar à conclusão de que a cozinha também estava com o mesmo cheiro, por isso saiu para respirar ar fresco. Para sua grande surpresa, o ar fresco de nada adiantou, e ele disse:

— O mundo inteiro está cheirando mal!

Essa é uma grande verdade. Quando temos "queijo" em nossas atitudes, o mundo todo cheira mal. Nós, como indivíduos, somos responsáveis por nossa visão de mundo. Essa verdade fez-se conhecida há séculos e encontra-se nas Escrituras: "Pois aquilo que o homem semear, isso também ceifará."[4] Nossa atitude e ação em relação à vida ajudam a determinar o que nos acontece.

Seria impossível estimar o número de empregos perdidos, de promoções não obtidas, de vendas não realizadas e de casamentos destruídos por causa de atitudes medíocres. Entretanto, quase todos os dias testemunhamos empregos conseguidos mas odiados, e casamentos tolerados mas infelizes, tudo porque as pessoas esperam a mudança dos outros ou do mundo, em vez de perceberem que são responsáveis pelo próprio comportamento.

Axioma da atitude nº 2: A atitude determina os relacionamentos pessoais

Toda sua vida é afetada pelos relacionamentos, ainda que seja bem difícil estabelecer ligações pessoais. Você talvez não se dê bem com algumas pessoas, porém não consegue vencer na vida sem elas. Essa é a razão por que é essencial construir relacionamentos adequados neste mundo cheio de gente.

O Instituto de Pesquisa de Stanford diz que a quantidade de dinheiro que você recebe devido a seu esforço é proporcional a 12,5% de seu conhecimento e 87,5% de sua capacidade para lidar com pessoas.

87,5% conhecimento das pessoas	+	12,5% conhecimento do produto	=	Sucesso

Essa é a razão por que Teddy Roosevelt disse: "O ingrediente mais importante para a fórmula do sucesso é saber ter um bom relacionamento com as pessoas."; e John D. Rockefeller afirmou: "Pago mais pela capacidade de lidar com as pessoas do que por qualquer outra do mundo."

Quando adotamos a atitude de colocar os outros em primeiro lugar e consideramos as pessoas importantes, então nossa perspectiva refletirá o ponto de vista delas, não o nosso. Se não nos colocarmos no lugar do outro, enxergando as coisas conforme sua perspectiva, seremos como o homem que, irritado, desce do carro após colidir com outro veículo e grita furioso: "Por que você não olha por onde anda? O seu é o quarto carro em que bati hoje!"

Normalmente, a pessoa que cresce dentro de uma organização tem uma boa atitude. Não foram as promoções que deram a tal indivíduo uma atitude notável, mas foi uma atitude notável que resultou em promoções.

Axioma da atitude nº 3: Muitas vezes, a atitude é a única diferença entre sucesso e fracasso

Os maiores empreendimentos da história foram realizados por homens que sobressaíram apenas um pouco acima da multidão de indivíduos de sua área. Isso poderia ser chamado de princípio da pequena vantagem. Muitas vezes, essa diferença mínima tem a ver com atitude. A ex-primeira-ministra israelense Golda Meir salientou essa verdade em uma de suas entrevistas. Ela disse: "Tudo o que meu país tem é seu espírito. Não temos dólares provenientes de petróleo. Não temos ricas jazidas minerais na região. Não temos o apoio da opinião pública, em escala mundial. Tudo o que Israel tem é o espírito de seu povo. Se as pessoas perderem esse espírito, nem os Estados Unidos da América poderão nos salvar."

Sem dúvida, a aptidão é um elemento importante para o sucesso na vida. Contudo, a causa do sucesso ou do fracasso em qualquer empreendimento é mais uma consequência da atitude mental do que da mera habilidade intelectual. Lembro-me das vezes em que Margaret, minha esposa, chegou em casa, vindo da escola em que lecionava, frustrada por causa da ênfase educacional moderna na aptidão, não na atitude. Ela queria que as crianças fossem testadas no QA (quociente de atitude), e não apenas no QI (quociente de inteligência). Falava de crianças que tinham um QI elevado, mas um desempenho baixo. Havia outras cujo QI era baixo, mas o desempenho era alto.

Como pai, espero que meus filhos tenham uma mente brilhante e atitudes notáveis. Entretanto, se eu tivesse de fazer uma opção em uma situação do tipo "ou isso ou aquilo", sem hesitação, gostaria que o QA deles fosse elevado.

Um reitor da Universidade de Yale, alguns anos atrás, deu um conselho semelhante ao ex-reitor no estado de Ohio: "Sempre seja gentil com seus alunos A e B. Algum dia, um deles voltará para seu *campus* como um bom professor. Também seja gentil com seus alunos C.

Algum dia, um deles voltará e construirá um laboratório de ciências de dois milhões de dólares."

Há uma diferença muito pequena entre as pessoas, mas essa pequena diferença é que faz a grande diferença. A pequena diferença é a atitude. A grande diferença é se essa atitude é positiva ou negativa.

Axioma da atitude nº 4: A atitude no início de uma tarefa afetará o resultado mais do que qualquer outro fator

Todo técnico sabe da importância de seu time ter a atitude certa antes de enfrentar um adversário difícil. Os cirurgiões querem ver seus pacientes mentalmente preparados antes de partir para uma cirurgia. Os que procuram emprego sabem que o empregador, ao oferecer trabalho, está procurando mais do que alguém com simples habilidades. Quem faz palestras quer criar uma atmosfera receptiva antes de se comunicar com o público. Por quê? Porque a atitude certa no início garante o sucesso no final. Você já conhece o ditado: "Tudo o que começa bem acaba bem." Uma verdade similar é: "Tudo termina bem quando começa bem."

A maioria dos projetos fracassa ou é bem-sucedida mesmo antes de começar. Um jovem alpinista e um guia experiente estavam escalando um pico alto nas Sierras. Logo cedo, o jovem alpinista acordou de repente com um forte som de alguma coisa rachando. Achou que o fim do mundo tinha chegado. O guia disse: "Não é o fim do mundo, apenas o romper de um novo dia." À medida que o dia clareava, o sol batia no gelo e o derretia.

Muitas vezes, somos tentados a ver nossos desafios futuros como o pôr do sol da vida, em vez de como o nascer do sol de uma nova oportunidade.

Por exemplo, veja só a história de dois vendedores enviados a uma ilha para venderem sapatos. O primeiro vendedor, na chegada, ficou surpreso ao perceber que ninguém usava sapatos. No mesmo instante, passou um telegrama para o escritório central em Chicago, dizendo: "Voltarei para a cidade amanhã. Ninguém usa sapatos aqui."

O segundo vendedor ficou impressionado ao perceber a mesma coisa. No mesmo instante, telefonou para o escritório central em Chicago e disse: "Por favor, mande-me 10 mil pares de sapatos. Todo mundo aqui precisa de um par."

Axioma da atitude nº 5: A atitude transforma problemas em bênçãos

Em *Awake, my heart* [Desperte, meu coração], J. Sidlow Baxter escreveu: "Qual é a diferença entre um obstáculo e uma oportunidade? Nossa atitude diante de cada um deles. Toda oportunidade traz uma dificuldade, e toda dificuldade traz uma oportunidade."[5]

Quando confrontada com uma situação difícil, a pessoa com uma atitude notável tira melhor proveito dela assim que contempla a pior parte. A vida pode ser comparada a uma pedra de amolar. Se ela irá afiá-lo ou poli-lo, depende do material de que você é feito.

Enquanto participava de uma conferência de jovens líderes, ouvi esta afirmação: "Nenhuma sociedade jamais desenvolveu homens de fibra em tempos de paz." A adversidade é prosperidade para aqueles que têm uma grande atitude. As pipas não sobem a favor do vento, mas contra ele. Quando o vento contrário da crítica soprar, permita que seja para você o que a rajada de vento é para a pipa — uma força contrária que a leva para mais alto. Além disso, a pipa não voa sem a tensão controlada do fio que a prende. A mesma verdade aplica-se à vida. Considere os seguintes sucessos alcançados por meio de uma atitude positiva.

Quando confrontada com uma situação difícil, a pessoa com uma atitude notável tira melhor proveito dela assim que contempla a pior parte.

Enquanto os colegas de escola de Napoleão zombavam dele por causa de sua origem humilde e pobreza, ele continuava inteiramente dedicado aos livros. Em pouco tempo sobressaiu entre os colegas da escola, conquistando o respeito deles. Foi considerado o aluno mais brilhante da sala.

Poucas pessoas conheciam Abraham Lincoln até que sua grande atuação na Guerra Civil do país mostrou seu caráter.

Robinson Crusoé foi escrito na prisão. John Bunyan escreveu *O peregrino* na prisão de Bedford. Sir Walter Raleigh escreveu *The history of the world* [A história do mundo] durante os 13 anos em que permaneceu preso. Lutero traduziu a Bíblia enquanto estava confinado no castelo de Wartburg. Dante, autor de *A Divina Comédia*, trabalhou por dez anos no exílio e sob sentença de morte. Beethoven estava quase completamente surdo e com muitas dores quando compôs suas maiores obras.

Quando Deus quer instruir uma pessoa, não a envia para a escola das bênçãos, mas para a escola das necessidades. Grandes líderes aparecem quando as crises acontecem. Lemos repetidas vezes, em biografias de pessoas de sucesso, sobre terríveis dificuldades que as forçaram a ir além do lugar-comum. Não apenas encontraram respostas, mas também descobriram uma grande força dentro de si mesmas.

Tal qual as enormes vagas provocadas por maremotos no meio do oceano, essa força que há dentro dos indivíduos arrebenta como uma forte onda, justamente nos momentos em que as circunstâncias adversas parecem triunfar. Então, surge o atleta, o escritor, o político, o cientista ou o homem de negócios. David Sarnoff disse: "O cemitério é seguro demais; desejo uma oportunidade."

Axioma da atitude nº 6: Nossa atitude pode propiciar uma perspectiva excepcionalmente positiva

Uma perspectiva excepcionalmente positiva é capaz de ajudar-nos a alcançar algumas metas incomuns. Tenho observado entusiasticamente as diferentes abordagens e resultados alcançados por uma pessoa que pensa positivo e por uma pessoa cheia de medo e apreensão. Por exemplo, na antiga Israel, quando Golias apareceu contra os hebreus, todos os soldados pensaram: *Ele é grande, jamais conseguiremos matá-lo*. Davi olhou para o mesmo gigante e pensou: *Ele é grande, não dá para errar*.

George Sweeting, ex-presidente do Moody Bible Institute, conta a história de um escocês que trabalhava com muito afinco e esperava que todos os seus subordinados fizessem o mesmo. Os empregados costumavam provocá-lo dizendo:

— Aí, escocês, você não sabe que Roma não foi construída em um dia?

— Sim — ele respondia —, sei disso. Mas eu não era o chefe daquela obra.

Pessoas cuja atitude faz com que tenham uma perspectiva da vida totalmente positiva nem sempre são compreendidas. São o que alguns chamariam de "sem limites". Em outras palavras, não aceitam as limitações normais da vida como a maioria. Relutem em aceitar "o que é estabelecido" simplesmente porque está estabelecido. Sua reação às limitações pessoais provavelmente será "por quê?" em vez de "tudo bem". É óbvio que há limites. Seus talentos não são tão abundantes a ponto de jamais fracassarem. Entretanto, determinam que você chegue ao limite de seu potencial e ao auge de suas metas antes de aceitar a derrota.

São como abelhões. De acordo com uma teoria da aerodinâmica, conforme demonstram testes feitos em túneis de vento, o abelhão não deveria ser capaz de voar. Por causa do tamanho, do peso e da forma de seu corpo em relação à envergadura total da asa, voar é cientificamente impossível para esse inseto. O abelhão, por desconhecer a teoria científica, segue em frente e voa, produzindo mel todos os dias.

Quando a atitude é certa, o futuro não apenas parece brilhante, como também o presente fica muito mais divertido. A pessoa positiva compreende que a jornada para o sucesso é tão agradável quanto o destino final. Ao ser questionado sobre qual de suas obras escolheria como sua obra-prima, o arquiteto Frank Lloyd Wright, aos 83 anos de idade, respondeu: "A próxima."

Um amigo meu, em Ohio, dirigia um caminhão de 18 rodas para uma empresa interestadual. Sabendo que percorria centenas de quilômetros por semana, certa vez perguntei-lhe o que fazia para não ficar muito cansado. "Tudo é uma questão de atitude", ele respondeu. "Alguns motoristas 'vão para o trabalho' de manhã, mas eu 'vou fazer um passeio pelo país'." Esse tipo de perspectiva positiva dá a ele uma "vantagem" na vida.

Axioma da atitude nº 7: A atitude de uma pessoa não é automaticamente boa só porque ela é religiosa

É notável que todos os sete pecados capitais — orgulho, cobiça, luxúria, inveja, ira, gula e preguiça — sejam questões de atitude, de espiritualidade e de motivação. Infelizmente, muitas pessoas de fé carregam consigo problemas espirituais. São como o irmão mais velho da parábola do filho pródigo: pensam que fazem tudo certo.

Embora o irmão mais novo tenha saído de casa para levar uma vida desregrada, o irmão mais velho preferiu ficar com o pai. Ele não perderia *seu* tempo com coisas inúteis da juventude! Contudo, quando o irmão mais novo voltou para casa, algumas das atitudes erradas do irmão mais velho começaram a vir à tona.

A primeira foi um sentimento de presunção. O irmão mais velho estava no campo fazendo o que tinha de fazer, mas ficou louco quando a festa começou em sua casa, pois o pai jamais fizera uma festa para ele!

Em seguida, veio o sentimento de autopiedade. O irmão mais velho disse:

— Ora, pai! Há tantos anos que o sirvo e o senhor jamais deu uma festa para mim; porém, quando esse seu filho, que desperdiçou todo seu dinheiro, volta para casa, o senhor dá uma festança para ele.[6]

Muitas vezes, as pessoas não compreendem o verdadeiro significado da história do filho pródigo. Esquecem que não há um, mas dois filhos pródigos. O irmão mais novo é culpado dos pecados da carne, enquanto o mais velho, dos pecados do espírito. O problema está na atitude de ambos. No final da parábola, é o irmão mais velho — o segundo filho pródigo — quem está fora da casa do pai.

Essa é uma boa lição a ser lembrada por todos nós. Uma atitude medíocre nos levará a lugares para os quais não desejamos ir. Por vezes, pode até tirar-nos completamente do jogo. Por outro lado, uma boa atitude nos colocará na posição de maior potencial.

Talvez você não saiba, ao certo, se sua atitude é do jeito que deveria ser. Ou talvez lidere alguém cuja atitude não é tão positiva quanto deveria. Como resolver essa situação? Primeiro, precisa saber como se constitui a atitude de uma pessoa. Esse é o tema do próximo capítulo.

Capítulo 8

A formação da atitude

O que forma a atitude de uma pessoa?

Muitos elementos contribuem para formar a atitude, porém muitos mais dela resultam!

As atitudes não surgem do nada. As pessoas nascem com determinadas características, e são elas que influenciam as atitudes. Entretanto, muitos outros fatores desempenham papel ainda maior na vida das pessoas e na formação de suas atitudes. Embora esses fatores constantemente afetem as pessoas, no geral causam maior impacto durante os seguintes períodos da vida:

Fases	Fatores
Antes do nascimento:	Personalidade/temperamento inerente
Nascimento:	Ambiente
De 1 a 6 anos:	Expressão verbal Aceitação/afirmação adulta

De 1 a 6 anos:	Autoimagem Exposição a novas experiências
De 11 a 21 anos:	Colegas, aparência física
De 21 a 61 anos:	Casamento, família, emprego, sucesso Ajustes, avaliação da vida

PERSONALIDADE — QUEM EU SOU

Cada pessoa nasce como um indivíduo distinto. Mesmo duas crianças com os mesmos pais, vivendo no mesmo ambiente e recebendo a mesma educação são totalmente diferentes uma da outra. Isso contribui para o "sabor da vida", de que todos nós desfrutamos. Se todos nós tivéssemos a mesma personalidade, como casa semelhantes em um condomínio, nossa jornada pela vida certamente seria um tédio.

Geralmente, pessoas com determinados temperamentos desenvolvem atitudes comuns a esses temperamentos.

Adoro a história de dois homens que foram pescar juntos e que começaram a discutir sobre a esposa de um e do outro. Um disse:

— Se todos os homens fossem iguais a mim, todos gostariam de casar-se com minha esposa.

O outro homem logo respondeu:

— Se fossem iguais a mim, nenhum deles gostaria de se casar com ela.

Uma série de atitudes acompanha cada tipo de personalidade. Geralmente, pessoas com determinados temperamentos desenvolvem atitudes comuns a esses temperamentos. Alguns anos atrás, Tim LaHaye, coautor da famosa série "Deixados para trás", discutiu e escreveu a respeito dos quatro temperamentos básicos. Mediante observação, percebi que a pessoa que tem o que ele chama de personalidade *colérica* muitas vezes exibe atitudes de perseverança e de agressividade. A *sanguínea* normalmente é positiva e considera o lado brilhante da vida. O indivíduo *melancólico* é introspectivo e chega a ser negativo, às vezes, enquanto o *fleumático* é propenso a dizer: "Vem fácil, vai fácil." A personalidade de cada indivíduo é composta de uma mistura desses temperamentos, e há exceções para essas generalizações. Entretanto, determinado tipo de temperamento normalmente segue um padrão de conduta que pode ser identificado ao se traçarem as atitudes de uma pessoa.

Ambiente — o que está a minha volta

Acredito que o ambiente seja um fator de controle no desenvolvimento de nossa atitude maior do que a personalidade ou traços hereditários. Antes de minha esposa, Margaret, e eu começarmos nossa família, tomamos a decisão de adotar filhos. Queríamos proporcionar a uma criança que não pudesse ter o benefício de um lar amoroso e cheio de fé a oportunidade de viver em um ambiente assim. Embora nossos filhos talvez não sejam fisicamente parecidos conosco, certamente foram moldados de acordo com o ambiente em que os criamos.

O ambiente da primeira infância desenvolve o "sistema de crenças" de uma pessoa. As crianças frequentemente assimilam prioridades, atitudes, interesses e filosofias do ambiente em que vivem. É um fato que minhas convicções realmente afetam minhas atitudes. No entanto, as coisas nas quais creio talvez não sejam verdadeiras. Aquilo em que creio pode não ser saudável e até prejudicar os outros, destruindo minha vida. Contudo, a atitude é reforçada pela convicção — quer esteja certa, quer errada.

O ambiente é o primeiro fator de influência sobre nosso sistema de crenças. Por essa razão, a base de uma atitude é lançada no ambiente em que nascemos. O ambiente torna-se ainda mais significativo quando percebemos que as primeiras atitudes são as mais difíceis de serem mudadas.

Expressão verbal — o que ouço

Sem dúvida você já ouviu o velho ditado: "Paus e pedras podem quebrar os meus ossos, mas insultos jamais me ferirão." Não acredite nisso! Na realidade, depois que as ofensas desaparecem e a dor física se vai, a dor interior provocada por palavras ofensivas permanece.

Anos atrás, quando estava pastoreando uma igreja, em uma de nossas reuniões de equipe, pedi aos pastores, secretários e zeladores que levantassem a mão se pudessem lembrar de uma experiência na infância que os havia machucado profundamente por causa das palavras de alguém. Todos levantaram a mão. Um pastor relembrou uma ocasião em que estava sentado em uma roda de leitura na escola. Quando chegou sua vez de ler, ele pronunciou mal a palavra *fotografia*. Leu-a como "fotográfia", em vez de fotografia. A professora corrigiu-o, e a classe riu. Ele ainda se lembra disso... quarenta anos depois. Um resultado positivo dessa experiência foi seu desejo, a partir daquele momento, de pronunciar as palavras corretamente. Hoje, uma das razões de ele se destacar como orador deve-se a essa determinação.

ACEITAÇÃO/AFIRMAÇÃO ADULTA — O QUE SINTO

Muitas vezes, quando estou ministrando aos líderes, falo sobre a importância de aceitar e de incentivar aqueles a quem estão liderando. A verdade é que as pessoas não se importam com quanto você sabe até que tenham consciência do quanto você se preocupa com elas!

Relembre os tempos de escola. Quem foi seu professor favorito? Agora pense por quê. Provavelmente, suas lembranças mais agradáveis sejam de alguém que o aceitou como era e que o incentivou. Raramente lembramos o que nosso professor dizia, mas lembramos como ele nos amava. Bem antes de entender o que era ensinado, já estávamos dispostos a aprender. Bem depois de ter esquecido o que nos foi ensinado, lembramos do sentimento de aceitação ou de rejeição.

As pessoas não se importam com quanto você sabe até que tenham consciência do quanto você se preocupa com elas.

Muitas vezes pergunto às pessoas se gostaram do sermão que seu pastor ministrou na semana anterior. Após uma resposta positiva, pergunto: "Qual foi o tema?" 75% por cento das vezes não conseguem dizer o tema do sermão. Não lembram exatamente o assunto, mas lembram a atmosfera e a atitude em que o sermão foi apresentado.

Meus professores favoritos da escola dominical em minha infância são belos exemplos dessa verdade. A primeira foi Katie, minha professora da classe de primários. Quando eu ficava doente e faltava à sua aula, ela vinha visitar-me na segunda-feira. Perguntava como eu estava me sentindo e me dava um presentinho de cinco centavos que valia um milhão de dólares para mim. Katie dizia: "Johnny, minha aula sempre fica melhor quando você está presente. Quando for, no próximo domingo de manhã, levante sua mão para que eu possa ver que você estará lá, está bem? Assim, minha aula será melhor."

Ainda me lembro de levantar a mão e ver Katie sorrindo para mim. Também me lembro de outras crianças que levantavam a mão aos domingos, na classe em que Katie era professora e que crescia rapidamente. Naquele ano, o superintendente da escola dominical quis dividir a classe e começar uma nova turma do outro lado do corredor. Pediu voluntários que fossem participar da nova classe, mas ninguém levantou a mão. Por quê? Nenhuma criança queria passar para outro professor e perder a contínua demonstração de amor de Katie.

Outro professor de que me lembro é Glen Leatherwood. Ele dava aula para todos os meninos que estavam terminando o ensino fundamental na igreja onde cresci. Você já deu aula para um grupo de dez garotos bagunceiros? Normalmente, tais professores saem direto de uma aula assim para receber seu galardão celestial! Isso não acontecia com Glen. Ele ensinou meninos dessa faixa etária por trinta anos. Os 12 meses que passei em sua classe causaram um impacto profundo em minha fé e em toda minha vida.

Além disso, tive o privilégio de crescer em uma família que me incentivava bastante. Nunca duvidei do amor e da aceitação de meus pais. Ambos constantemente reafirmavam seu amor por meio de ações e de palavras. Durante a fase de crescimento de nossos filhos, Margaret e eu tentamos criar esse mesmo ambiente para eles. Creio que viam e sentiam nossa aceitação e incentivo pelo menos trinta vezes por dia. Hoje, eu diria que nossos netos recebem quase duas vezes mais. Isso não é suficiente! Será que você já ouviu o bastante que é importante, amado ou apreciado? Lembre-se de que as pessoas não se importam com o quanto você sabe até que tenham consciência do quanto você se preocupa com elas.

AUTOIMAGEM — COMO EU ME VEJO

É impossível realizar algo consistente de maneira incompatível com o modo como nos vemos. Em outras palavras, normalmente agimos de acordo com uma resposta direta de acordo com nossa autoimagem.

Nada é mais difícil do que mudar as ações do lado de fora sem mudar os sentimentos de dentro do coração.

Uma das melhores formas de melhorar os sentimentos é acrescentando um pouco de "sucesso" a seu currículo. Minha filha, Elizabeth, tem a tendência de ser tímida e tem vontade de fugir diante de experiências novas. Porém, uma vez empolgada com a situação, fica "a todo vapor". Quando estava na primeira série, sua escola promoveu uma atividade cujo objetivo era vender doces. Cada criança recebeu trinta doces, e o desafio era vender todos eles. Quando fui buscar Elizabeth na escola, ela estava segurando seu "desafio" e precisava de certo incentivo positivo. Era hora de ter uma reunião de vendas com minha nova vendedora.

Ao longo do caminho para casa, ensinei-a a vender doces. Encerrei cada ponto de ensino com meia dúzia de frases do tipo: "Você é capaz de fazer isso; seu sorriso irá conquistá-los; acredito em você!" No final de nosso passeio de 15 minutos, a mocinha que estava sentada a meu lado transformou-se em uma vendedora graciosa e comprometida. Ao sair do carro, foi à casa dos vizinhos acompanhada do irmãozinho, Joel, comendo um dos doces e afirmando que realmente era o melhor doce que ele já havia devorado.

No final do dia, os trinta doces estavam vendidos, e Elizabeth sentiu-se muito importante. Jamais esquecerei as palavras de sua oração quando a cobri na cama naquela noite: "Ó Deus, obrigada por essa atividade de vender doces da escola. Foi ótimo. Ó Senhor, ajuda-me a ser uma vencedora! Amém."

A oração de Elizabeth reflete o desejo do coração de todo mundo. Todos queremos ser vencedores. Elizabeth voltou para casa, no dia seguinte, com outra caixa de doces. Agora, era a hora do grande teste! Como já havia enchido o estoque de nossos amáveis vizinhos, foi lançada ao mundo cruel do comprador desconhecido. Elizabeth admitiu estar com medo quando fomos a um *shopping center* para vender nossas coisinhas. Outra vez a incentivei, apresentei mais algumas dicas de vendas, mais incentivo, o local certo, mais incentivo. Ela fez exatamente como a orientei. A experiência rendeu dois dias de vendas, doces esgotados, duas pessoas felizes e uma autoimagem elevada.

O modo como nos vemos reflete o modo como os outros nos veem. Se gostamos de nós, isso aumenta a probabilidade de outros também gostarem. A auto-imagem estabelece os parâmetros para a formação de nossas atitudes. Agimos em resposta ao modo como nos vemos. Jamais ultrapassaremos os limites dos verdadeiros sentimentos que temos a nosso respeito. "Novos territórios" só serão explorados quando nossa autoimagem estiver tão fortalecida que nos permita ir em busca deles.

Exposição a novas experiências — oportunidades para o crescimento

O filósofo francês François Voltaire comparou a vida a um jogo de cartas. Cada jogador deve aceitar as cartas que lhe foram dadas. Entretanto, uma vez que essas cartas estão em sua mão, somente ele decide de que modo irá jogá-las para vencer o jogo.

Sempre temos oportunidades nas mãos, e devemos decidir se iremos nos arriscar e agir de acordo com o que temos. Nada na vida causa mais estresse, embora ao mesmo tempo ofereça mais oportunidades para o crescimento, do que novas experiências.

Se você é pai, sabe que é impossível proteger seus filhos de experiências novas que possam ser negativas. Por isso, é essencial promover boas conversas que formarão a autoimagem e a confiança de seus filhos. Tanto as experiências positivas como as negativas constituem ferramentas na preparação dos filhos para a vida. As crianças precisam ser continuamente reasseguradas e elogiadas quando suas novas experiências não são muito positivas. Na realidade, quanto pior a experiência, mais incentivo será necessário. Contudo, às vezes ficamos desanimados quando elas desanimam. Esta é uma boa fórmula a ser adotada:

Novas experiências + ensinamentos × amor = crescimento.

Convivência com os colegas — quem me influencia

A maneira como os outros indicam a forma como nos veem afeta o modo como nos percebemos. Normalmente, correspondemos às expectativas dos outros. Essa verdade torna-se evidente para os pais quando seus filhos vão para a escola. Os pais não controlam mais o ambiente dos filhos.

Meus pais compreenderam que os outros poderiam exercer uma parcela relativamente grande de controle sobre o comportamento de seus filhos, por isso estavam determinados a observar e controlar o máximo possível nossos relacionamentos com colegas. Sua estratégia: fornecer um ambiente na casa dos Maxwell que fosse atraente para os amigos de seus dois filhos. Isso significava sacrificar dinheiro e tempo. Providenciaram um espaço para jogar malha, uma mesa de pingue-pongue, uma mesa de sinuca, um fliperama, um laboratório de química, uma quadra de basquete e todos os equipamentos esportivos imagináveis. Nossa mãe era plateia, juíza, conselheira, árbitra e fã.

As crianças vinham, muitas vezes, em grupos de vinte a 25. De todos os tamanhos, idades e raças. Todos se divertiam, e meus pais observavam nossos amigos. Às vezes, depois que uma turma ia embora, meus pais faziam perguntas sobre algum de nossos amigos. Discutiam abertamente sua linguagem ou atitudes e incentivavam-nos a não agir ou pensar daquela forma. Percebo que a maioria das decisões importantes que tomei na juventude foi influenciada pelo ensino e observação de meus pais acerca de minhas amizades.

Casey Stengel, bem-sucedido dirigente dos Yankees, um time de beisebol de Nova York, sabia o poder que as amizades exerciam sobre a atitude de um jogador. Deu a Billy Martin, no início de sua carreira como dirigente do time, alguns conselhos.

Martin relembra: "Casey dizia que havia 15 jogadores no time que fariam o impossível pelo dirigente, cinco iriam odiá-lo e cinco ficariam indecisos. Quando eu fizesse a lista para distribuí-los em alojamentos, dizia para sempre colocar os perdedores no mesmo quarto. Nunca deveria pôr um sujeito bom com um perdedor. Os perdedores censurarão o dirigente por tudo, mas isso não se espalhará se permanecerem isolados."

Charles Jones, autor de *Life is Tremendous* [A vida é extraordinária], diz: "O que você será daqui a cinco anos é determinado pelo que você lê e pelas pessoas com quem convive." É bom que isso seja lembrado por todos nós.

APARÊNCIA FÍSICA — COMO VEMOS O OUTRO

A aparência desempenha um papel importante na formação das atitudes que adotamos. Há uma terrível pressão para que todos tenham uma "aparência legal", conforme o padrão aceitável pela maioria. Da próxima vez que estiver assistindo à televisão, observe a ênfase que os comerciais dão à aparência. Veja a porcentagem de anúncios que tratam de roupas, dietas, exercícios e aspectos físicos em geral. Hollywood propagandeia: "Simpatia não está com nada; beleza é tudo." Isso influencia a percepção que temos do valor.

O que complica ainda mais a história é perceber que os outros também nos valorizam por causa de nossa aparência. Recentemente, li um artigo empresarial que dizia: "O aspecto físico ajuda a determinar a renda." Por exemplo, a pesquisa apresentada naquele artigo mostrava discrepâncias entre os salários de homens de 1,88 m e os de 1,55 m de altura. Os mais altos constantemente recebiam salários mais elevados. Goste ou não, a aparência física (e a maneira como os outros a encaram) afeta a atitude de uma pessoa.

CASAMENTO, FAMÍLIA E TRABALHO — NOSSA SEGURANÇA E STATUS

Novas influências começam a afetar nossas atitudes ao nos aproximarmos dos vinte e poucos anos. É durante esse período que a maioria das pessoas inicia uma carreira. Também é o momento em que muitos se casam. Isso significa que outra pessoa influencia nossa perspectiva.

Quando falo sobre atitudes, sempre enfatizo a necessidade de estarmos rodeados de gente positiva. Um dos comentários mais tristes que frequentemente ouço é o de que o cônjuge de alguém é negativo e não tem vontade de mudar. Até certo ponto, quando o cônjuge negativo não quer mudar, o cônjuge positivo fica aprisionado pelo negativismo. Nessas situações, aconselho marido e esposa a se lembrarem de como o outro era e como se amavam no período do namoro. Seu casamento melhorará se cada um dos pontos fracos do outro não for enfatizado. Entretanto, muitos acabam em um tribunal buscando o divórcio, porque os pontos fortes são ignorados. Os cônjuges deixam de esperar o melhor para esperar o pior, de criar alicerces sobre os pontos fortes concentrando-se apenas nos pontos fracos.

Todos os fatores que mencionei entram nessa "mistura" de atitudes. Afetam quem você é e as pessoas às quais lidera. No entanto, lembre-se disto: quer você tenha 11, 42 ou 65 anos de idade, sua atitude para com a vida *ainda* está sendo formada. Nunca é tarde demais para mudar de atitude. Este é o próximo assunto.

É possível mudar uma atitude?

A CHAVE PARA UMA BOA ATITUDE É A DISPOSIÇÃO DE MUDAR

Somos senhores ou vítimas de nossas atitudes. Trata-se de uma questão de escolha pessoal. Quem somos hoje é o resultado de escolhas que fizemos no passado. Amanhã seremos o que decidimos hoje. Mudar significa optar pela mudança.

Ouvi dizer que ao norte do Canadá há apenas duas estações do ano: inverno e julho. Quando as estradas secundárias começam a descongelar, ficam barrentas. Os veículos que vão para as regiões mais distantes do país deixam trilhas profundas que ficam congeladas quando o frio volta. Para quem se dirige às áreas remotas durante os meses de inverno, há os seguintes sinais de alerta: "Motorista, por favor, escolha com cuidado a trilha que seguirá com seu carro, pois continuará nela pelos próximos 32 quilômetros."

Algumas pessoas parecem sentir-se presas a suas atitudes presentes, como um carro em uma trilha de 32 quilômetros. Entretanto, a atitude não é permanente. Se você não estiver contente com a sua, saiba que pode mudá-la. Se uma pessoa que você lidera tem más atitudes, é possível ajudá-la a mudar, mas somente se ela *quiser* de verdade. Qualquer um, se de fato desejar, pode tornar-se alguém positivo, para quem a vida é uma alegria e todos os dias são cheios de potencial.

Se você quiser ter uma ótima atitude, então faça as seguintes escolhas.

ESCOLHA Nº 1: AVALIE SUA ATITUDE PRESENTE

O processo começa quando você sabe qual é seu ponto de partida. Avaliar sua atitude presente levará certo tempo. Se possível, tente separar-se de sua atitude. A meta desse exercício não é ver "seu lado mau", mas ver se alguma "má atitude" o impede de ser uma pessoa mais realizada. Você só será capaz de fazer mudanças importantes quando identificar o problema.

Ao perceber algo impedindo o caminho das toras descendo rio abaixo, o lenhador profissional sobe em uma árvore alta, localiza o cepo principal do bloqueio, livra-se dele e deixa que o rio se encarregue do resto. Um amador começaria pelas pontas, moveria todas as toras e, por fim, chegaria à principal. É óbvio que ambos os métodos fariam com que os cepos fossem movidos, mas o mais experiente faz seu trabalho de modo mais rápido e eficiente.

Para encontrar as "toras principais" de sua atitude, use o seguinte processo de avaliação (e escreva suas respostas em um diário ou em algum lugar que lhe sirva de referência mais tarde):

Identifique sentimentos problemáticos: Quais são as atitudes que o fazem sentir-se mais negativo em relação a você? Normalmente, os sentimentos podem ser percebidos antes de o problema ser esclarecido.

Identifique comportamentos problemáticos: Quais são as atitudes que o fazem ter os maiores problemas quando lida com outras pessoas?

Identifique pensamentos problemáticos: Somos a soma de nossos pensamentos. "Porque, como imagina [o homem] em sua alma, assim ele é"[1] Quais são os pensamentos que constantemente dominam sua mente? Embora esse seja o passo inicial para a correção de problemas de atitude, esses pensamentos não são tão facilmente identificados como no caso dos dois primeiros passos.

Esclareça a verdade: Para saber como mudar, precisa examinar seus sentimentos à luz da verdade. Se você for uma pessoa de fé, use a Bíblia. O que ela diz sobre como deve ser sua atitude?

Compromisso seguro: Nesse estágio, a pergunta: "O que devo fazer para mudar?" passa a ser a afirmação: "Tenho de mudar." Lembre-se de que a escolha de mudar é a única decisão que deve ser tomada, e somente você é capaz de tomá-la.

Projete e coloque em prática sua escolha: Coloque em prática sua decisão imediata e repetidamente.

ESCOLHA Nº 2: COMPREENDA QUE A FÉ É MAIS FORTE DO QUE O MEDO

A única coisa que garantirá o sucesso de um empreendimento difícil ou incerto é crer, desde o início, que poderá realizá-lo. O filósofo William James afirmou: "A maior descoberta de minha geração é a de que as pessoas são capazes de transformar sua vida mudando sua atitude mental." A mudança depende de sua estrutura mental. Acredite que pode mudar. Peça a seus amigos e colegas que o incentivem em todas as oportunidades. Se você for uma pessoa de fé, peça a ajuda de Deus. Ele conhece seus problemas, está disposto e é capaz de o ajudar a superá-los.

ESCOLHA Nº 3: ESCREVA UMA AFIRMAÇÃO DEFININDO SEU PROPÓSITO

Quando eu era menino, meu pai decidiu construir uma quadra de basquete para meu irmão e para mim. Fez um piso de cimento, colocou uma tabela na porta da garagem e estava para colocar a cesta quando foi chamado para uma emergência. *Sem problema*, pensei. *Tenho uma bola novinha e uma pista de cimento nova para batê-la*. Por alguns minutos, bati a bola no cimento. Logo isso se tornou muito chato, então peguei a bola e arremessei-a contra a tabela... uma vez. Deixei a bola correr pela quadra e não a peguei novamente até que papai voltou para instalar o aro. Por quê? Não tinha graça jogar basquete sem uma meta. A alegria está em ter um objetivo.

Para que sua mudança de atitude seja divertida e esteja direcionada a um objetivo, precisa estabelecer uma meta visivelmente definida. Deve ser a mais específica possível, escrita ou esquematizada, com um cronograma estabelecido. O propósito deve ser colocado em um lugar visível onde possa ser visto várias vezes ao dia, para reforçá-lo.

Atingirá essa meta se, todos os dias, fizer três coisas:

1. *Escrever especificamente o que deseja realizar a cada dia.*

A história bíblica do encontro de Davi com Golias é uma bela ilustração de fé e de como é possível superar diferenças astronômicas com recursos aparentemente insuficientes. Entretanto, uma coisa deixou-me perplexo quando comecei a estudar a vida de Davi. Por que ele pegou cinco pedras para o estilingue quando partiu ao encontro de Golias? Quanto mais penso nisso, mais perplexo eu fico. Por que cinco pedras? Havia apenas um gigante. Aparentemente, levar cinco pedras era uma falha na fé de Davi. Será que achou que perderia e que teria mais quatro chances? Passado algum tempo, estava lendo 2 Samuel e tive a resposta. Golias tinha quatro filhos. Isso significa que havia cinco gigantes. Ora, é a isso que me refiro sobre ser específico em nossa fé.

Quais são os gigantes que você deve matar para que sua atitude seja o que deve ser? Quais são os recursos de que precisará? Não se deixe vencer pela frustração quando o problema aparecer. Enfrente um gigante por vez. As estratégias militares ensinam os exércitos a vencerem uma batalha por vez. Defina a atitude que deseja ter neste momento. Escreva-a. À medida que começar a vencer as batalhas, escreva-as. Passe tempo lendo sobre vitórias do passado, pois isso irá incentivá-lo.

2. *Fale para um amigo incentivador o que você deseja realizar a cada dia.*

A crença é uma convicção interior; a fé é uma ação exterior. Você terá incentivo e responsabilidade ao revelar suas intenções. Uma das maneiras de resolver um conflito é verbalizá-lo para si ou para outra pessoa. Essa prática também é vital para obter as atitudes desejadas.

Conheço vendedores bem-sucedidos que repetem esta frase em voz alta cinquenta vezes todas as manhãs e cinquenta vezes todas as noites: "Eu sou capaz de fazê-lo." Fazer declarações positivas constantemente ajuda-o a acreditar em si e leva-o a agir de acordo com essa crença. Comece mudando seu vocabulário. Seguem algumas sugestões:

Exclua este vocabulário	Adquira este vocabulário
1. Não posso	1. Posso
2. Se	2. Irei
3. Dúvida	3. Esperarei pelo melhor
4. Acho que não	4. Sei
5. Não tenho tempo	5. Arrumarei tempo
6. Talvez	6. Positivamente
7. Receio que	7. Estou confiante
8. Não acredito	8. Acredito
9. (Rebaixar) eu	9. (Promover) você
10. É impossível	10. Todas as coisas são possíveis

3. *Aja no sentido de atingir sua meta a cada dia.*

A diferença entre um sábio e um tolo é a maneira de reagir ao que já sabem. O sábio age conforme o que sabe, enquanto o tolo sabe, mas não age. Para mudar, você tem de agir. Enquanto estiver nesse processo, faça algo positivo para outra pessoa também. Nada ajuda mais a melhorar a visão de mundo de uma pessoa do que auxiliar generosamente alguém que está com uma necessidade maior do que a sua.

Escolha nº 4: deseje mudar

Nenhuma escolha determinará o sucesso de sua mudança de atitude mais do que o desejo de mudar. Quando todas as coisas falham, somente esse desejo é capaz de mantê-lo na direção certa. Visando ao progresso, muitas pessoas transpuseram obstáculos que pareciam insuperáveis, pois perceberam que a mudança é possível quando realmente desejada. Deixe-me ilustrar isso.

Certa vez, uma rã que pulava para cá e para lá acabou caindo em uma enorme fossa ao longo de uma estrada de terra. Todas as suas tentativas de sair dali foram frustradas. Não demorou muito até que um coelho encontrou a rã presa no buraco e ofereceu-se para ajudá-la. Ele também fracassou. Depois de vários animais da floresta realizarem três ou quatro tentativas corajosas para ajudar a pobre rã, acabaram desistindo.

— Voltaremos para trazer comida para você — disseram. — Parece que você vai ficar aí por um bom tempo.

Entretanto, logo depois que foram procurar comida, ouviram a rã pulando atrás deles. Não conseguiram acreditar!

— Pensamos que você não conseguiria sair! — exclamaram.

— Oh! Eu não conseguiria mesmo — replicou a rã. — Mas, vejam só, como vinha um enorme caminhão em minha direção, não tive outra escolha.

É quando "temos de sair das fossas da vida" que mudamos. Enquanto tivermos opções aceitáveis, não mudaremos. A verdade é que a maioria das pessoas fica mais à vontade com problemas antigos do que com soluções novas. Reagem a sua necessidade de fazer uma reviravolta na vida como o Duque de Cambridge, que disse certa vez: "Qualquer mudança, a qualquer momento, por qualquer razão, deve ser lamentada." Aqueles que acreditam que nada deve ser feito pela primeira vez nunca veem realização alguma.

Apaixone-se pelo desejo de mudar e veja esse desejo aumentar.

As pessoas podem mudar, e essa é a maior motivação de todas. Nada inflama mais a chama do desejo do que a inesperada percepção de que você não tem de continuar sendo a mesma pessoa. Apaixone-se pelo desafio de mudar e veja esse desejo aumentar. Foi o que aconteceu com Aleida Huissen, uma senhora de 78 anos, de Roterdã, na Holanda. Ela fumava havia cinquenta anos e, por cinquenta anos, tentou livrar-se desse hábito. Entretanto não teve sucesso. Então, Leo Jensen, de 79 anos, pediu-a em casamento e recusou-se a levar adiante os planos do casamento a menos que Aleida deixasse de fumar. Aleida afirma: "A força de vontade nunca foi suficiente para fazer-me parar com esse hábito. O amor foi."

Minha vida é dedicada a ajudar pessoas a atingirem seus potenciais. Sugiro que siga o conselho de Mark Twain: "Tire sua mente para dançar de vez em quando. Ela ficará mais leve." Era sua forma de dizer: "Saia dessa rotina." Muitas vezes, estabelecemos uma série de formas de pensamento e aceitamos limitações que não precisam ser colocadas sobre nós. Aceite a mudança, e ela irá transformá-lo.

Escolha nº 5: viva um dia de cada vez

Qualquer pessoa é capaz de vencer a batalha de cada dia. Somente quando você e eu somamos o peso das duas terríveis eternidades que são o ontem e o amanhã é que ficamos com medo. Não são as experiências de hoje que nos deixam confusos; são o remorso ou a amargura por algo que aconteceu ontem e o medo daquilo que o amanhã trará. Vivamos, então, um dia de cada vez — hoje!

Escolha nº 6: mude seus padrões de pensamento

Aquilo que prende nossa atenção determina nossas ações. A posição em que estamos e aquilo que somos resultam dos pensamentos que dominam nossa mente. Observe este silogismo. Ele enfatiza o poder dos pensamentos:

Premissa maior:	Podemos controlar os pensamentos.
Premissa menor:	Nossos sentimentos procedem dos pensamentos.
Conclusão:	Podemos controlar os sentimentos aprendendo a mudar nosso modo de pensar.

É simples. Os sentimentos procedem dos pensamentos. Portanto, podemos mudá-los mudando nossos padrões de pensamento. Os pensamentos, não as circunstâncias, determinam a felicidade. Muitas vezes, vejo pessoas convencidas de que serão felizes quando atingirem determinada meta. Ao alcançarem a meta, no entanto, muitas vezes não encontram a satisfação que esperavam. O segredo para continuar firme? Encha a mente de bons pensamentos. O apóstolo Paulo advertiu: "Tudo o que é verdadeiro, tudo o que é respeitável [...] tudo o que é de boa fama, se alguma virtude há e se algum louvor existe, seja isso o que ocupe o vosso pensamento."[2] Ele entendia que as coisas que prendem nossa atenção determinam nossa ação.

Escolha nº 7: desenvolva bons hábitos

Uma atitude nada mais é do que um hábito de pensamento. O processo para desenvolver hábitos bons ou ruins é o mesmo. É tão fácil criar o hábito de ter sucesso quanto sucumbir ao hábito do fracasso.

Hábitos não são instintos, mas ações ou reações adquiridas. Eles não acontecem simplesmente, são causados. Uma vez determinada a origem de um hábito, cabe a você aceitá-lo ou rejeitá-lo. A maioria das pessoas permite que seus hábitos as controlem. Quando são prejudiciais, eles causam um impacto negativo em suas atitudes.

Os seguintes passos irão ajudá-lo a transformar maus hábitos em bons hábitos:

Passo nº 1: Especifique seus maus hábitos.
Passo nº 2: Qual é sua origem?
Passo nº 3: Quais são as causas que o sustentam?
Passo nº 4: Defina um hábito positivo que substituirá o mau hábito.
Passo nº 5: Pense no hábito bom, nos benefícios e nos resultados.
Passo nº 6: Faça algo para desenvolver esse hábito.
Passo nº 7: Ponha diariamente esse hábito em prática a fim de reforçá-lo.
Passo nº 8: Recompense-se observando um benefício que o bom hábito produziu em sua vida.

Escolha nº 8: opte sempre por ter a atitude certa

Ao optar pela boa atitude, o trabalho apenas começou. Em seguida, vem uma vida inteira de contínua decisão de crescer e de manter a perspectiva correta. As atitudes têm a tendência de voltar a seus padrões originais, se não forem cuidadosamente vigiadas e cultivadas.

Enquanto se esforça para melhorar sua atitude ou para ajudar a de alguém a quem lidera, reconheça que há três estágios de mudanças nos quais uma pessoa deve deliberadamente escolher a atitude certa:

Estágio inicial: Os primeiros dias sempre são os mais difíceis. É difícil romper com velhos hábitos. Esteja sempre mentalmente alerta para agir da forma certa.

Estágio intermediário: Assim que os bons hábitos começarem a criar raízes, surgem opções que oferecem novos desafios. Durante esse estágio, novos hábitos, bons ou ruins, podem ser formados. A boa notícia é que, quanto maior o número de escolhas e de hábitos certos que você desenvolver, maior será a probabilidade de outros bons hábitos serem formados.

Estágio final: No estágio final, a displicência é a maior inimiga. Todos conhecemos alguém (talvez nós mesmos) que perdeu peso e voltou a cair nos velhos hábitos alimentares, engordando de novo. Fique sempre alerta até que a mudança esteja completa. Mesmo depois disso, tenha cuidado e certifique-se de que não cairá em velhos hábitos negativos.

Você é a única pessoa capaz de determinar o que pensará e como agirá. Isso significa que pode fazer sua atitude estar de acordo com o que deseja. Contudo, mesmo que tenha sucesso e se torne uma pessoa positiva, isso não o impedirá de ter experiências negativas. Como uma pessoa positiva lida com os obstáculos e continua otimista? Continue lendo este livro e encontre a resposta para essa pergunta.

Os obstáculos podem de fato melhorar uma atitude?

A MAIOR BATALHA TRAVADA CONTRA O FRACASSO OCORRE NO INTERIOR, NÃO NO EXTERIOR

Os artistas David Bayles e Ted Orland contam uma história sobre um professor de arte que experimentou um sistema de notas com dois grupos de alunos. Trata-se de uma parábola sobre os benefícios do fracasso. Veja a seguir o que aconteceu:

> O professor de cerâmica anunciou, no início do dia, que dividiria a classe em dois grupos. Todos aqueles que estavam à esquerda do estúdio receberiam uma nota exclusiva pela quantidade de trabalho que produzissem; todos os que estavam à direita receberiam uma nota pela qualidade. Seu procedimento era simples: no final da aula, traria a balança que tinha no banheiro e pesaria o trabalho do grupo da "quantidade": para 22 quilos de cerâmica, seria dada uma nota "A"; para 18 quilos, a nota seria "B", e assim por diante. Aqueles que estavam sendo avaliados pela "qualidade", no entanto, precisavam produzir apenas um pote, deveria estar perfeito para receber um "A". Enfim, chegada a hora da avaliação, um fato curioso aconteceu: as peças de maior qualidade foram produzidas pelo grupo que estava sendo avaliado pela quantidade. Parece que enquanto o grupo da "quantidade" estava ocupado na produção de inúmeros trabalhos — e aprendendo com seus erros —, o grupo da "qualidade" sentou-se para formar teorias sobre a perfeição e, no final, não teve outra coisa que justificasse seus esforços senão grandes teorias e um monte de argila sem vida.[3]

Não importa se tem objetivos na área artística, empresarial, ministerial, esportiva ou de relacionamentos. A única maneira de avançar é fracassar no início, fracassar muitas vezes e fracassar lá adiante.

Comece a jornada

Ensino sobre os princípios da liderança a milhares de pessoas todos os anos em inúmeras conferências. Uma de minhas maiores preocupações é que alguns sairão do evento e voltarão para casa sem que nada mude em suas vidas. Gostam do "espetáculo", mas não conseguem implementar nenhuma das ideias que lhes foram apresentadas. Digo constantemente que superestimamos o evento e subestimamos o processo. A concretização de um sonho ocorre por causa da dedicação ao processo. (Essa é uma das razões por que escrevo livros e produzo programas em áudio — para que as pessoas se engajem no contínuo processo de crescimento.)

Há uma natural tendência para a inércia. Por isso, aperfeiçoar-se é uma batalha constante. Entretanto, essa também é a razão por que existe adversidade na essência de todo sucesso. O processo de realização dá-se por meio de repetidos fracassos e pela constante luta para subir a um nível mais elevado.

Para realizar seus sonhos, é preciso que aceite a adversidade e encare o fracasso como parte de sua vida. Se não está fracassando, é provável que não esteja realmente avançando.

Quando o assunto é enfrentar o fracasso, a maioria das pessoas relutantemente admitirá que seja preciso passar por alguma adversidade para ter sucesso. Reconhecerão que é necessário experimentar um revés eventual para avançar, mas creio que o sucesso só chegará se for dado um passo além disso. Para realizar seus sonhos, aceite a adversidade e encare o fracasso como parte da vida. Se não está fracassando, é provável que não esteja realmente avançando.

Os benefícios da adversidade

A psicóloga doutora Joyce Brothers afirma: "A pessoa interessada no sucesso tem de aprender a encarar o fracasso como uma parte saudável e inevitável do processo que leva ao topo." A adversidade e o fracasso que muitas vezes acontecem no processo de obtenção do sucesso não só devem ser esperados, mas também precisam ser vistos como parte completamente essencial ao sucesso. Na realidade, são muitos os benefícios da adversidade. Observe algumas das principais razões para aceitar a adversidade e para perseverar em meio a ela:

1. *A adversidade gera flexibilidade*

Nada na vida produz mais flexibilidade do que a adversidade e o fracasso. Um estudo publicado na revista *Time*, em meados da década de 80, descreveu a incrível flexibilidade de um grupo de pessoas que perderam o emprego três vezes por causa do fechamento da fábrica em que trabalhavam. Os psicólogos esperavam que os desempregados ficariam desanimados, mas foram surpreendidos por muito otimismo. Sua adversidade, na verdade, gerou uma vantagem. Por terem perdido o emprego e encontrado outro pelo menos duas vezes, eram mais capazes de lidar com a adversidade do que os que haviam trabalhado em uma única empresa e se viram desempregados.[4]

2. *A adversidade desenvolve a maturidade*

A adversidade pode fazer de você uma pessoa melhor, se não permitir que ela o deixe amargurado. Por quê? Porque ela desenvolve a sabedoria e a maturidade. O romancista norte-americano William Saroyan disse: "As pessoas boas são boas porque alcançaram a sabedoria por meio do fracasso. Todo mundo sabe que ninguém fica muito mais sábio com o sucesso."

O mundo continua a mudar a uma velocidade cada vez maior, por isso a maturidade com flexibilidade é cada vez mais importante. Essas qualidades provêm das dificuldades. O professor da faculdade de comércio de Harvard diz: "Imagino um grupo de executivos, há vinte anos, discutindo a respeito de um candidato para um cargo elevado e dizendo: 'Este rapaz teve um grande fracasso aos 32 anos'. Todos diriam: 'Sim, é verdade, isso é um péssimo sinal'. Posso imaginar esse mesmo grupo cogitando um candidato hoje e dizendo: 'O que me preocupa com relação a esse rapaz é que ele nunca fracassou'."[5] Os problemas que enfrentamos e superamos preparam-nos para dificuldades futuras.

3. *A adversidade sela o desempenho aceitável*

Lloyd Ogilvie diz que um amigo seu, artista de circo na juventude, descreveu sua experiência de aprendizado para trabalhar no trapézio da seguinte forma:

> Quando sabemos que a rede lá embaixo irá nos segurar, não nos preocupamos com a queda. Realmente aprendemos a cair com sucesso! Isso significa ficar livre para concentrar-se em pegar o trapézio que vem balançando em nossa direção sem pensar na queda, pois as diversas quedas experimentadas no passado asseguram que a rede é forte e vai segurar o trapezista quando cair... O resultado que a ação de cair e de ser amparado pela rede produz é uma confiança misteriosa e uma ousadia no trapézio. Caímos menos. Cada queda faz com que sejamos capazes de arriscar mais.[6]

Até aprender, por experiência pessoal, que é possível conviver com a adversidade, a pessoa reluta em ir contra tradições sem sentido, em pressionar o desempenho organizacional ou em desafiar seus limites físicos. O fracasso ajuda quem está preparado a repensar o *status quo*.

4. *A adversidade oferece grandes oportunidades*

Creio que eliminar problemas limita nosso potencial. Quase todos os empreendedores de sucesso que conheci têm inúmeras histórias de adversidade e de contratempos que abriram portas para oportunidades maiores. Por exemplo, em 1978, Bernie Marcus, o filho de um pobre marceneiro russo em Newark, Nova Jersey, foi demitido da Handy Dan, uma empresa varejista de equipamentos do tipo "faça você mesmo". Isso levou Marcus a associar-se com Arthur Blank e iniciar seu próprio negócio. Em 1979, abriram sua primeira loja em Atlanta, Geórgia. Ela se chamava Home Depot. Hoje, a Home Depot tem mais de 760 lojas que empregam mais de 157 mil pessoas; ampliaram o negócio de modo a incluir operações internacionais; a cada ano faturam mais de 30 bilhões de dólares em vendas.

Estou certo de que Bernie Marcus não ficou muito feliz ao ser demitido de seu emprego na Handy Dan, mas, se não fosse assim, quem garante que teria alcançado o sucesso que tem hoje?

5. *A adversidade leva à inovação*

No início do século XX, um garoto, cuja família havia emigrado da Suécia para Illinois, encomendou por 25 centavos um livro sobre fotografia de uma editora. No lugar do livro sobre fotografia, recebeu por engano um sobre ventriloquia. O que ele fez? Adaptou-se e aprendeu a ser ventríloquo. Seu nome era Edgar Bergen, e por mais de quarenta anos divertiu auditórios com a ajuda de um boneco de madeira chamado Charlie McCarthy.

A capacidade de inovar está na essência da criatividade — um componente vital no sucesso. Jack Matson, professor da Universidade de Houston, reconheceu esse fato e desenvolveu um curso que os estudantes chamam de "Especialização em Fracasso". Nele, Matson faz com que os alunos desenvolvam protótipos de produtos que jamais seriam comprados. Sua meta é fazer com que comparem o fracasso com a inovação, não com a derrota. Desse modo, eles se sentem livres para experimentar coisas novas. "Os alunos aprendem a recarregar as energias e a preparar-se para recomeçar", diz Matson. Se quiser ter sucesso, tem de aprender a fazer ajustes no modo como faz as coisas e tentar novamente. A adversidade ajuda a desenvolver essa capacidade.

6. *A adversidade traz benefícios inesperados*

Em geral, quem comete um erro automaticamente pensa que se trata de um fracasso. Entretanto, algumas das maiores histórias de sucesso decorreram de benefícios inesperados acarretados por algum erro. Por exemplo, a maioria das pessoas sabe que Edison descobriu a fonografia enquanto tentava inventar algo completamente diferente. Você sabia que os Kellogg's Corn Flakes surgiram porque deixaram trigo fervido em uma assadeira de um dia para o outro? Ou que o sabonete Ivory flutua porque um lote foi deixado na batedeira por muito tempo e recebeu uma grande quantidade de ar? Ou que as Toalhas Scott surgiram porque uma máquina de papel higiênico colocou muitas camadas de tecido juntas?

Horace Walpole disse que "na ciência, os erros sempre precedem a verdade". Foi o que aconteceu com o químico alemão-suíço Christian Friedrich Schönbein. Um dia, estava trabalhando na cozinha — o que sua esposa havia proibido rigorosamente — fazendo uma experiência com ácidos sulfúrico e nítrico. Acidentalmente, deixou cair parte da mistura sobre a mesa da cozinha. Pensou que estivesse em apuros. (Sabia que experimentaria uma "adversidade" quando a esposa descobrisse!) Pegou depressa um avental de algodão, limpou a sujeira e pendurou o avental perto do fogo para secar.

> **Na ciência, os erros sempre precedem a verdade.**
> ***Horace Walpole***

De repente, houve uma violenta explosão. É óbvio que a celulose no algodão passou por um processo chamado "nitração". Sem perceber, Schönbein havia inventado a nitrocelulose, que veio a ser chamada de pólvora sem fumaça ou algodão-pólvora. Colocou sua invenção no mercado e ganhou muito dinheiro.

7. A adversidade motiva

Anós atrás, quando Bear Bryant era técnico do time de futebol americano da Universidade de Alabama, o Crimson Tide estava na liderança por apenas seis pontos em um jogo com menos de dois minutos para o final. Bryant colocou seu zagueiro no jogo com instruções para que jogasse com cautela e corresse contra o relógio.

Na confusão, o zagueiro disse: "O técnico pediu para que joguemos com cautela, mas isso é o que estão esperando. Vamos surpreendê-los." Com isso, pediu que lhe passassem a bola.

Quando o zagueiro deu um impulso e arremessou a bola, o jogador da defesa do outro time, um campeão em velocidade, interceptou a bola e foi para a área na expectativa de marcar um gol. O zagueiro, que não era conhecido como bom corredor, saiu correndo atrás do outro jogador e o derrubou, agarrando-o na linha de cinco jardas. Foi o que salvou o jogo.

Esgotado o tempo, o técnico do time adversário aproximou-se de Bear Bryant e disse:

— Quem disse que esse seu zagueiro não é um bom corredor? Ele deixou meu maior corredor para trás!

Bryant respondeu:

— Seu homem estava correndo para conseguir seis pontos. O meu estava correndo por sua vida.

Nada é mais motivador do que a adversidade. O mergulhador olímpico Pat McCormick disse: "Acho que o fracasso é um dos maiores fatores de motivação. Depois de minha pequena derrota nas provas de 1948, descobri o quanto realmente poderia ser bom. Foi a derrota que me levou a concentrar toda minha atenção em meu treinamento e minhas metas." McCormick ganhou duas medalhes de ouro nas Olimpíadas em Londres naquele ano e outras duas medalhas em Helsinki quatro anos depois.

Se conseguir manter um distanciamento das circunstâncias adversas que enfrenta na vida, será capaz de descobrir que há benefícios em suas experiências negativas. Quase sempre estão lá; só é preciso ter disposição para procurá-los, e não levar a adversidade muito para o lado pessoal.

Assim, se perder o emprego, pense na flexibilidade que desenvolverá. Se experimentar algo ousado e sobreviver, pense no que aprendeu a respeito de si e como isso irá ajudá-lo a aceitar novos desafios. Se um restaurante trouxer errado seu pedido, pense que se trata de uma oportunidade para aprender uma nova habilidade. Caso sua carreira sofra acidentes de percurso, pense na maturidade que isso desenvolverá em você. Além do mais, como diz Bill Vaughan: "No jogo da vida, é bom sofrer algumas derrotas logo no início, pois isso alivia a pressão de tentar manter uma temporada invicta." Sempre meça o obstáculo em comparação ao tamanho do sonho que busca concretizar. Tudo depende do modo como você o encara. Tente e descobrirá o que há de bom em todas as experiências ruins.

O QUE PODERIA SER PIOR?

Uma das mais incríveis narrativas em que a adversidade foi superada e o sucesso conquistado é a de José, do antigo povo hebreu. Talvez conheça a história. Era o décimo primeiro dos 12 filhos de uma família abastada do Oriente Médio, cuja ocupação era criar animais. Quando adolescente, José afastou-se dos irmãos: primeiro, por ser o favorito do pai, mesmo sendo praticamente o caçula. Segundo, tinha o hábito de contar ao pai todas as vezes que os irmãos não cuidavam adequadamente das ovelhas. Terceiro, ele cometeu o erro de contar aos irmãos mais velhos que um dia os governaria. A princípio, alguns de seus irmãos quiseram matá-lo, mas o mais velho, Rúben, impediu-os. Assim, em um momento em que Rúben não estava por perto, os outros venderam José como escravo.

O moço foi parar no Egito trabalhando na casa do capitão da guarda, um homem chamado Potifar. Por causa de sua habilidade de liderar e de administrar, José logo foi promovido. Não demorou muito, já estava administrando toda a casa. José estava tirando o melhor proveito de uma situação ruim. Entretanto, as coisas pioraram. A esposa de seu senhor tentou convencê-lo a deitar-se com ela. Quando ele recusou, a mulher o acusou de tentativa de abuso e fez Potifar lançá-lo na prisão.

DA ESCRAVIDÃO PARA A PRISÃO

Naquele momento, José ficou em uma situação bastante complicada. Longe da família, vivendo em uma terra estranha, distante de casa. Era escravo e estava na prisão. Porém, novamente tirou o melhor proveito de uma situação difícil. Não demorou muito, o carcereiro encarregou José de todos os presos e de todas as atividades diárias da prisão.

Enquanto estava na prisão, José teve a chance de conhecer um preso que havia sido oficial na corte de Faraó, o copeiro. José pôde fazer-lhe um favor interpretando um sonho que o homem tivera. Ao perceber que o oficial estava agradecido, José fez-lhe um pedido em troca:

> Porém lembra-te de mim, disse José, quando tudo te correr bem; e rogo-te que sejas bondoso para comigo, e faças menção de mim a Faraó, e me faças sair desta casa; porque, de fato, fui roubado da terra dos hebreus; e, aqui, nada fiz, para que me pusessem nesta masmorra.[7]

José teve muita esperança, alguns dias mais tarde, quando o oficial saiu da prisão, retornou à casa de Faraó e caiu novamente nas graças do monarca. Esperava a qualquer momento receber a notícia de que Faraó havia mandado que o libertassem. Mas ele esperou... esperou... Dois anos se passaram antes que o copeiro se lembrasse de José, e isso só aconteceu porque Faraó precisou de alguém para interpretar um de seus sonhos.

Finalmente... a compensação

No final, José foi capaz de interpretar os sonhos de Faraó. Uma vez que o hebreu mostrou tamanha sabedoria, o governador egípcio o colocou como responsável por todo o reino. Devido à liderança, ao planejamento e à estocagem de alimentos desenvolvidos por José, quando a fome atingiu o Oriente Médio, sete anos depois, muitas milhares de pessoas que, do contrário teriam morrido, conseguiram sobreviver, inclusive a própria família de José. Quando seus irmãos viajaram para o Egito a fim de fugir da fome — vinte anos depois de terem vendido José como escravo —, descobriram que o irmão não apenas estava vivo, mas também era o segundo maior no reino mais poderoso do mundo.

Poucas pessoas aceitam a adversidade de uma escravidão de 13 anos e de uma prisão. Contudo, até onde sabemos, José nunca deixou de ter esperança e nunca perdeu sua perspectiva. Nem guardou rancor algum contra seus irmãos. Após a morte do pai, ele lhes disse: "Vocês intentaram o mal contra mim, porém Deus o tornou em bem, para que hoje fosse preservada a vida de muitos."

José descobriu os benefícios que havia em suas experiências negativas. Se ele foi capaz de fazê-lo, nós também somos. Para fazer isso, é preciso dar o próximo passo no que diz respeito à atitude: ser capaz de lidar com o fracasso de forma positiva.

Capítulo 9

O futuro com a atitude certa

O que é fracasso?

Toda pessoa bem-sucedida é alguém que fracassou, contudo nunca se considerou um fracassado

Em uma entrevista anos atrás, David Brinkley perguntou à colunista da seção de conselhos, Ann Landers, qual era a pergunta que recebia dos leitores com maior frequência. Sua resposta foi: "O que há de errado comigo?"

A resposta de Landers revela muita coisa sobre a natureza humana. Muitos lutam contra sentimentos, de fracasso, sendo que os mais perigosos são os pensamentos de dúvida com relação a si. Na essência dessas dúvidas e sentimentos está uma pergunta central: será que sou um fracasso? Isso é um problema, porque creio ser praticamente impossível a qualquer pessoa acreditar que é um fracasso e ter sucesso ao mesmo tempo. Em vez disso, é preciso enfrentar o fracasso com a atitude certa e saber que terá fracassos pela frente.

Parece que esses colunistas que dão conselhos (como a falecida Ann Landers) e humoristas reconhecem que manter uma boa atitude com relação a si é importante para superar adversidades e erros. A falecida Erma

Bombeck, que escrevia semanalmente uma coluna de humor muito famosa, até poucas semanas antes de sua morte, em 1996, tinha uma sólida compreensão sobre o que significava perseverar e fracassar seguindo em frente, sem levar o fracasso muito para o lado pessoal.

DE MENINA DE RECADOS A CAPA DA REVISTA TIME

Erma Bombeck percorreu uma estrada cheia de adversidades, começando por sua carreira. Interessou-se pelo jornalismo na infância. Seu primeiro trabalho foi como menina de recados no *Dayton Journal - Herald*, ainda adolescente. Quando foi estudar na Universidade de Ohio, uma orientadora advertiu-a: "Esqueça esse negócio de escrever." Ela se recusou a aceitar isso. Mais tarde, transferiu-se para a Universidade de Dayton e, em 1949, formou-se em Língua Inglesa. Logo depois, começou a trabalhar como escritora... na coluna de óbitos e em páginas de assuntos femininos.

Naquele ano, uma adversidade abateu-se sobre sua vida pessoal. Quando se casou, um de seus maiores desejos era ser mãe. Mas, para sua profunda tristeza, os médicos disseram que não podia ter filhos. Será que, com isso, desistiu e considerou-se um fracasso? Não, ela e o marido estudaram a possibilidade da adoção e, assim, adotaram uma menina.

Dois anos mais tarde, Erma, surpresa, ficou grávida. A gravidez trouxe-lhe novas dificuldades. Em quatro anos, ficou grávida quatro vezes, mas apenas duas crianças sobreviveram.

Em 1964, Erma conseguiu convencer o editor de um pequeno jornal na vizinhança, o *Kettering-Oakwood Times*, a deixá-la escrever uma coluna de humor semanal. A despeito dos míseros três dólares que recebia por artigo, continuou a escrever. Isso abriu-lhe uma porta. No ano seguinte, foi-lhe oferecida a oportunidade de escrever uma coluna três vezes por semana para seu antigo patrão, do *Dayton Journal-Herald*. Por volta de 1967, sua coluna já havia sido divulgada e incluída em mais de novecentos jornais.

Por pouco mais de trinta anos, Erma escreveu sua coluna de humor. Durante esse tempo, publicou 15 livros, foi reconhecida como uma das 25 mulheres de maior influência nos Estados Unidos, apareceu frequentemente no programa de televisão *Good Morning America*, foi destaque na capa da revista *Time*, recebeu inúmeras honras (como A Medalha de Honra da Sociedade Norte-Americana do Câncer) e foi premiada com 15 títulos honorários.

MAIS DO QUE SUA PARCELA DE PROBLEMAS

Entretanto, durante esse espaço de tempo, Erma Bombeck também experimentou sérias dificuldades e provações, dentre elas um câncer de mama, uma mastectomia e uma deficiência em um rim. Ela não tinha vergonha de compartilhar seus pontos de vista a respeito de sua experiência de vida:

> Falo em cerimônias de formatura e digo a todos que estou lá em cima da plataforma e eles lá embaixo não por causa de meus sucessos, mas por causa de meus fracassos. Então, prossigo citando todos eles: um álbum campeão de comédia, que vendeu dois exemplares em Beirute... um seriado cômico de televisão que durou quase o mesmo tempo que uma rosquinha doce lá em casa... uma peça da Broadway que nunca viu a Broadway... sessões de autógrafo de livros para as quais atraí duas pessoas: uma que queria saber onde ficava o toalete e a outra que queria comprar a escrivaninha.
>
> O que é preciso dizer a respeito de si é: "Não sou um fracasso, apenas não consegui realizar uma coisa." Há uma grande diferença aqui... Pessoal e profissionalmente, percorri uma estrada cheia de espinhos. Perdi bebês, meus pais faleceram, tive câncer e preocupei-me com meus filhos. O segredo é colocar tudo em perspectiva... e é isso o que faço para sobreviver.[1]

Essa atitude vitoriosa foi o que manteve Erma Bombeck viva (ela gostava de referir-se a si como "mãe sempre presente e escritora da coluna de óbitos"). Foi também o que a fez prosseguir, e escrever em meio às frustrações, à dor, às cirurgias e à hemodiálise até sua morte aos 69 anos.

TODO GÊNIO PODE TER SIDO UM FRACASSO

Toda pessoa bem-sucedida é alguém que fracassou, contudo nunca se considerou um fracassado. Por exemplo, Wolfgang Mozart, um dos gênios da composição musical, ouviu do imperador Ferdinand que sua ópera *O Casamento de Fígaro* era "muito barulhenta" e tinha "muitas notas".

O artista Vincent van Gogh, cujas pinturas agora batem recordes pelas somas milionárias que arrecadam em leilões, vendeu uma única pintura enquanto era vivo. Thomas Edison, o inventor mais engenhoso da história, foi considerado alguém incapaz de aprender quando jovem. Albert Einstein, o maior pensador de nosso tempo, ouviu de um professor que ele "jamais seria grande coisa".

Acredito que não há problema algum em dizer que todos os grandes empreendedores têm várias razões para acreditar que são um fracasso, mas, a despeito disso, continuam positivos e perseverantes. Diante da adversidade, da rejeição e dos defeitos, continuam a acreditar em si e negam a ideia de se considerarem como perdedores. Optaram por desenvolver a atitude certa em relação ao fracasso.

FRACASSAR LÁ NA FRENTE NÃO É UMA FALSA AUTOESTIMA

Elogiar, principalmente as crianças, é algo que valorizo muito. Na realidade, creio que as pessoas correspondem a seu nível de expectativa. Entretanto, também acredito que os elogios devem ser baseados na verdade. Não é preciso ficar inventando coisas boas a respeito de ninguém. Uso a seguinte abordagem para incentivar e liderar os outros:

Valorizar pessoas.
Elogiar esforços.
Recompensar o desempenho.

Uso esse método com todos. Até comigo mesmo. Quando estou trabalhando, não me recompenso enquanto o trabalho não estiver concluído. Quando discuto uma tarefa ou projeto, dou o melhor de mim e, independentemente de quais sejam os resultados, minha consciência está limpa. Não tenho problemas para dormir à noite. Apesar das coisas em que fracasso ou de quantos erros cometo, não permito que isso subestime meu valor como pessoa. Como se costuma dizer: "Deus usa pessoas que fracassam, pois não há nenhum outro tipo por perto."

É possível cultivar uma atitude positiva com relação a si, independente das circunstâncias nas quais se encontra ou de sua história de vida.

Sete habilidades necessárias para prosseguir após fracassar

Seguem sete habilidades úteis para empreendedores que ao fracassarem não se permitem levar o fracasso para o lado pessoal e continuam avançando:

1. *Rejeite a rejeição*

O autor James Allen afirma: "Um homem é literalmente o que pensa, sendo seu caráter a soma total de seus pensamentos." Essa é a razão por que é importante observar se seu pensamento está indo na direção certa.

Gente que não desiste continua a tentar porque não baseia seu valor próprio em seu desempenho. Pelo contrário, sua autoimagem está baseada em seu interior. Em vez de dizer: "Sou um fracasso", diz: "Não percebi isso" ou "Cometi um erro".

O psicólogo Martin E. Seligman acredita que temos duas escolhas quando fracassamos: interiorizar ou exteriorizar nosso fracasso. "As pessoas que se culpam quando fracassam [...] pensam que são inúteis, que não têm talento e que não merecem amor", diz Seligman. "As pessoas que culpam eventos externos não perdem a autoestima quando atingidas por adversidades."[2] Para manter a perspectiva certa, assuma a responsabilidade por suas ações, mas não aceite o fracasso como algo pessoal.

2. *Encare o fracasso como temporário*

Quem personifica o fracasso vê cada problema como um buraco no qual está permanentemente preso. Entretanto, os empreendedores encaram qualquer situação difícil como algo temporário. Por exemplo, considere o caso de um dos presidentes dos Estados Unidos, Harry S. Truman. Em 1922, tinha 38 anos, estava endividado e desempregado. Em 1945, era o líder mais poderoso do mundo livre, ocupando o cargo mais alto do país. Se tivesse encarado o fracasso como algo permanente, teria ficado abatido e jamais continuaria tentando, acreditando em seu potencial.

3. *Encare os fracassos como incidentes isolados*

O autor Leo Buscaglia certa vez comentou sobre sua admiração pela especialista em culinária Julia Child: "Simplesmente adoro a atitude dela. Ela diz: 'Hoje à noite faremos um suflê!' Bate um ingrediente aqui, mistura outro ali, derruba coisas no chão... enfim, faz tudo isso que os seres humanos costumam fazer. Em seguida, pega o suflê, coloca-o no forno e conversa com você por alguns minutos. Finalmente, diz: 'Está pronto!'. Mas, quando abre o forno, o suflê murcha como uma panqueca... Será que ela entra em pânico ou se debulha em lágrimas? Não! Ela sorri e diz: 'Bem, não dá para acertar todas. Bom apetite!'."

Quando fracassam, os empreendedores encaram isso como um evento momentâneo, não como uma síndrome para o resto da vida. Não é pessoal. Se quiser ter sucesso, não permita que um único incidente distorça a visão que tem de si.

4. *Mantenha as expectativas realistas*

Quanto maior o feito que deseja realizar, maior é a preparação mental exigida para superar obstáculos e perseverar ao longo do caminho. Se quiser dar uma volta no quarteirão, é possível que enfrente — se é que existirão — alguns problemas. No entanto, se pretende escalar o monte Everest, a coisa é mais complexa.

É preciso tempo, esforço e habilidade para superar contratempos. Tem de viver cada dia com expectativas aceitáveis e não ficar magoado quando as coisas não saem perfeitas.

Um acontecimento que se deu no dia de abertura dos jogos de beisebol, em 1954, ilustra muito bem a questão. O Milwaukee Braves jogaria contra o Cincinnati Reds, e um calouro de cada time fez sua estreia na liga principal durante essa partida. O calouro que jogava para o Reds bateu quatro dobradas e ajudou seu time a vencer com um placar de 9 a 8. O calouro do Braves não fez nenhum ponto em cinco tentativas. O jogador do Reds era Jim Greengrass, um nome que você provavelmente nunca ouviu. O outro rapaz, que não acertou uma única tacada, talvez lhe seja mais familiar... Seu nome era Hank Aaron, o jogador que se tornou o melhor batedor na história do beisebol.

Se as expectativas de Aaron para aquele primeiro jogo fossem irrealistas, quem sabe o que teria acontecido? Talvez tivesse desistido do beisebol. É lógico que ele não ficou satisfeito com seu desempenho naquele dia, mas não se considerou um fracasso. Treinou muito durante bom tempo. Não desistiu facilmente.

5. *Concentre-se nos pontos fortes*

Outro método que os empreendedores usam para não tornar o fracasso pessoal é concentrar-se em seus pontos fortes. Perguntaram a Bob Butera, ex-presidente da equipe de hóquei New Jersey Devils, quais eram as qualidades de um vencedor, e ele respondeu: "O que distingue vencedores de perdedores é que um vencedor sempre se concentra no que é capaz de fazer, não no que não é. Se um rapaz é ótimo atirador, mas não é um grande patinador, diremos a ele que pense apenas no tiro, no tiro, no tiro, nunca em outro rapaz que o supera no patins. A ideia é reforçar seus sucessos."

Se a fraqueza é uma questão de caráter, ela requer muita atenção. Concentre-se nela até conseguir superá-la. Do contrário, o melhor a ser feito para seguir adiante ao fracassar é desenvolver e maximizar seus pontos fortes.

6. *Varie as abordagens de acordo com o empreendimento*

Em *The psychology of achievement* [A psicologia do progresso], Brian Tracy fala sobre quatro milionários que fizeram fortuna por volta dos 35 anos de idade. Eles se envolveram em 17 empresas, em média, antes de encontrar aquela que os levou ao topo. Todos continuaram tentando e fazendo mudanças até descobrirem algo que deu certo para eles.

Os empreendedores têm disposição para variar suas abordagens de acordo com os problemas. Isso é importante em todos os aspectos da vida, não apenas nos negócios. Por exemplo, se é fã de provas de atletismo, sem dúvida gosta de ver competições de salto em altura. Sempre fico surpreso com a altura alcançada por homens e mulheres nessa prova. O que realmente é interessante é que, na década de 60, o esporte passou por uma grande mudança na técnica que permitiu aos atletas baterem recordes antigos e os empurrou para novos níveis.

A pessoa responsável por essa mudança foi Dick Fosbury. Os antigos atletas usavam o método *straddle* para salto em altura, no qual passavam sobre a barra enquanto estavam de frente para ela, usando um braço e uma perna de apoio. Fosbury desenvolveu uma técnica em que ele passava sobre a barra de cabeça para baixo e de costas para ela. O método foi chamado de Fosbury Flop.

Desenvolver uma nova técnica no salto em altura era uma coisa, mas torná-lo aceito por outros foi outra história. Fosbury observou: "Disseram-me várias vezes que eu jamais teria sucesso, que não seria competitivo e que a técnica simplesmente não funcionaria. Tudo o que eu podia fazer era balançar os ombros e dizer: 'Só nos resta ver no que vai dar'."

As pessoas viram. Fosbury conquistou uma medalha de ouro nas Olimpíadas na Cidade do México em 1968, quebrando recordes olímpicos anteriores e estabelecendo um novo recorde mundial no processo. Desde então, quase todos os melhores atletas no salto em altura passaram a usar a técnica de Fosbury. Para atingir suas metas, Fosbury variou sua abordagem para o salto em altura e manteve uma atitude positiva, não permitindo que comentários de outras pessoas fizessem-no sentir-se um fracassado.

7. Volte ao ponto de partida

Todos os empreendedores têm em comum a capacidade de recomeçar após um erro, engano ou fracasso. A psicóloga Simone Caruthers afirma: "A vida é uma série de resultados. Algumas vezes, o resultado é aquele que você deseja. Ótimo. Pense no que fez de certo. Outras vezes, o resultado é o que você não deseja. Ótimo. Pense no que fez de errado para não tornar a repeti-lo."[3] A chave para voltar ao ponto de partida está em sua atitude em relação ao resultado.

Um empreendedor é capaz de continuar avançando independentemente do que aconteça. Isso é possível porque ele se lembra de que o fracasso não faz *dele* um fracassado. Ninguém deve levar os erros para o lado pessoal. Essa é a melhor forma de recuperar-se e de continuar com uma atitude positiva. Feito isso, estará pronto para o sucesso, que, por coincidência, é o nosso próximo tema.

O que é sucesso?

A ATITUDE DETERMINA ATÉ ONDE VOCÊ PODE IR NA JORNADA DO SUCESSO

Você deseja ter sucesso? O problema da maioria das pessoas que quer ter sucesso *não* é que não seja capaz de alcançá-lo. Seu principal obstáculo é interpretar mal o sucesso. Não tem a *atitude* certa. Maltbie D. Babcock disse: "Um dos erros mais comuns e mais graves é pensar que o sucesso se deve a alguma genialidade, a alguma mágica ou a alguma outra coisa que não possuímos."

O que é sucesso? Como ele é? A maioria das pessoas tem uma vaga ideia do que significa ser uma pessoa bem-sucedida, coisas como:

A fortuna de Bill Gates,
o físico de Arnold Schwarzenegger (ou Tyra Banks),
a inteligência de Albert Einstein,
a habilidade atlética de Michael Jordan,
a maestria empresarial de Donald Trump,
o carisma e o equilíbrio de Jackie Kennedy,
a imaginação de Walt Disney e
o coração de Madre Teresa.

Isso parece absurdo, porém está mais próximo da verdade do que gostaríamos de admitir. Muitos de nós descrevem o sucesso como sendo parecido com alguém que não seja quem nós somos. Essa é a forma errada de pensar no sucesso. Se tentasse ser uma dessas pessoas, você não teria sucesso. Seria apenas uma péssima imitação delas e eliminaria a possibilidade de tornar-se a pessoa que deveria ser.

A atitude errada com relação ao sucesso

Mesmo que não caia na cilada de pensar que ter sucesso significa parecer com alguém, ainda pode ter uma atitude errada com relação a ele. Muitos erradamente o definem como algum tipo de realização, como a chegada a um destino ou como o alcance de alguma meta. Aqui estão algumas das concepções erradas mais comuns sobre sucesso:

Riqueza

Provavelmente o equívoco mais comum sobre o sucesso é o de que ele equivale a ter dinheiro. Muitas pessoas acreditam que, se acumularem bens, terão sucesso. Entretanto, a riqueza não acaba com os problemas atuais e apresenta muitos outros diferentes. Se não acredita nisso, observe a vida dos que ganham na loteria. A riqueza não traz satisfação nem sucesso.

Um sentimento especial

Outro equívoco comum é pensar que as pessoas alcançam sucesso quando se sentem bem-sucedidas ou felizes. No entanto, tentar *sentir-se* bem-sucedido é provavelmente ainda mais difícil do que tentar ficar rico. A contínua busca pela felicidade é uma das principais razões pelas quais tantas pessoas são infelizes. Se você fez da felicidade sua meta, é quase certo que está destinado ao fracasso. Você estará em uma contínua montanha-russa, passando do sucesso para o insucesso a cada mudança de lua. A vida é incerta, e as emoções são instáveis. Simplesmente não se pode contar com a felicidade como medida para o sucesso.

Bens específicos e que valem a pena

Pense no tempo em que era criança. É provável que em algum momento tenha desejado tanto alguma coisa que acreditou que, se a tivesse, ela faria grande diferença em sua vida. Quando eu tinha 9 anos de idade, meu maior desejo era ter uma bicicleta Schwinn prata e vinho, que ganhei no Natal. No entanto, logo descobri que ela não trouxe o sucesso nem o contentamento, a longo prazo, que eu esperava ou pensava que traria.

Esse processo tornou a acontecer em minha vida. Descobri que o sucesso não veio quando comecei a treinar no time principal de basquete da escola, quando fui o presidente do diretório acadêmico ou quando comprei minha primeira casa. O sucesso nunca veio como o resultado de ter algo que desejei. Os bens são, na melhor das hipóteses, um quebra-galho temporário. O sucesso não pode ser alcançado nem medido dessa forma.

Poder

Charles McElroy certa vez brincou: "O poder normalmente é reconhecido como um maravilhoso antidepressivo de curto prazo." Essa afirmação encerra uma grande verdade, porque o poder muitas vezes dá a aparência de sucesso, mas é temporário. Provavelmente, você já ouviu a seguinte citação do historiador inglês Lord Acton: "O poder tem a tendência de corromper, e o poder absoluto corrompe por completo." Abraham Lincoln repetiu esse ponto de vista ao dizer: "Quase todos os homens podem suportar a adversidade, mas se quiser testar o caráter de um homem, dê-lhe poder." O poder realmente é um teste de caráter. Nas mãos de uma pessoa íntegra, traz enormes benefícios; nas mãos de um tirano, causa terrível destruição. Por si só, o poder não é positivo nem negativo. Não é a fonte de segurança nem de sucesso. Além disso, todos os ditadores, mesmo os generosos, no final, perdem o poder.

Realização

Muitas pessoas têm o que chamo de "doença do destino". Elas acreditam que, se puderem chegar a algum lugar — alcançar uma posição, atingir uma meta ou relacionar-se com a pessoa certa —, terão sucesso. Antes eu tinha a mesma opinião sobre o sucesso. O definia como a concretização progressiva de uma meta predeterminada que valia a pena. Entretanto, ao longo do tempo, percebi que essa definição estava longe da realidade. O sucesso não é uma lista de metas que vamos eliminando ao cumpri-las. Não é chegar a um destino. O sucesso é uma jornada.

A atitude certa sobre o sucesso

Se o sucesso é uma jornada, por onde começar? O que é necessário para ter sucesso? Duas coisas: a atitude certa em relação ao sucesso e os princípios certos para alcançá-lo. Uma vez redefinido o sucesso como uma jornada, será capaz de manter a atitude certa em relação a ele. Em seguida, estará pronto para iniciar o processo. Os resultados serão tão singulares quanto cada indivíduo, mas o processo é o mesmo para todos. Aqui está minha definição de sucesso:

> Sucesso é...
> Conhecer seu propósito na vida,
> Crescer para atingir seu potencial máximo e
> Plantar sementes que beneficiem os outros.

Ao encarar o sucesso dessa forma, você será capaz de perceber por que ele deve ser visto como uma jornada, não como um destino. Independente de sua idade ou do que decidir fazer na vida, desde que adote a atitude certa com relação ao sucesso, jamais esgotará sua capacidade de ampliar seu potencial nem deixará de ter oportunidades para ajudar a outros. Quando olhar para o sucesso como uma jornada, nunca terá o problema de tentar "chegar" a um destino final ilusório nem se verá na posição de ter alcançado alguma meta só para descobrir que ainda está insatisfeito e à procura de outra coisa para fazer.

Para compreender melhor esses aspectos do sucesso, observaremos cada um deles a seguir.

Conhecendo seu propósito

Nada substitui a noção de propósito. O milionário industrial Henry J. Kaiser, fundador da Kaiser Aluminum e do sistema de saúde Kaiser Permanente, disse: "É surpreendente a evidência de que ninguém começa a dar o melhor de si a menos que estabeleça algum objetivo na vida." Colocando a questão de outra forma, se não tentar efetivamente descobrir seu objetivo, é provável que passe a vida toda fazendo as coisas erradas.

Creio que Deus criou todo ser humano com um propósito. De acordo com o psicólogo Viktor Frankl, "todos têm uma vocação ou missão específica na vida. Todos devem cumprir uma tarefa concreta que precisa ser realizada. Nesse sentido, ninguém pode ser substituído, nem sua vida ser revivida. Consequentemente, a tarefa de todos é tão exclusiva quanto sua oportunidade específica de implementá-la". Cada um de nós tem um objetivo para o qual fomos criados. Nossa responsabilidade — e nossa maior alegria — é identificá-lo.

Aqui estão algumas perguntas que você deve fazer-se e que irão ajudá-lo a identificar seu objetivo:

O que estou buscando? Todos nós temos um forte desejo no fundo do coração, algo que fala a nossos pensamentos e sentimentos mais profundos, algo que inflama nossa alma. Você só precisa encontrá-lo. *Por que fui criado?* Cada um de nós é diferente. Pense no inigualável conjunto de habilidades que possui, nos recursos a sua disposição, em sua história pessoal e nas oportunidades a sua volta. Se objetivamente identificar esses fatores e descobrir o desejo de seu coração, terá dado um grande passo no sentido de descobrir seu objetivo na vida.

Acredito em meu potencial? Se não acreditar que tem potencial, jamais tentará alcançá-lo. Deve aceitar o conselho do presidente Theodore Roosevelt, que disse: "Faça o que pode, com o que tem, onde estiver." Se fizer isso com os olhos fixos no objetivo de sua vida, o que mais se pode esperar de você?

Quando começar? A resposta para essa pergunta é: Agora.

Alcançando seu potencial

O romancista H. G. Wells afirmou que riqueza, notoriedade, *status* e poder não medem sucesso algum. A única medida para o sucesso é a razão entre o que poderíamos ter sido e aquilo em que nos tornamos. Em outras palavras, o sucesso vem como resultado de termos alcançado nosso potencial.

Temos um potencial quase ilimitado, contudo poucos tentam alcançá-lo. Por quê? A resposta está na seguinte afirmação: podemos fazer *qualquer coisa*, mas não podemos fazer *tudo*. Muita gente permite que todos a sua volta decidam os planos para sua vida. Consequentemente, nunca se dedicam, de fato, a *seu* objetivo na vida. Tornam-se pau para toda obra, mestres em coisa nenhuma, em vez de fazer poucas coisas e de se concentrarem em uma só delas.

Se isso descreve sua situação mais do que gostaria, é provável que esteja pronto a dar passos no sentido de fazer uma mudança. Aqui estão quatro princípios para colocá-lo na estrada que o levará a atingir seu potencial:

1. *Concentre-se em um único objetivo principal*

Ninguém atingiu seu potencial dispersando-se para vinte direções. Para atingir seu potencial é preciso concentrar-se.

2. *Concentre-se em melhorar constantemente*

Perguntaram certa vez a David D. Glass, presidente do comitê executivo da diretoria do Wal-Mart, quem ele mais admirava. Sua resposta foi o fundador do Wal-Mart, Sam Walton. Ele observou: "Nunca houve um dia na vida dele, desde que o conheci, em que não tenha melhorado de alguma forma." Comprometer-se a melhorar constantemente é a chave para atingir o potencial e ser bem-sucedido.

3. *Esqueça o passado*

Meu amigo Jack Hayford, pastor da igreja *On the Way* em Van Nuys, Califórnia, comentou: "O passado é um assunto morto. Não conseguiremos ganhar força para avançar rumo ao futuro se estivermos arrastando o passado atrás de nós."

Se precisar de inspiração, pense em outras pessoas que superaram obstáculos aparentemente intransponíveis, como Booker T. Washington, Helen Keller e Franklin Delano Roosevelt. Cada um deles venceu incríveis dificuldades para realizar grandes coisas. Lembre-se de que, independentemente do que enfrentou no passado, você tem *potencial* para superá-lo.

4. *Concentre-se no futuro*

Yoki Berra, que está entre os melhores do beisebol, declarou: "O futuro não é o que costumava ser." Embora isso possa ser uma verdade, ainda é o único lugar para o qual temos de ir. Seu potencial está diante de você — quer tenha 8 anos, 18 anos, 48 anos ou 80 anos. Ainda há tempo para melhorar. Amanhã pode ser melhor do que hoje. Como diz o provérbio espanhol: "Aquele que não olha para frente fica para trás."

Plantando sementes que beneficiam outros

Quando você conhece seu objetivo na vida e está crescendo no sentido de atingir seu potencial máximo, segue confortavelmente o caminho rumo ao sucesso. Entretanto, há uma parte muito essencial na estrada do sucesso: ajudar os outros. Sem esse aspecto, a caminhada acaba sendo uma experiência solitária e superficial.

Já foi dito que ganhamos a vida pelo que recebemos, mas fazemos a vida pelo que damos. O médico, teólogo e filósofo Albert Schweitzer afirmou essa verdade de modo mais intenso: "O objetivo da vida humana é servir, mostrando compaixão e vontade de ajudar." Para ele, a jornada do sucesso levou-o à África, onde auxiliou as pessoas por muitos anos.

Para você, plantar sementes que beneficiem a outros provavelmente não será viajar para outro país e ajudar os pobres, a menos que esse seja o objetivo para o qual nasceu e que deve cumprir. (Caso seja isso, não ficará satisfeito até que se torne uma realidade em sua vida.) No entanto, se for como a maioria das pessoas, pode ajudar sem sair de seu país, passando tempo com sua família, ajudando um funcionário que demonstre ter potencial a ser desenvolvido, servindo em sua comunidade ou protelando algo que deseja para si em detrimento de sua equipe no trabalho. A chave é descobrir qual é seu objetivo e ajudar os outros ao mesmo tempo que procura cumpri-lo. O artista Danny Thomas insistia em que "todos nascemos por uma razão, mas nenhum de nós sabe o porquê. O sucesso na vida nada tem a ver com o que você ganha na vida ou com o que realiza para si, mas sim com o que você faz pelos outros".

Ter a visão correta do sucesso vai ajudá-lo a manter uma atitude positiva sobre si e sobre a vida, independentemente de quais sejam as circunstâncias nas quais se encontra. Se puder ajudar aqueles aos quais lidera a adotar essa mesma visão do sucesso, será capaz de ajudá-los a terem sempre esperança e sucesso. Por quê? Porque todas as pessoas, independente de talento, educação ou criação, são capazes de saber qual é seu objetivo, de alcançar seu potencial máximo e de plantar sementes que beneficiem outros. Ajudar é o verdadeiro significado de ser líder.

> **Ganhamos a vida pelo que recebemos, mas fazemos a vida pelo que damos.**

Há outra verdade que você precisa conhecer se quiser ser um líder bem-sucedido na área das atitudes. Irá descobri-la nas próximas páginas.

Como um líder permanece crescendo?

Os líderes têm de abrir mão de coisas para crescerem

Muitos desejam crescer na vida empresarial porque acreditam que a liberdade e o poder são as recompensas à espera no final dessa escalada. O que não percebem é que a verdadeira natureza da liderança é o sacrifício.

A maioria das pessoas reconhecerá que sacrifícios são necessários logo no início de uma carreira de liderança. Abrimos mão de muitas coisas para ganharmos oportunidades em potencial. Por exemplo, Tom Murphy começou a trabalhar na General Motors em 1937. Entretanto, quase recusou a primeira posição que lhe foi oferecida pela empresa porque o salário de cem dólares mal cobria suas despesas. A despeito de seus receios, aceitou o emprego, achando que a oportunidade valia o sacrifício. Estava certo. Murphy, no final, tornou-se o presidente da diretoria da General Motors.

O sacrifício é uma constante na liderança. É um processo contínuo, não um castigo do passado. É uma atitude que todo líder de sucesso deve manter. Quando revejo minha carreira, reconheço que sempre houve um preço a ser pago, à medida que eu avançava. Isso aconteceu comigo na questão das finanças em toda mudança de profissão que fiz desde que tinha 22 anos. Toda vez que você tiver certeza de que o passo que vai dar é o certo, não hesite em fazer algum sacrifício.

É PRECISO ABRIR MÃO DE ALGUMAS COISAS PARA CRESCER E PROSSEGUIR

Os líderes que desejam crescer têm de fazer algo mais do que um simples corte no salário. Têm de abrir mão de seus direitos. Como meu amigo Gerald Brooks diz: "Ao tornar-se um líder, a pessoa perde o direito de pensar em si." Para cada um, a natureza do sacrifício será diferente. Os líderes abrem mão de algumas coisas para poderem crescer. Isso acontece com todo líder, independente da profissão. Converse com qualquer líder e descobrirá que fez diversos sacrifícios. Normalmente, quanto mais alto chegou, maiores foram os sacrifícios que fez.

QUANTO MAIS ALTO VOCÊ CHEGAR, MAIOR SERÁ O NÚMERO DE COISAS DAS QUAIS TERÁ DE ABRIR MÃO

Quem é o líder mais poderoso do mundo? Eu diria que é o presidente dos Estados Unidos. Mais do que qualquer um, suas ações e palavras causam impacto sobre as pessoas, não apenas de nosso país, mas de todas as partes do mundo. Pense no que ele teve de renunciar para chegar ao cargo de presidente e, depois, para continuar nesse cargo. Seu tempo não é mais seu. É constantemente examinado. Sua família está sob terrível pressão. E como é de se esperar, deve tomar decisões que podem custar a vida de milhares de pessoas. Mesmo depois de deixar o cargo, passará o resto da vida na companhia dos agentes do Serviço Secreto, que irão protegê-lo de algum dano físico.

Quanto maior o líder, maior a necessidade de abrir mão. Pense em alguém como Martin Luther King, Jr. Sua esposa, Coretta Scott King, observou em *My life with Martin Luther King, Jr* [Minha vida com Martin Luther King Jr.]:

> Nosso telefone tocava dia e noite, e alguém sempre despejava uma torrente de palavras obscenas (...). Muitas vezes, as ligações acabavam com uma ameaça de morte se não deixássemos a cidade. Mas, a despeito de todo o perigo, do caos de nossa vida privada, eu me sentia inspirada, quase orgulhosa.

Enquanto trilhava o caminho da liderança durante o movimento de direitos civis, King foi detido e preso em diversas ocasiões. Foi apedrejado, apunhalado e fisicamente agredido. Bombas foram lançadas contra sua casa. Contudo, sua visão e sua influência permaneceram crescendo. No final, sacrificou tudo o que tinha. Entretanto, repartiu de boa vontade aquilo a que renunciou. Em seu último discurso, feito na noite anterior a seu assassinato em Memphis, ele disse:

> Não sei o que acontecerá comigo agora. Teremos alguns dias difíceis pela frente. Mas não importa mais, pois cheguei ao topo da montanha. Não me importarei. Como qualquer outro, gostaria de ter uma vida longa. A longevidade tem seu lugar. No entanto, não estou preocupado com isso agora. Somente quero cumprir a vontade de Deus. Ele permitiu que eu chegasse ao topo da montanha. Eu olhei e vi a Terra Prometida. Posso não chegar lá com vocês, mas quero que saibam, esta noite, que nós, como povo, chegaremos à Terra Prometida. Por isso, estou feliz esta noite (...) Não tenho medo de homem algum. "Meus olhos viram a glória da vinda do Senhor."[4]

No dia seguinte, ele pagou o mais alto preço do sacrifício. O impacto de King foi profundo. Ele influenciou milhões de pessoas a se levantarem pacificamente contra o sistema e a sociedade que lutavam para excluí-los.

As verdades que as pessoas bem-sucedidas descobrem ficam ainda mais claras quando se tornam líderes. Não há sucesso sem uma atitude de sacrifício. Quanto mais alto o nível de liderança que deseja alcançar, maiores serão os sacrifícios que terá de fazer. Para subir, precisa abrir mão de algumas coisas. Essa é a verdadeira natureza da liderança. Esse é o poder da atitude certa.

Quanto mais alto o nível de liderança que deseja alcançar, maiores serão os sacrifícios que terá de fazer.

Parte 4

Capítulo 10

A natureza dos relacionamentos

Por que relacionamentos são importantes para o sucesso?

Relacionamentos são a cola que mantém juntos os membros de uma equipe

No início dos anos 60, Michael Deaver era um jovem interessado em política procurando por um líder em quem pudesse acreditar e a quem pudesse seguir. A pessoa que encontrou era um ator, que depois se tornou político, chamado Ronald Reagan. Em 1966, Reagan foi eleito governador da Califórnia, cargo que ocupou por dois mandatos, de 1967 a 1975. Durante esse período, Deaver tornou-se o líder do governo de Reagan, um cargo que também ocupou quando Reagan tornou-se o 40º presidente da Nação norte-americana.

Deaver admirava muitas coisas no homem com quem trabalhou por 30 anos: suas convicções e seu amor ao país, sua compreensão de si mesmo, sua habilidade como comunicador e sua honestidade. Deaver disse certa vez que ousaria dizer que Reagan seria incapaz de ser desonesto.[1] Mas, talvez o que mais o impressionasse a respeito de Reagan era a sua habilidade em se relacionar com pessoas.

Deaver comentou que Ronald Reagan era uma das pessoas mais tímidas que havia conhecido.[2] Ainda assim, o presidente era capaz de se conectar com qualquer pessoa, quer fosse um chefe de Estado, quer fosse um trabalhador humilde ou um membro mal-humorado da imprensa. Quando perguntado por que Reagan mantinha um relacionamento harmônico com a imprensa, Deaver observou: "Reagan basicamente gostava das pessoas, quer fossem parte da imprensa ou quer fossem simplesmente pessoas comuns. Isso é visível. Embora muitos jornalistas não concordassem com a política de Reagan, eles genuinamente gostavam dele como pessoa."[3]

Parte da habilidade de Reagan tinha origem em seu carisma natural e sua aptidão verbal fluente, desenvolvida em Hollywood. Mas ainda maior era a sua habilidade de se relacionar com pessoas, algo que ele aperfeiçoou enquanto viajou pelo país por uma década como porta-voz da General Electric.

Dizem que Reagan poderia fazer qualquer um sentir-se seu melhor amigo, até mesmo alguém que ele nunca havia conhecido antes. Mas, o que é mais importante, ele se relacionava com as pessoas mais próximas a ele. Verdadeiramente se importava com os que faziam parte de sua equipe. "O líder de governo, o jardineiro ou a secretária eram tratados da mesma forma por ele", lembrava Deaver. "Eles eram todos importantes."[4]

Deaver contou uma história que expõe a amizade que os dois experimentaram. Em 1975, Reagan fez um discurso para um grupo de caçadores preocupados com a preservação dos animais em San Francisco, e a organização do evento o presenteou com um pequeno leão de bronze. Deaver apreciou a lembrança e disse ao governador Reagan que a achara muito bonita.

Dez anos depois, Deaver se preparava para deixar de trabalhar para o presidente Reagan após ter escrito sua carta de renúncia. Reagan pediu a Deaver que entrasse no Salão Oval na manhã seguinte. Quando ele entrou, o presidente ficou em pé diante de sua mesa para cumprimentá-lo.

— Mike — ele disse —, a noite inteira tentei pensar em algo para lhe dar que pudesse ser uma recordação de todos os grandes momentos que passamos juntos.

Reagan então se virou e apanhou algo em sua mesa.

— Eu me lembro de que você gostou desta lembrancinha — disse o presidente, com os olhos marejados.

E passou o leão de bronze para Deaver, que ficou completamente sem ação. Ele não acreditava que Reagan havia se lembrado desse detalhe depois de tanto tempo. Desde então, esse leão ocupa um lugar de honra na casa de Deaver.

RELACIONAMENTOS SÓLIDOS

Todos gostavam de estar perto de Ronald Reagan porque ele amava pessoas e amava relacionar-se com elas. Ele entendia que relacionamentos eram a cola que mantinha os membros de sua equipe juntos — quanto mais sólidos os relacionamentos, mais coesa era a sua equipe.

Tudo o que você faz depende do trabalho de equipe. Não importa se você é um líder ou um seguidor, um técnico ou um jogador, um professor ou um aluno, um pai ou um filho, CEO ou trabalhador voluntário; você estará envolvido com outras pessoas. A pergunta é: seu envolvimento com pessoas terá sucesso? Sua melhor oportunidade de liderança também depende do relacionamento com os membros de sua equipe. Eis como saber se você conseguiu construir relacionamentos sólidos. Observe as cinco características em seus relacionamentos:

1. *Respeito*

Em se tratando de relacionamentos, tudo começa com respeito, com o desejo de valorizar outras pessoas. O autor especializado em relações humanas, Les Giblin, declarou: "Você não pode fazer com que seu colega se sinta importante em sua presença, se em secreto sente que ele não é ninguém."

Em se tratando de relacionamentos, tudo começa com respeito, com o desejo de valorizar outras pessoas.

Algo importante acerca do respeito é que você deve mostrá-lo aos outros, antes mesmo que eles tenham feito algo para garanti-lo, simplesmente pelo fato de eles serem seres humanos. Mas, ao mesmo tempo, você deveria sempre esperar para adquirir o respeito dos outros. E o lugar onde você o conquista mais rapidamente é em um contexto de dificuldade.

2. *Experiências compartilhadas*

O respeito pode lançar as bases para um bom relacionamento, mas não é o suficiente. Você não pode ter afinidade com alguém que não conhece. Isso requer experiências compartilhadas, e isso leva tempo. Além do mais, não é fácil de se conquistar. Por exemplo, logo depois que Brian Billick, técnico do Baltimore Ravens, venceu o Super Bowl, em 2001, perguntaram a ele sobre as possibilidades de o time repetir a campanha vitoriosa no ano seguinte. Ele respondeu que isso seria muito difícil. Por quê? Porque, para ele, 25 a 30 % da equipe mudam a cada ano e jogadores novos não possuem as experiências compartilhadas com a equipe, necessárias para o sucesso.

3. *Confiança*

Quando você respeita as pessoas e dedica tempo suficiente a elas para desenvolver experiências compartilhadas, poderá desenvolver confiança. A confiança é essencial para os bons relacionamentos. O poeta escocês George MacDonald disse que "ser digno de confiança é um elogio maior do que ser amado". Sem confiança, você não pode sustentar nenhum tipo de relacionamento.

4. Reciprocidade

Relacionamentos pessoais de via única não permanecem. Se uma pessoa é sempre a que dá e a outra é a que recebe, o relacionamento então irá, por fim, desintegrar-se. O mesmo vale para qualquer tipo de relacionamento, incluindo aqueles com pessoas que fazem parte de sua equipe. Para que as pessoas melhorem seus relacionamentos, é necessário que haja o dar e o receber, de maneira que recebam enquanto doam. Lembre-se de fazer aos seus companheiros de equipe, colegas e amigos perguntas sobre suas esperanças, desejos e alvos. Dê atenção completa às pessoas. Mostre aos outros que se importa com eles.

5. Prazer mútuo

Quando os relacionamentos crescem e se solidificam, as pessoas envolvidas começam a desfrutar umas das outras. Somente o estar junto pode transformar tarefas até mesmo desagradáveis em experiências positivas.

Como está seu desempenho em nível relacional? Você dedica muito tempo e energia construindo relacionamentos sólidos, ou está tão concentrado nos resultados que tende a não tomar conhecimento (ou tomar a dianteira) dos outros? Se a última afirmação é verdadeira para você, pense nas sábias palavras de George Kienzle e Edward Dare em *Climbing the Executive Ladder* (*Subindo a escada do executivo*):

> Poucas coisas lhe darão maiores dividendos do que o tempo que você dedica e a dificuldade que você tem para compreender as pessoas. Quase nada acrescentará mais à sua estatura como executivo e como pessoa. Nada lhe dará maior satisfação ou mais felicidade.

Tornar-se uma pessoa bastante relacional promove sucesso individual e coletivo.

O que eu preciso saber sobre os outros?

As pessoas não se importam com o quanto você sabe, até que saibam o quanto você se importa com elas

Se você deseja ser bem-sucedido e causar um impacto positivo no mundo, precisa ter habilidade para compreender os outros. Compreender os outros dá a você o potencial de influenciar todas as áreas da vida, não somente o mundo dos negócios. Por exemplo, observe como compreender pessoas ajudou esta mãe de uma criança em idade pré-escolar.

> Deixei meu filho de quatro anos em casa e corri para jogar algo no lixo. Quando tentei abrir a porta para entrar em casa, ela estava trancada. Eu sabia que insistir para que meu filho abrisse a porta resultaria em uma batalha de uma hora entre vontades distintas. Assim, com voz triste, eu disse: "Ah, muito mal. Você se trancou dentro da casa...". A porta se abriu imediatamente.

Compreender as pessoas representa um impacto sobre sua habilidade para comunicar-se com outros. David Burns, médico e professor de psiquiatria na Universidade da Pennsylvania, observou que "o maior erro que as pessoas podem cometer ao tentar falar convincentemente é o de priorizar suas ideias e sentimentos. O que a maioria das pessoas realmente quer é ser ouvida, respeitada e compreendida. No momento em que as pessoas percebem que estão sendo compreendidas, elas se tornam mais motivadas para entender o seu ponto de vista". Você pode aprender a compreender as pessoas — como pensam, o que sentem, aquilo que as inspira e como provavelmente agirão e reagirão em uma determinada circunstância — e então poderá motivá-las e influenciá-las de maneira positiva.

POR QUE AS PESSOAS FRACASSAM AO COMPREENDER AS OUTRAS?

Falta de entendimento com relação aos outros é uma fonte de tensão recorrente em nossa sociedade. Certa vez, ouvi um advogado dizer que "metade de todas as controvérsias e conflitos que surgem entre as pessoas são causados não pelas diferenças de opinião ou da inabilidade para concordar, mas pela falta de entendimento uns dos outros". Se pudéssemos reduzir o número de equívocos, os tribunais não estariam tão cheios, haveria menos crimes violentos, as taxas de divórcio seriam menores e o nível de tensão que a maioria das pessoas experimenta diariamente diminuiria bastante.

Se compreender é um bem assim tão importante, por que mais pessoas não praticam o ato de compreender? Há muitas razões:

MEDO

O colonizador norte-americano do século XVII, William Penn, aconselhou: "Não despreze nem se oponha àquilo que não compreendes." No entanto, muitas pessoas parecem fazer exatamente o contrário. Quando não compreendem as outras, na maioria das vezes reagem agindo com medo. E uma vez tendo começado a temer os outros, elas raramente tentam vencer seus temores para aprender mais acerca deles. E isso se torna um ciclo vicioso.

Infelizmente, o medo é palpável em determinados locais de trabalho no que se refere às reações dos funcionários para com seus líderes. Enquanto que, em um ambiente de trabalho saudável, se você der aos outros o benefício da dúvida e substituir o medo pela compreensão, todos vão poder trabalhar juntos, positivamente. Tudo o que as pessoas têm de fazer é seguir o conselho do ex-presidente Harry Truman: "Quando compreendemos o ponto de vista do outro — compreendemos o que ele está tentando fazer — em nove de dez vezes ele está tentando fazer o certo."

Egoísmo

Quando o medo não é uma pedra de tropeço, o egoísmo, na maioria das vezes, o é. As pessoas não são egoístas de propósito; faz parte da natureza humana pensar no seu próprio interesse em primeiro lugar. Se você quer ver um exemplo desse tipo de situação, brinque com uma criança de dois anos de idade. Ela naturalmente escolhe os melhores brinquedos para si e insiste em brincar do jeito dela.

Uma maneira de vencermos nosso egoísmo natural é tentar ver as coisas a partir da perspectiva de outras pessoas. Conversando com um grupo de vendedores, Art Mortell, autor do livro *World Class Selling* [Padrão internacional em vendas], compartilhou a segunte experiência: "Sempre que estou perdendo no xadrez, constantemente me levanto e fico atrás de meu oponente para ver o tabuleiro da mesma forma que ele. Então descubro as jogadas estúpidas que fiz porque posso ver a partir do ponto de vista dele. O desafio do vendedor é o de ver o mundo na perspectiva do cliente em potencial."[5]

Esse é o desafio para cada um de nós, não importa qual seja a profissão. A próxima citação nos lembra quais deveriam ser as nossas prioridades ao lidarmos com outras pessoas:

Um curso de curta duração sobre relações humanas

- A palavra menos importante: eu.
- A palavra mais importante: nós.
- As duas palavras mais importantes: muito obrigado.
- As três palavras mais importantes: tudo é perdoável.
- As quatro palavras mais importantes: qual a sua opinião?

- As cinco palavras mais importantes: você fez um grande trabalho.
- As seis palavras mais importantes: eu desejo muito compreendê-lo com mais exatidão.

Deficiência para valorizar diferenças

Fica claro que o passo seguinte, depois de se haver deixado o egoísmo é aprender a reconhecer e a respeitar as qualidades únicas dos outros. Em vez de tentar moldar os outros à sua imagem, tente apreciar as diferenças. Se alguém tem um talento que você não possui, ótimo. Vocês dois podem fortalecer as fraquezas um do outro. Se os outros provêm de uma outra cultura, amplie seus horizontes e aprenda o que puder com eles. Seu novo conhecimento o ajudará a se relacionar, não só com eles, como também com outros.

Ao aprender a apreciar as diferenças nos outros, perceberá que há muitas respostas à liderança e à motivação. Joseph Beck, ex-presidente da Kenley Corporation, reconheceu essa verdade quando disse que "pessoas diferentes são motivadas de maneiras diferentes. Um bom técnico de basquete, por exemplo, sabe quando um jogador necessita de um 'chute no traseiro'. A principal diferença é que todos os jogadores precisam de encorajamento e somente alguns precisam de 'um chute no traseiro'."

Dificuldade para valorizar as semelhanças

Todos nós reagimos emocionalmente ao que acontece ao nosso redor. Para encorajar a compreensão, pense em como seriam suas emoções se você estivesse na mesma posição que a pessoa com quem está interagindo. Você sabe o que gostaria que acontecesse em uma determinada situação. As possibilidades de que a pessoa com quem você está trabalhando tenha mais ou menos os mesmos sentimentos são consideráveis.

ALGUMAS COISAS QUE TODOS PRECISAM COMPREENDER SOBRE AS PESSOAS

Saber o que as pessoas precisam e querem é fundamental para compreendê-las. E se você puder compreendê-las, poderá promover um impacto positivo em suas vidas. O que sei sobre compreender as pessoas pode ser resumido na seguinte lista:

1. *Todos querem ser alguém*

Não há uma pessoa no mundo que não tenha o desejo de ser alguém, de ter importância. Até mesmo a pessoa menos ambiciosa e mais modesta quer ser respeitada pelos outros.

Lembro-me da primeira vez que esses sentimentos foram fortemente estimulados em mim. Foi quando eu estava na quarta série e fui assistir ao meu primeiro jogo de basquete. Fiquei com meus colegas na arquibancada do ginásio. O que mais me lembro não foi do jogo: foi do anúncio da escalação do time. Todas as luzes foram apagadas e então alguns *spots* se acenderam. O locutor ia chamando o nome dos jogadores, e eles corriam para o meio da quadra um a um, e toda a plateia aplaudindo.

Do alto da arquibancada, naquele dia, eu, um aluno do quarto ano primário, disse: queria que isso acontecesse comigo! Na verdade, ao final das apresentações, olhei para o meu amigo Bobby Wilson e disse a ele que, quando eu estivesse no segundo grau, ouviria anunciar meu nome, e correria sob os holofotes para o meio da quadra. E as pessoas iriam me ovacionar porque lá no futuro seria alguém.

Fui para casa naquela noite e disse ao meu pai que queria ser um jogador de basquete. Logo depois ele comprou uma bola para mim e colocamos uma cesta na garagem. Eu costumava tirar neve da entrada para os carros para treinar meus arremessos e jogar basquete, porque sonhava em me tornar alguém.

É engraçado como esse tipo de sonho pode impactar sua vida. Na sexta série, joguei basquete na quadra do colégio. Nosso time venceu alguns jogos, e assim fomos jogar no ginásio Old Mill Street, em Circleville, Ohio, onde eu havia assistido àquele jogo na quarta série. Quando chegamos, em vez de ir para a quadra com os outros jogadores para o aquecimento, fui para o banco onde aqueles atletas do segundo grau haviam estado dois anos antes. Sentei-me exatamente onde eles estiveram sentados e fechei meus olhos (foi como se as luzes tivessem sido apagadas no ginásio). Então, em minha mente, ouvi meu nome anunciado, e corri para o meio da quadra.

Foi tão bom ouvir os aplausos imaginários que pensei em repetir a encenação! E então fiz. Fiz três vezes, e, de repente, percebi que meus colegas não estavam jogando basquete; estavam me observando sem acreditar no que viam. Mas não liguei, porque estava a um passo de ser a pessoa que havia sonhado em me tornar.

Todos querem ser respeitados e valorizados pelos outros. Em outras palavras, todos querem ser alguém. Uma vez que essa informação se torne parte do seu pensamento diário, você obterá uma percepção incrível do porquê de as pessoas fazerem o que fazem. Se você tratar as pessoas que conhece como se fossem as mais importantes no mundo, está lhes mostrando que são importantes para você.

2. *Ninguém se importa com o quanto você sabe até que saiba o quanto você se importa*

No momento em que as pessoas sabem que você se importa com elas, a maneira como elas se sentem em relação a você muda. Mostrar aos outros que você se importa com elas nem sempre é fácil. Seus momentos mais importantes e memórias mais preciosas estarão relacionados a pessoas, assim como as ocasiões mais difíceis, dolorosas e trágicas. Pessoas são seus maiores bens e suas maiores responsabilidades. O desafio é o de sempre se importar com elas, não importa o que aconteça.

Se você tratar as pessoas que conhece como se fossem as mais importantes no mundo, está lhes mostrando que são importantes para você.

Certa vez, li um texto intitulado "Mandamentos paradoxais de liderança". Vamos a ele:

- Pessoas são ilógicas, injustas e egoístas — ame-as assim mesmo.
- Se for bom no que faz, as pessoas o acusarão de motivações egoístas e inconfessas — seja bom assim mesmo.
- Se obtiver sucesso, ganhará falsos amigos e verdadeiros inimigos — obtenha sucesso assim mesmo.
- O que você fizer bem hoje, será provavelmente esquecido amanhã — faça bem assim mesmo.
- Honestidade e franqueza o tornam vulnerável — seja honesto e franco assim mesmo.

- O maior homem com as maiores ideias pode ser abatido pelo menor homem com a menor mente — pense grande assim mesmo.
- As pessoas favorecem os derrotados, mas só seguem os vencedores — lute por alguns poucos derrotados assim mesmo.
- Aquilo que você gasta anos construindo pode ser destruído do dia para a noite — construa assim mesmo.
- As pessoas precisam de ajuda, mas podem atacá-lo se você ajudá-las — ajude-as assim mesmo.
- Dê ao mundo o melhor que você tem e você será chutado na boca — dê o melhor que tiver assim mesmo.
- Se o melhor é o possível, então o bom não é o suficiente.

Essa é a maneira correta de tratar as pessoas. Além disso, você nunca sabe quais pessoas em sua esfera de influência irão se erguer e fazer diferença em sua vida e na vida de outros.

3. *Todos precisam de alguém*

Ao contrário da crença popular, não há homens ou mulheres que tenham se feito sozinhos. Todos precisam de amizade, encorajamento e ajuda. O que as pessoas podem conquistar por si mesmas é quase nada comparado ao seu potencial quando trabalhando com outras. E fazer coisas com outras pessoas produz contentamento. Além disso, zorros, os cavaleiros solitários, raramente são pessoas felizes. O rei Salomão, de Israel, declarou o valor do trabalho em equipe desse modo:

> É melhor ter companhia
> do que estar sozinho,
> porque maior
> é a recompensa do trabalho
> de duas pessoas.
> Se um cair,
> o amigo pode ajudá-lo a levantar-se.
> Mas pobre do homem que cai
> e não tem quem o ajude a levantar-se!
> E se dois dormirem juntos,
> vão manter-se aquecidos.

Como, porém,
manter-se aquecido sozinho?
Um homem sozinho pode ser vencido,
mas dois conseguem defender-se.
Um cordão de três dobras
não se rompe com facilidade.[6]

Todos precisam de alguém para caminhar ao lado e ajudar. Se você compreender isso, estiver disposto a doar-se aos outros, ajudá-los e manter a motivação correta, sua vida e a de outros pode mudar.

4. *Todos podem ser alguém quando alguém os compreende e acredita neles*

Uma vez que você compreende as pessoas e acredita nelas, elas podem verdadeiramente tornar-se alguém. E não é necessário muito esforço para ajudar outras pessoas a se sentirem importantes. Pequenas coisas, feitas deliberadamente e na hora certa, podem fazer grande diferença.

Quando foi a última vez em que você saiu de seu caminho para fazer as pessoas sentirem-se especiais, como se fossem alguém? O investimento requerido de sua parte é totalmente superado pelo impacto que isso causa nelas. Todos os que você conhece e todas as pessoas que você encontra têm o potencial de ser alguém importante na vida dos outros. Tudo que precisam é de encorajamento e motivação de sua parte para ajudá-las a alcançar o seu potencial.

5. *Qualquer um que ajude alguém influencia muitos outros*

A última coisa que você precisa compreender sobre pessoas é que, quando você ajuda uma pessoa, você está gerando impacto em muitas outras. O que você dá a uma pessoa transborda na vida de todas as pessoas que essa pessoa em questão influencia. A natureza da influência é multiplicar. Ela influencia até mesmo você, porque ao ajudar outras pessoas — e suas motivações são boas — você sempre recebe mais do que dá. A maioria das pessoas são tão genuinamente gratas quando outra pessoa as faz se sentirem especiais que elas nunca se cansam de mostrar gratidão.

OPTE POR COMPREENDER OS OUTROS

Por fim, a habilidade de compreender as pessoas é uma escolha. É verdade que algumas pessoas nascem com grandes instintos que as capacitam a entender como os outros pensam e sentem. Mas mesmo que você não seja instintivamente uma pessoa de pessoas, você pode melhorar sua habilidade para trabalhar com os outros. Cada pessoa é capaz de ter a habilidade de compreender, motivar e, enfim, influenciar outras.

Capítulo 11

Os tijolos dos relacionamentos

Como posso encorajar as pessoas?

Acreditar nas pessoas antes que tenham provado a si mesmas é fundamental para motivá-las a alcançar o seu potencial

Todos amam ser encorajados. O encorajamento nos levanta quando abatidos e nos motiva quando desanimados. Para ser um encorajador, você precisa crer no melhor das pessoas, ter fé nelas. Na verdade, fé é essencial para o estabelecimento e a manutenção de todos os relacionamentos positivos, embora ela seja um bem escasso hoje. Observe quatro fatos acerca da fé:

1. *A maioria das pessoas não tem fé em si*

Não faz muito tempo, eu vi *Shoe*, uma história em quadrinhos de Jeff MacNelly que mostrava Shoe, um mal-educado editor de jornal, na elevação de um jogo de *baseball*. Seu *catcher* diz para ele: "Você tem que ter fé na curva de sua bola." No quadrinho seguinte, Shoe observa: "É fácil pra ele falar. Quando se trata de crer em mim mesmo, sou agnóstico."

É assim que muitas pessoas se sentem hoje. Elas têm dificuldade em crer em si mesmas. Elas acreditam que irão fracassar. Mesmo quando veem uma luz no fim do túnel, estão convencidas de que é um trem. Veem uma dificuldade em cada responsabilidade. Mas a realidade é que as dificuldades raramente derrotam as pessoas; a falta de fé nelas mesmas é que frequentemente as derrota. Com um pouco de fé em si mesmas as pessoas podem fazer coisas miraculosas. Mas sem fé, elas vivem tempos verdadeiramente difíceis.

2. *A maioria das pessoas não tem alguém que tenha fé nelas*

Em *Just for Today* [Somente hoje], James Keller conta que um vendedor de flores na calçada não estava fazendo negócio algum. De repente, uma feliz ideia passou por sua mente e ele expôs o seguinte cartaz: "Esta gardênia o fará se sentir importante o dia inteiro, por dez centavos." Imediatamente suas vendas começaram a crescer.

Em nossa sociedade atual, grande parte das pessoas se sentem isoladas. O forte senso de comunidade que um dia a maioria dos norte-americanos desfrutou tornou-se algo raro. E muitas pessoas não têm o suporte familiar, comum há 30 ou 40 anos. O evangelista Bill Glass, por exemplo, notou que mais de 90% dos presidiários ouviram de seus pais que um dia eles iriam parar na prisão. Em vez de ensinar seus filhos a acreditar em si mesmos, alguns pais os empurram para baixo. Muitas pessoas, e também os que estão mais próximos delas, não acreditam nelas mesmas. Elas não têm ninguém ao lado delas. Não é de se admirar que até mesmo algo tão pequeno como uma flor faça diferença na maneira de a pessoa encarar o dia.

3. *A maioria das pessoas sabe quando alguém tem fé nelas*

Pessoas, instintamente, conseguem saber se outras têm fé nelas. Elas conseguem sentir se sua crença é genuína ou falsa. E, verdadeiramente, acreditar em alguém pode mudar a vida de uma pessoa.

Em seu livro *Move Ahead with Possibility Thinking* [Siga adiante com o pensamento da possibilidade], meu amigo Robert Schüller, pastor da Crystal Cathedral em Garden Grove, Califórnia, conta uma história maravilhosa sobre um incidente que mudou sua vida quando menino. Isso aconteceu quando seu tio teve fé nele e mostrou isso em suas palavras e ações:

> Seu carro passou pelo armazém sem pintura e parou em uma nuvem de poeira de verão em frente ao nosso portão. Eu cruzei correndo a varanda irregular e vi meu tio Henry saindo do carro. Ele era alto, muito bonito, e cheio de vida e energia. Depois de muitos anos na China, ele estava visitando nossa fazenda no Iowa. Ele correu em direção ao velho portão e colocou suas mãos enormes sobre meus ombros de garoto de quatro anos. Deu um sorriso largo, acariciou meu cabelo desgrenhado e disse: "Bem! Acho que você é o Robert! Penso que você será um pregador um dia." Naquela noite eu orei em secreto. Pedi a Deus para tornar-me um pregador quando crescesse! Eu creio que Deus me fez um visionário da possibilidade a partir dali.

Sempre lembre que o seu alvo não é fazer com que as pessoas pensem melhor a seu respeito. Seu alvo é fazer com que pensem melhor acerca de si mesmas. Tenha fé nelas, e elas começarão a fazer exatamente isso.

4. *A maioria das pessoas faz qualquer coisa para corresponder à sua fé nelas*

Pessoas conseguem ou não corresponder ao seu nível de expectativa a respeito delas. Se você expressar ceticismo e dúvida nos outros, eles corresponderão à sua falta de confiança com mediocridade. Mas se você acreditar nelas e esperar que se saiam bem, elas caminharão milhas extras tentando fazer o seu melhor. E no processo, elas e você se beneficiarão. John H. Spalding expressou esse pensamento da seguinte maneira: "Aquelas pessoas que acreditam em sua habilidade fazem mais do que nos estimular. Elas criam para nós uma atmosfera na qual fica mais fácil se obter sucesso."

COMO SE TORNAR ALGUÉM QUE ACREDITA NAS PESSOAS

Sou afortunado porque cresci em um ambiente positivo e estimulante. Como consequência, não tenho dificuldades de crer nas pessoas e de expressar minha crença. Mas percebo que nem todos tiveram o benefício de uma educação positiva. A maioria das pessoas precisa aprender a ter fé nas outras. Para cultivar sua fé nos outros tente aplicar estas sugestões.

Acredite nas pessoas antes que elas sejam bem-sucedidas

Todos amam um vencedor. É fácil ter fé nas pessoas que já provaram sua capacidade. Difícil é acreditar nas pessoas antes que elas tenham provado sua capacidade. Mas essa é a chave que motiva pessoas a atingirem o seu potencial. Você tem de acreditar nelas primeiro, antes que alcancem o sucesso, e às vezes antes que você possa persuadi-las a crer em si mesmas.

Acreditar nas pessoas antes de provarem sua capacidade é a chave que as motiva a alcançarem seu potencial.

Algumas pessoas que surgem em sua vida querem desesperadamente crer em si mesmas, mas têm poucas esperanças. Ao interagir com elas, lembre-se da frase do herói francês da Primeira Guerra Mundial, Marshal Ferdinand Foch: "Não há situações desesperadoras; há somente homens e mulheres que ficaram cada vez mais desesperados sobre si mesmos." Toda pessoa possui sementes de grandeza dentro de si; elas podem estar adormecidas em determinados momentos. Mas, quando você acredita nas pessoas, você rega as sementes e dá a elas a oportunidade de crescer.

Destaque seus pontos fortes

Muitas pessoas, erroneamente, pensam que, para cultivar relacionamentos e exercer influência, precisam ser uma "autoridade" no assunto e destacar as deficiências dos outros. Pessoas com essa atitude tornam-se como Lucy das histórias em quadrinhos *Peanuts*, de Charles Schulz. Em um dos episódios, Lucy disse ao pobre Charlie Brown: "Você está na sombra das estacas de seus próprios alvos! Você é um engano! Você é três tacadas de golfe no décimo oitavo gramado! Você é..." Esta não é, nem de longe, uma maneira de impactar positivamente a vida de outra pessoa!

A estrada do cultivo de relacionamentos positivos se encontra na direção exatamente oposta. A melhor maneira de mostrar às pessoas a sua fé nelas e motivá-las é concentrar sua atenção em seus pontos fortes. De acordo com o autor e executivo de propaganda Bruce Barton, nada esplêndido jamais foi alcançado senão por aqueles que ousaram acreditar que algo dentro deles era superior às circunstancias. Ao destacar os pontos fortes das pessoas, você está ajudando-as a crer que possuem o que necessitam para serem bem-sucedidas.

Elogie-as por aquilo que fazem bem, tanto em particular quanto em público. Diga a elas o quanto aprecia suas qualidades e habilidades. E sempre que tiver oportunidade de elogiá-las e cumprimentá-las na presença de seus familiares e amigos mais próximos, faça isso.

Relacione seus sucessos passados

Mesmo quando você destaca os pontos fortes das pessoas, elas podem necessitar de mais encorajamento. A empreendedora Mary Kay Ash, criadora dos cosméticos Mary Kay, já dizia que todos têm um sinal invisível pendurado no pescoço dizendo "torne-me importante"! Nunca se esqueça dessa mensagem ao trabalhar com pessoas. Uma das melhores maneiras de fazer isso é ajudar as pessoas a lembrarem-se de seus sucessos passados.

O relato de Davi e Golias apresenta um exemplo clássico de como sucessos passados podem ajudar uma pessoa a ter fé em si mesma. Você pode se lembrar da história da Bíblia. Um gigante filisteu vencedor, chamado Golias, posicionou-se diante do exército de Israel e os insultou por 40 dias, desafiando-os a enviar um guerreiro para enfrentá-lo. No 40º dia, um jovem pastor chamado Davi veio à linha de frente para trazer comida a seus irmãos, que combatiam pelo exército de Israel. Enquanto estava ali, testemunhou a exposição desdenhosa de insultos e desafios do gigante. Davi ficou tão enfurecido que disse ao rei Saul que queria enfrentar o gigante na batalha. Eis o que aconteceu depois:

> Respondeu Saul: "Você não tem condições de lutar contra esse filisteu; você é apenas um rapaz, e ele é um guerreiro desde a mocidade." Davi, entretanto, disse a Saul: "Teu servo toma conta das ovelhas de seu pai. Quando aparece um leão ou um urso e leva uma ovelha do rebanho, eu vou atrás dele, dou-lhe golpes e livro a ovelha de sua boca. Quando se vira contra mim, eu o pego pela juba e lhe dou golpes até matá-lo. Teu servo pôde matar um leão e um urso; esse filisteu incircunciso será como um deles, pois desafiou os exércitos do Deus vivo. O Senhor que me livrou das garras do leão e das garras do urso me livrará das mãos desse filisteu."[1]

Davi olhou para seus sucessos anteriores, e teve confiança em suas ações futuras. E, é claro, quando enfrentou o gigante, derrubou-o como a uma árvore, usando nada além de uma pedra e uma funda. E quando cortou a cabeça de Golias, seu sucesso inspirou seus compatriotas, e eles aniquilaram o exército filisteu.

Nem todas as pessoas possuem a habilidade natural de reconhecer os sucessos passados e obter confiança a partir deles. Algumas necessitam de ajuda. Se você pode mostrar a elas o sucesso que obtiveram no passado e ajudá-las a ver que suas vitórias pavimentaram o caminho para o sucesso futuro, elas poderão agir melhor. Relacionar sucessos passados ajuda as pessoas a acreditarem nelas mesmas.

Estimule a confiança quando elas fracassarem

Quando você tiver encorajado pessoas e colocado sua fé nelas, e elas começarem a acreditar que podem ser bem-sucedidas na vida, elas logo chegam a uma encruzilhada crítica. Na primeira ou na segunda vez em que falharem — e elas falharão porque isso faz parte da vida — elas terão duas escolhas: render-se ou seguir adiante.

Algumas pessoas são resistentes e se dispõem a continuar tentando a fim de alcançar o sucesso, mesmo quando não veem progresso imediato. Mas outras não são tão determinadas. Algumas entrarão em colapso diante do primeiro sinal de problemas. Para dar-lhes um empurrão e inspirá-las, você precisa continuar mostrando sua confiança nelas, mesmo quando estiverem cometendo erros ou tendo um desempenho ruim.

Uma das maneiras de fazer isso é falar sobre seus problemas e traumas passados. As pessoas, às vezes, pensam que se você é bem-sucedido no presente, é porque você sempre foi assim. Não percebem que você já teve seus fracassos, falhas e trapalhadas. Mostre a elas que o sucesso é uma jornada — um processo, não um destino. Quando perceberem que você fracassou e ainda assim conseguiu ter sucesso, notarão que não há problema em fracassar. E sua confiança permanecerá intacta. Elas aprenderão a pensar como Babe Ruth, a lenda do beisebol: "Nunca deixe que o medo de errar a bola se coloque no caminho."

Experimentem algumas vitórias juntos

Não é o suficiente saber que o fracasso é uma parte do seguir adiante na vida. Para realmente se motivarem para alcançar o sucesso as pessoas precisam acreditar que podem vencer.

A vitória é a motivação. O novelista David Ambrose reconheceu essa verdade: "Se você tem vontade de vencer, alcançou metade do seu sucesso; se não tem, alcançou metade do seu fracasso." Estar ao lado de outros para ajudá-los a experimentar algumas vitórias com você dá a eles razões para acreditarem que irão obter sucesso. E, no processo, eles sentem a vitória. E assim, coisas incríveis começam a acontecer em suas vidas.

Para ajudar as pessoas a acreditarem que podem alcançar a vitória, coloque-as em posição de obter pequenos sucessos. Encoraje-as a realizar tarefas ou assumir responsabilidades que você sabe que elas têm condição de cumprir, e bem. E dê a elas a assistência de que necessitam para serem bem-sucedidas. No tempo certo, quando sua confiança crescer, elas assumirão desafios mais difíceis, mas estarão aptas a enfrentá-los com confiança e competência, por causa do registro positivo passado que estão desenvolvendo.

Visualize seu sucesso futuro

Um experimento realizado com ratos de laboratório mediu a motivação para se viver sob circunstâncias diferentes. Cientistas lançaram um rato em um pote com água que havia sido colocado ali em total escuridão, e marcaram o tempo em que o animal continuou nadando antes de desistir e se afogar. Eles constataram que o rato resistiu menos de três minutos.

Eles então lançaram outro rato no mesmo tipo de pote, mas, ao invés de colocá-lo em total escuridão, permitiram que um raio de luz brilhasse nele. Sob essas circunstâncias, o rato continuou nadando por 36 horas. Mais de 700 vezes que o rato na escuridão! Pelo fato de poder ver, ele continuou a ter esperança.

Se isso se aplica a animais de laboratório, pense quão forte o efeito da visualização pode exercer sobre as pessoas, capazes de um raciocínio mais elevado. Dizem que uma pessoa pode viver 40 dias sem comida, quatro dias sem água, quatro minutos sem ar, mas somente quatro segundos sem esperança. Sempre que você tem uma visão dos outros e pinta um quadro de seu sucesso futuro, você os edifica, motiva e lhes dá razão pra que sigam adiante.

Espere por um novo nível de vida

O estadista alemão Konrad Adenaur observou: "Todos nós vivemos debaixo do mesmo céu, mas nem todos temos o mesmo horizonte."

Estabelecer como alvo ajudar os outros a ver além do hoje e de suas circunstâncias presentes e a sonhar grandes sonhos. Quando você coloca sua fé nas pessoas, você as ajuda a expandir seus horizontes e as motiva a mudar para um novo nível de vida.

Colocar sua fé nos outros implica correr um risco. Mas as recompensas superam os riscos. Robert Louis Stevenson disse: "Ser o que somos, e tornarmo-nos o que somos capazes de nos tornar, é a única finalidade da vida." Quando você coloca sua fé nos outros, você os ajuda a alcançar o seu potencial. Você se torna um importante relacionamento em suas vidas — e eles na sua.

Como me conectar com pessoas?

Lembre-se sempre de que o coração vem antes que a cabeça

Eu amo me comunicar. Essa é uma de minhas paixões. Embora eu tenha dedicado mais de 30 anos a falar profissionalmente, sempre procuro maneiras de crescer e continuar melhorando nessa área.

O melhor amigo da plateia

Sem dúvida você já deve ter ouvido falar de Elizabeth Dole. Advogada, foi membro do gabinete das administrações Reagan e Bush, e presidente da Cruz Vermelha norte-americana. Ela é uma comunicadora maravilhosa. Seu dom particular, o qual testemunhei em San Jose um dia, fez com que eu e toda a plateia a sentíssemos como se ela fosse verdadeiramente nossa amiga. Ela me fez sentir alegre por estar lá. Isso porque ela realmente sabe se conectar com pessoas.

Em 1996, ela demonstrou essa habilidade a todo o país quando discursou na Convenção Nacional do Partido Republicano. Se você a viu pela televisão, sabe do que estou falando. Naquela noite, quando Elizabeth Dole voltou para o seu lugar no meio do auditório, todos sentiram que ela era a melhor amiga deles. Ela conseguiu desenvolver uma incrível conexão com o público. Eu também senti essa conexão, embora estivesse sentado em minha sala, assistindo-a pela televisão. Assim que Elisabeth terminou sua mensagem, eu a teria seguido para qualquer lugar.

BOB NUNCA FEZ A CONEXÃO

Também falando naquela convenção estava Bob Dole, o marido de Elizabeth — o que não é de se surpreender, uma vez que ele era o candidato republicano à corrida presidencial. Todos os que viram observaram uma extraordinária diferença entre as habilidades de comunicação dos dois oradores. Enquanto Elizabeth era afetuosa e acessível, Bob aparentava rigidez e distância. Durante toda a campanha, ele nunca se mostrou capaz de se conectar com pessoas.

Muitos fatores estão em jogo em uma eleição para a presidência dos Estados Unidos, e um dos mais importantes dentre todos é a habilidade de um candidato em conectar-se com a sua plateia. Muito já se escreveu sobre os debates Kennedy-Nixon da eleição de 1960. Uma das razões pelas quais John F. Kennedy venceu foi a de que ele era capaz de fazer com que a plateia televisiva se conectasse a ele. O mesmo tipo de conexão desenvolvida entre Ronald Reagan e suas plateias. E, na eleição de 1992, Bill Clinton trabalhou muito duro para desenvolver uma conexão com o povo norte-americano; chegou até mesmo a aparecer no programa de entrevistas *Arsenio* e tocar saxofone.

Você não pode levar as pessoas a agirem sem antes emocioná-las. O coração precede a razão.

Creio que Bob Dole seja um bom homem. Mas eu também sei que ele nunca conseguiu se conectar com as pessoas. Ironicamente, ao final da corrida presidencial, ele foi ao programa *Saturday Night Live*, um programa que o satirizou durante toda a campanha, retratando-o como mal-humorado e inacessível. No programa, Dole se mostrou relaxado, acessível e capaz de rir de si mesmo. E ele foi um sucesso de público. Ele havia finalmente se conectado.

O CORAÇÃO VEM PRIMEIRO

Você deve primeiro tocar o coração das pessoas antes de lhes pedir ajuda. Todos os grandes comunicadores reconhecem essa verdade e agem de acordo com ela quase que instintivamente. Você não pode levar as pessoas a agirem sem antes emocioná-las. O coração precede a razão.

Frederick Douglass foi um grande orador e líder negro no século XIX. Dizem que ele possuía uma fantástica habilidade em conectar-se com pessoas e tocar seus corações quando falava. O historiador Lerone Bennett disse que Douglass "podia fazer as pessoas rirem de um proprietário de escravos pregando os deveres da obediência cristã; podia fazê-las ver a humilhação de uma empregada negra abusada por um proprietário de escravos; podia fazê-las ouvir os soluços de uma mãe separada de sua criança. Por meio dele, as pessoas podiam chorar, amaldiçoar e sentir; através dele, elas podiam viver a escravidão".

Conecte-se em público e em particular

A conexão com as pessoas não é algo que necessite acontecer somente quando nos comunicamos com grupos de pessoas. Ela precisa acontecer individualmente. E quanto mais forte o relacionamento entre os indivíduos, mais benéfico ele será e muito provavelmente o seguidor irá querer ajudar o líder. Esse é um dos mais importantes princípios que tenho ensinado ao meu grupo de trabalho em todos esses anos. Minha equipe costumava gemer toda vez que eu dizia: "as pessoas não se importam com o quanto você sabe até que saibam o quanto você se importa"; mas eles sabiam que isso é uma verdade. Você desenvolve credibilidade quando se conecta com pessoas e mostra que genuinamente quer ajudá-las.

Conecte-se com pessoas, uma de cada vez

Um fator fundamental no que se refere à conexão de pessoas é reconhecer que, mesmo em grupo, você tem de se relacionar com as pessoas individualmente. O general Norman Schwarzkopf observou: "Tenho visto líderes competentes que, diante de um pelotão, tudo o que enxergaram é um pelotão. Mas, grandes líderes, quando diante de um pelotão, o enxergam como 44 indivíduos, cada um com aspirações, cada um querendo viver, cada um querendo fazer o melhor."[2] Essa é a única maneira de conectar-se com pessoas.

Coloque um "10" na cabeça de cada pessoa

Uma das melhores coisas que você pode fazer por pessoas é esperar o melhor delas. Eu chamo isso de colocar um "10" na cabeça de todos.

Isso ajuda outras pessoas a pensar mais ousadamente sobre si mesmas, e ao mesmo tempo, também ajuda você. De acordo com Jacques Wiesel, "uma pesquisa feita entre cem milionários mostrou somente um denominador comum. Esses homens e mulheres extremamente bem-sucedidos conseguiram enxergar somente o lado bom das pessoas".

Benjamin Disraeli compreendeu e praticou esse conceito, e isso foi um dos segredos de seu carisma. Ele certa vez disse que "o melhor bem que você pode fazer por outras pessoas é não somente compartilhar suas riquezas, mas também revelar a si mesmo aos outros". Se você apreciar os outros, encorajá-los e ajudá-los a alcançar o seu potencial, eles se conectarão a você.

QUANTO MAIS DIFÍCIL O DESAFIO, MAIOR A CONEXÃO

Nunca subestime o poder do cultivo de relacionamentos pessoais. Se você já estudou a vida de comandantes militares notáveis, provavelmente notou que os melhores sabiam como conectar-se às pessoas. Certa vez, ouvi que durante a Primeira Guerra Mundial, na França, o general Douglas MacArthur disse a um comandante de batalhão diante de uma ação arriscada: "Major, quando chegar o sinal para marchar até o topo, quero que você siga primeiro diante de seus homens. Se fizer assim, eles o seguirão." MacArthur então retirou uma condecoração de seu uniforme e fincou-a na farda do major. Ele havia, na verdade, o condecorado por heroísmo antes de pedir que ele cumprisse a ordem. E, é claro, o major conduziu seus homens, eles o seguiram até o topo, e alcançaram o objetivo.

O RESULTADO DA CONEXÃO NO LOCAL DE TRABALHO

Quando um líder já fez o trabalho de conectar-se às pessoas, você consegue perceber isso no modo como as coisas funcionam. Entre os funcionários há uma incrível lealdade e um forte sentimento de ética no trabalho. A visão do líder torna-se a aspiração das pessoas. O impacto é impressionante.

Você pode também observar o resultado de outras maneiras. No Dia do Chefe, em 1994, um anúncio de página inteira apareceu no USA Today. Foi encomendado e pago por funcionários da Southwest Airlines e endereçado a Herb Kelleher, o CEO da empresa:

Obrigado, Herb
Por lembrar-se do nome de todos nós.
Por sustentar a casa Ronald McDonald.
Por ajudar a carregar a bagagem no dia de Ação de Graças.
Por dar em todos um beijo (e queremos dizer todos).
Por escutar.
Por administrar a única grande empresa aérea lucrativa.
Por cantar em nossa festa de feriado.
Por cantar somente uma vez ao ano.
Por nos deixar vestir calções e tênis para trabalhar.
Por jogar golfe no The LUV Classic apenas um taco.
Por ser mais tagarela que o Sam Donaldson.
Por dirigir sua Harley Davidson pela sede Centro-Oeste.
Por ser um amigo, não somente um chefe.
Feliz Dia do Chefe, de cada um de seus 16 mil funcionários.[2]

Uma demonstração de carinho como essa ocorre somente quando um líder trabalhou duro para conectar-se ao seu pessoal.

Nunca subestime a importância de estabelecer pontes relacionais entre você e os outros ao seu redor. Há um velho ditado que diz: para conduzir a si mesmo, use sua cabeça; para conduzir os outros, use o seu coração. Sempre toque o coração de uma pessoa antes de pedir sua ajuda.

Como posso me tornar um ouvinte melhor?

Trate cada pessoa como se fosse a pessoa mais importante do mundo

Edgar Watson certa vez disse a seguinte pilhéria: "Nenhum homem escutaria você falar se não soubesse que a próxima vez seria dele." Infelizmente, isso descreve com exatidão o modo como muitas pessoas se relacionam com a comunicação — elas estão muito ocupadas esperando sua vez para verdadeiramente escutar os outros. Mas, pessoas bem-sucedidas compreendem o valor incrível de se tornar um bom ouvinte.

A capacidade de se escutar habilmente é a base para o cultivo de relacionamentos pessoais. Quando Lyndon B. Johnson era ainda um senador novato do Texas, ele manteve uma placa na parede de seu escritório que dizia o seguinte: "Você não está aprendendo nada enquanto está falando." E Woodrow Wilson, o 28º presidente norte-americano, disse certa vez que "o ouvido do líder deve soar com as vozes das pessoas".

O VALOR DE ESCUTAR

Atente para os benefícios de escutar:

Escutar mostra respeito

Um erro que as pessoas frequentemente cometem ao comunicar-se é o de tentar impressionar muito bem as outras pessoas. Elas tentam parecer inteligentes, espirituosas ou agradáveis. Mas se você quer se relacionar bem com os outros, deve estar disposto a concentrar-se naquilo que eles têm a oferecer. Seja alguém que se impressiona e é interessado, não alguém impressionante e interessante. O poeta-filósofo Ralph Waldo Emerson dizia que "todo homem que conheço é de algum modo meu superior, e eu posso aprender dele". Lembre-se disso e escute, e as linhas de comunicação irão verdadeiramente se abrir.

Escutar cultiva relacionamentos

Dale Carnegie, autor de *How to Win Friends and Influence People* [Como fazer amigos e influenciar pessoas], aconselhou o seguinte: "Você pode fazer mais amigos em duas semanas ao se tornar um bom ouvinte do que em dois anos tentando fazer com que as pessoas se interessem por você." Carnegie foi incrivelmente habilidoso para compreender os relacionamentos. Ele reconhecia que as pessoas concentradas em si mesmas, e que falam sobre si mesmas e sobre seus interesses o tempo todo, raramente desenvolviam relacionamentos fortes com outras pessoas. David Schwartz notou em *The Magic of Thinking Big* [A mágica de pensar grande], que "pessoas grandes monopolizam a escuta; pessoas pequenas monopolizam a conversa".

Ao se tornar um bom ouvinte você está apto a conectar-se com outras pessoas em mais níveis e desenvolver relacionamentos mais fortes e profundos porque está suprindo uma necessidade. O autor C. Neil Strait destacou que "todos precisam de alguém que saibamos que nos escuta". Quando você se torna esse ouvinte importante, consegue ajudar essa pessoa.

Escutar aumenta o conhecimento

Wilson Mizner disse que "um bom ouvinte não é somente popular em toda parte, mas também porque, após um tempo, ele sabe algo". É incrível o quanto você pode aprender sobre amigos e família, seu trabalho, a organização na qual trabalha, e de você mesmo quando decide verdadeiramente escutar os outros. Mas nem todos estão dispostos a usufruir desse benefício. Por exemplo, certa vez ouvi uma história sobre um tenista profissional que estava dando uma lição a um aluno. Depois de observá-lo bater várias vezes na bola, o tenista o fez parar e sugeriu maneiras de como ele poderia melhorar sua batida. Mas cada vez que ele fazia isso, o aluno o interrompia, dava uma opinião diferente a respeito do problema e dizia como ele poderia ser resolvido. Depois de muitas interrupções, o tenista começou a movimentar sua cabeça em sinal de aprovação.

Quando a lição acabou, uma mulher que estava observando a cena perguntou ao tenista por que ele havia ouvido aquelas sugestões estúpidas do rapaz?

O tenista sorriu e respondeu que havia aprendido que era perda de tempo tentar vender *respostas* verdadeiras a alguém que quisesse somente comprar *ecos*.

Tome cuidado para não se colocar em uma posição na qual você pensa que sabe todas as respostas. Toda vez que agir assim, estará correndo perigo. É quase impossível pensar sobre si mesmo como "o especialista" e continuar crescendo e aprendendo ao mesmo tempo. Todos os grandes aprendizes são grandes ouvintes.

Um problema comum quando as pessoas obtêm autoridade é que elas, na maioria das vezes, passam cada vez menos a escutar outras pessoas, especialmente as que se reportam a elas. Caso seja verdade que quanto mais alto seu posto menos necessário se torna escutar os outros, é também verdade que a sua necessidade de boas habilidades de escuta aumenta. Quanto mais longe se vai da linha de frente, mais se depende de outras pessoas para obter informações confiáveis. Apenas se, rapidamente, você desenvolver boas habilidades de escuta é que poderá obter as informações de que necessita para ser bem-sucedido.

Se, ao caminhar pela vida, você se torna mais bem-sucedido, não perca de vista sua necessidade de continuar crescendo e melhorando. E lembre-se: um ouvido surdo é a evidência de uma mente fechada.

Escutar gera ideias

Boas empresas têm a reputação de escutar o seu pessoal. A Brinker International, proprietária da Chili's, do On the Border, do Romano's Macaroni Grill e de outras cadeias de restaurantes, é uma das redes de serviços alimentícios mais bem administradas dos Estados Unidos de acordo com a revista Restaurants and Institutions (Restaurantes e Instituições). Quase 80 % de seus itens de menu foram incorporados a partir de sugestões feitas por seus gerentes de unidade.

Aquilo que é bom para empresas eficientes é bom para o indivíduo. Quando você escuta os outros de modo consistente, nunca sofre por falta de ideias. As pessoas amam dar sua contribuição, especialmente quando seus líderes compartilham seus créditos com elas. Se você dá às pessoas oportunidade de compartilhar seus pensamentos e escuta com a mente aberta, sempre haverá um fluir de novas ideias. E mesmo se você ouvir ideias que não vingarão, o simples ato de escutá-las quase sempre estimula outros pensamentos criativos em você e nos outros. Você nunca saberá quão perto está de uma ideia que vale milhões, a menos que esteja disposto a escutar.

Escutar estimula a lealdade

Algo engraçado acontece quando você não tem o hábito de escutar as pessoas. Elas encontram outras pessoas que as escutarão. Toda vez que empregadores, cônjuges, colegas, filhos ou amigos não mais acreditam que estão sendo ouvidos, eles buscam pessoas que lhes darão o que desejam. Às vezes, as consequências podem ser desastrosas: o fim de uma amizade, a falta de autoridade no trabalho, diminuição da influência dos pais ou o colapso de um casamento.

Por outro lado, a prática de boas habilidades de escuta atrai pessoas para perto de você. Todos amam bons ouvintes e sentem-se atraídos por ele. E se você escutar os outros consistentemente, valorizando a pessoa e também aquilo que eles têm a oferecer, eles provavelmente desenvolverão um forte sentimento de lealdade para com você, mesmo quando sua autoridade sobre eles for extra-oficial ou informal.

Escutar é uma maneira eficiente de ajudar os outros e a si mesmo

Roger G. Imhoff frisou: "Deixe que os outros confiem em você. Isso pode não ajudá-lo, mas certamente os ajudará." Em um primeiro momento, escutar os outros pode parecer benéfico somente para eles. Mas, quando você se torna um bom ouvinte, coloca-se em uma posição de ajuda a si mesmo também. Você tem a habilidade de desenvolver relacionamentos fortes, reunir informações valiosas, e aumentar sua compreensão acerca de si mesmo e dos outros.

Como desenvolver habilidades de ouvinte

Para tornar-se um bom ouvinte você tem de querer ouvir. Mas você também precisa adquirir algumas habilidades que irão ajudá-lo. Aqui estão nove sugestões para auxiliá-lo a se tornar um bom ouvinte:

1. *Olhe para quem está falando*

Todo o processo de escuta começa com dar à outra pessoa sua atenção completa. Ao interagir com alguém, não dê andamento ao seu trabalho, não mexa com papéis, não lave a louça nem assista à televisão. Separe o tempo para concentrar-se somente na outra pessoa. E se você não tiver tempo naquele momento, marque um horário o mais rápido possível.

2. *Não interrompa*

A maioria das pessoas reage negativamente ao ser interrompida. Isso as faz sentir-se desrespeitadas. E, de acordo com Robert L. Montgomery, autor de *Listening Made Easy* [Ouvir facilitou], "é tão grosseiro pisar nas ideias das pessoas quanto o é pisar em seus pés".

Pessoas com tendência para interromper as outras geralmente o fazem por uma destas razões:

- Elas não dão valor suficiente ao que a outra pessoa tem a dizer.
- Elas querem impressionar os outros mostrando o quão inteligentes e intuitivas elas são.
- Elas ficam tão empolgadas com a conversa que não deixam a outra pessoa terminar de falar.

Se você possui o hábito de interromper as outras pessoas, examine suas motivações e determine-se a mudar. Dê as pessoas o tempo de que necessitam para se expressar. E não sinta que deve falar o tempo todo. Períodos de silêncio podem dar-lhe a chance de refletir sobre o que está sendo dito, de modo que você possa responder de maneira apropriada.

3. *Concentre-se na compreensão*

Você já notou com que rapidez as pessoas esquecem aquilo que ouvem? Estudos em instituições como Michigan State, Ohio State, Florida State e a Universidade de Minnesota indicam que grande parte das pessoas pode recordar-se de somente 50% do que ouviu imediatamente depois de ter ouvido. E, à medida que o tempo passa, sua habilidade de lembrar-se das coisas continua a declinar. No dia seguinte, sua retenção está normalmente abaixo dos 25%.

Uma maneira de combater essa tendência é ter como objetivo compreender, e não simplesmente se lembrar dos fatos. O advogado, professor e autor Herb Cohen enfatizou que "a escuta efetiva exige mais do que ouvir as palavras transmitidas. Ela requer que você encontre significado e tenha compreensão do que está sendo dito. Afinal, os significados não estão nas palavras, mas nas pessoas".

4. *Determine a necessidade no momento*

Muitos homens e mulheres vivem em conflito porque às vezes se comunicam com propósitos distintos. Eles deixam de pensar na necessidade da outra pessoa no momento da interação. Os homens, na maioria das vezes, querem resolver qualquer problema sobre o qual discutem; sua necessidade é de resolução. Mulheres, por outro lado, estão mais propensas a simplesmente compartilhar um problema; não exigem nem desejam soluções. Toda vez que você consegue determinar a necessidade das pessoas com quem está se comunicando, consegue colocar o que dizem no contexto apropriado. E conseguirá compreendê-los melhor.

5. *Confira suas emoções*

Muitas pessoas carregam bagagens emocionais que as fazem reagir a certas pessoas e situações. Sigmund Freud declara: "um homem com dor de dente não pode estar apaixonado", querendo dizer que a dor de dente não lhe permite notar nenhuma outra coisa senão a sua dor. Do mesmo modo, toda vez que uma pessoa tem um machado para afiar, as palavras dos outros são afogadas pelo som da máquina afiadora.

Toda vez que você fica muito emocionado ao escutar outra pessoa, é aconselhável conferir suas emoções — especialmente se a sua reação parecer mais forte do que a situação justifique. Você não quer fazer de uma pessoa insuspeita o recipiente de sua investigação. Além disso, mesmo se suas reações não forem devidas a um evento de seu passado, você sempre deveria permitir que os outros concluíssem a explanação de seus pontos de vista, ideias ou convicções antes de oferecer as suas.

6. *Suspenda seu julgamento*

Você alguma vez começou a escutar outra pessoa contando uma história e começou a responder-lhe antes que terminasse? Quase todos já fizemos isso. Mas a verdade é que você não pode antecipar-se nas conclusões e ser um bom ouvinte ao mesmo tempo. Ao conversar, espere até ouvir toda a história antes de responder. Se você não fizer isso, pode perder o que de mais importante tencionava dizer.

7. *Faça um resumo nos intervalos principais*

Especialistas concordam que escutar é uma ação mais efetiva quando ativa. John H. Melchinger sugere: "Comente o que ouve, e individualize os seus comentários." Por exemplo, você pode dizer: "Fulano, isso é obviamente muito importante para você. Isso o ajudará a mantê-lo 'nos trilhos' enquanto ouvinte. Vá além, 'isso é interessante'. Se você praticar consigo mesmo o comentário de maneira significativa, o orador saberá que você está escutando e pode oferecer informações adicionais."

Uma técnica de escuta ativa é a de resumir aquilo que a outra pessoa diz nos intervalos principais. Quando o orador terminar um assunto, parafraseie seus pontos ou ideias principais antes que ele continue e verifique se você captou a mensagem correta. Fazer isso tranquiliza a pessoa e ajuda você a permanecer concentrado no que ela está tentando comunicar.

8. *Faça perguntas de esclarecimento*

Você já notou que os grandes repórteres são excelentes ouvintes? Tomo como exemplo Bárbara Walters. Ela olha para o orador, concentra-se na compreensão, suspende qualquer julgamento e resume o que a pessoa tem a dizer. As pessoas confiam nela e parecem estar dispostas a contar-lhe qualquer coisa. Mas ela tem ainda uma outra habilidade que a ajuda a obter mais informações e aumenta sua compreensão da pessoa que está entrevistando. Ela faz boas perguntas.

Se você quer se tornar um ouvinte eficiente, torne-se um bom repórter — não um repórter bisbilhoteiro, mas alguém que educadamente faz perguntas sequenciais e que busca esclarecimento. Se você mostrar às pessoas o quanto se importa e fizer perguntas de maneira não-ameaçadora, ficará impressionado com a quantidade de informações que elas lhe darão.

9. *Sempre faça do ouvir a sua prioridade*

Lembre-se sempre de que ouvir é a sua prioridade, não importa quão ocupado você esteja ou quão longe você suba em sua empresa. Exemplo extraordinário de um executivo ocupado, mas que arranjou tempo, é o do falecido Sam Walton, fundador da Wal-Mart e um dos homens mais ricos dos Estados Unidos. Ele acreditava na importância de ouvir o que as pessoas tinham para dizer, especialmente seus empregados. Certa vez, ele viajou em seu avião para Mt. Pleasant, Texas; aterrissou e deu instruções para que seu co-piloto o encontrasse a aproximadamente 150 km adiante. Ele então viajou em um caminhão da Wal-Mart só para poder conversar com o motorista. Nós todos deveríamos dar ao ouvir esse tipo de prioridade.

Se você mostrar às pessoas o quanto se importa e fizer perguntas de maneira não-ameaçadora, ficará impressionado com a quantidade de informações que elas lhe darão.

Muitas pessoas não valorizam a habilidade de escutar. A maioria das pessoas considera que escutar seja algo fácil, e se consideram ouvintes muito bons. Mas, se é verdade que a maioria das pessoas é capaz de ouvir, poucas são capazes de realmente escutar. No entanto, nunca é tarde para se tornar um bom ouvinte. Isso pode mudar a sua vida — e a vida das pessoas em sua vida.

Capítulo 12

O desenvolvimento dos relacionamentos

Como cultivar a confiança nas pessoas?

Quando suas palavras e ações se casam, as pessoas sabem que podem confiar em você

Em seu *best-seller*, *7 hábitos das pessoas altamente eficazes*, Stephen R. Covey escreveu sobre a importância da integridade para o sucesso de uma pessoa:

> Se eu tentar usar estratégias para influenciar pessoas e táticas de como agir para que outras pessoas façam o que eu quero, para trabalharem melhor, estarem mais motivadas, gostarem de mim e também umas das outras — enquanto que o meu caráter é fundamentalmente falho, marcado por duplicidade e falta de sinceridade — então, a longo prazo, não posso ser bem-sucedido. Minha duplicidade irá gerar desconfiança, e tudo o que eu fizer — mesmo utilizando as chamadas boas técnicas de relações humanas — será visto como manipulação.
>
> Simplesmente não fará diferença, por melhor que seja a retórica ou por melhores que sejam as intenções; se houver pouca ou nenhuma confiança, não há base ou sucesso permanente. Só a bondade genuína dá vida à tecnologia.[1]

A integridade é fundamental para o sucesso empresarial e pessoal. Um estudo conjunto conduzido pela Escola Graduada de Gerenciamento da Universidade da Califórnia e pela Korn Ferry International, de Nova York, ouviu 1.300 executivos graduados. Para 71% deles, a integridade era a qualidade mais necessária para o sucesso nos negócios. E um estudo do Centro para Pesquisa Criativa concluiu que, embora muitos obstáculos precisem ser vencidos por uma pessoa que queira chegar ao topo de uma organização, essa pessoa quase nunca estará apta a crescer profissionalmente se comprometer sua integridade traindo a confiança de alguém.

A integridade está nas pequenas coisas

A integridade é ingrediente importante no cultivo de relacionamentos. E é o fundamento sobre o qual muitas outras qualidades para o sucesso são construídas, tais como respeito, dignidade e confiança. Se o fundamento da integridade é fraco ou fundamentalmente falho, o sucesso então se torna impossível. Como a autora e amiga Cheryl Biehl destaca: "Uma das realidades da vida é a de que, se você não pode confiar em uma pessoa em todos os aspectos, não pode confiar nela." Até mesmo pessoas que conseguem ocultar sua falta de integridade por um determinado período irão por fim experimentar o fracasso, e seus relacionamentos irão sofrer as consequências.

É crucial manter a integridade cuidando-se nas pequenas coisas. Muitas pessoas não compreendem isso. Pensam que podem fazer o que quiserem no que tange a pequenas coisas porque acreditam que não tenham grandes lapsos, e por isso estão indo bem. Mas, princípios éticos não são flexíveis. Uma pequena mentira é uma mentira. Roubo é roubo — quer seja de $1, $1.000 ou $1 milhão. A integridade está comprometida com o caráter acima do ganho pessoal, com as pessoas acima das coisas, com o serviço acima do poder, com o princípio acima da conveniência, com a visão a longo prazo acima da visão imediata.

O líder religioso do século XIX, Philips Brooks, sustentava que "o caráter é forjado nos pequenos momentos de nossa vida". Toda vez que você quebra um princípio moral, cria uma pequena rachadura na fundação de sua integridade. E quando as coisas se complicam, fica mais difícil agir com integridade. O caráter não se forja em uma crise; ele somente vem à luz. Tudo o que você fez no passado — e as coisas que negligenciou e deixou de fazer — vêm à tona quando você está sob pressão.

Desenvolver e manter a integridade requer atenção constante. Josh Weston, ex-presidente e CEO da Automatic Data Processing Inc., disse: "Sempre tentei viver obedecendo à seguinte regra: 'não faça o que não se sentiria à vontade de ler nos jornais no dia seguinte'." Esse é um bom padrão que todos nós deveríamos manter.

A INTEGRIDADE É UMA TAREFA INTERIOR

Uma das razões pelas quais muitas pessoas lutam com questões relacionadas à integridade é que elas têm a tendência de olhar para dentro de si mesmas e conseguir explicar quaisquer deficiências de caráter. Mas o desenvolvimento do caráter é uma tarefa interior. Observe as três verdades acerca da integridade que vão contra o pensamento corrente:

1. *A integridade não é determinada pelas circunstâncias*

É fato que nossa educação e as circunstâncias afetam quem somos, especialmente quando jovens. Mas, quanto mais velhos ficamos, maior o número de escolhas que fazemos — para o bem e para o mal. Duas pessoas podem crescer em um mesmo ambiente, até em uma mesma casa, e uma pode ser íntegra e a outra não. As circunstâncias são tão responsáveis por seu caráter quanto um espelho o é por sua aparência. Quem você vê somente reflete quem você é.

2. *A integridade não está fundamentada em credenciais*

Na Antiguidade, os oleiros, os gravadores e outros artesãos usavam um símbolo para marcar os objetos criados. O símbolo que cada um usava representava seu "caráter". O valor do trabalho era proporcional à habilidade do artesão. E somente se a qualidade do trabalho fosse boa, o caráter seria apreciado. Em outras palavras, a qualidade da pessoa e de seu trabalho valorizava suas credenciais. Se o trabalho fosse bom, o caráter também o era. Se fosse ruim, o caráter então era visto como fraco.

O mesmo acontece conosco hoje. O caráter é fruto de quem somos. Mas algumas pessoas gostariam de ser julgadas não por aquilo que são, mas pelos títulos que adquiriram ou pela posição que sustentam, independentemente da natureza de seu caráter. Seu desejo é o de influenciar a partir do peso de suas credenciais e não da força de seu caráter. Credenciais nunca realizam o que o caráter pode efetivar. Observe algumas diferenças entre os dois:

Credenciais	Caráter
São transitórias Concentram-se nos direitos	É permanente Concentra-se nas responsabilidades
Valorizam somente uma pessoa	Valoriza muitas pessoas
Olham para realizações passadas	Cultiva um legado para o futuro
Quase sempre provocam inveja nos outros	Gera respeito e integridade
Podem levá-lo somente até a porta	Mantém você lá

Títulos, diplomas, cargos, indicações, prêmios, licenças ou outras credenciais podem substituir a integridade quando o assunto é o poder de influenciar pessoas.

3. *A integridade não deve ser confundida com reputação*

Uma boa reputação é, por certo, valiosa. O rei Salomão de Israel declarou que "um bom nome é mais desejável do que grandes riquezas".[2] Mas a boa reputação é reflexo de um bom caráter. Se a boa reputação é como ouro, então a integridade é como possuir uma mina. Preocupe-se menos com o que os outros pensam, e dê atenção ao seu caráter interior. D. L. Moody escreveu: "Se eu cuidar do meu caráter, minha reputação cuidará de si."

Se a boa reputação é como ouro, então a integridade é como possuir uma mina.

Se você luta por manter sua integridade, e está fazendo tudo o que é certo externamente — mas não está obtendo os resultados esperados — algo está errado e precisa ser mudado internamente. Observe as perguntas a seguir. Elas podem ajudá-lo a localizar áreas que precisam de atenção.

Perguntas para ajudá-lo a avaliar sua integridade

1. Trato bem as pessoas, mesmo se não tenho nada a ganhar com isso?
2. Sou transparente com os outros?
3. Represento um papel, dependendo da pessoa que está comigo?
4. Sou a mesma pessoa, tanto sob os refletores quanto quando estou sozinho?
5. Admito rapidamente que errei sem ser pressionado para isso?
6. Coloco as pessoas acima de minha agenda pessoal?
7. Possuo um padrão imutável para decisões morais, ou as circunstâncias determinam minhas escolhas?
8. Tomo decisões difíceis, mesmo quando têm um custo pessoal atrelado a elas?
9. Quando tenho algo a dizer às pessoas, converso com elas ou sobre elas?
10. Presto contas a pelo menos uma pessoa sobre o que penso, digo e faço?

Não seja tão rápido em responder às perguntas. Se o desenvolvimento do caráter é uma área séria de necessidade em sua vida, sua tendência pode ser a de passar o olho sobre as perguntas, dando respostas que descrevam o quanto você desejaria ser diferente de quem realmente é. Separe algum tempo para refletir sobre cada uma das perguntas, considerando-as honestamente antes de responder. E então trabalhe nas áreas em que estiver tendo maior dificuldade.

A INTEGRIDADE É SUA MELHOR AMIGA

A integridade é sua melhor amiga. Nunca irá traí-lo ou colocá-lo em uma situação constrangedora. Ela mantém suas prioridades no lugar certo. Quando você for tentado a trilhar atalhos, ela o ajudará a ficar no caminho estabelecido. Quando outros o criticarem injustamente, ela o ajudará a continuar seguindo adiante e tomar o caminho excelente de não revidar. E quando a crítica dos outros for válida, a integridade o ajudará a aceitar o que eles dizem, aprender com ela, e continuar crescendo.

Abraham Lincoln certa vez declarou: "Quando eu largar as rédeas de minha administração, quero ter um amigo sobrando. E esse amigo está dentro de mim mesmo." Você poderia dizer que a integridade de Lincoln foi sua melhor amiga enquanto ele estava no governo porque ele foi ferozmente criticado. Aqui está uma descrição do que ele enfrentou, explicada por Donald T. Phillips:

> Abraham Lincoln foi caluniado, difamado e odiado, talvez mais intensamente que qualquer outro homem que um dia ocupou o maior posto da nação... ele foi publicamente chamado de todo nome imaginável pela imprensa de seus dias, como estúpido, grotesco, advogado de terceira categoria que antes separava trilhos e agora separa a União, gracejador vulgar e rude, ditador, macaco, bufão, entre outras coisas. The Illinois State Register o rotulou como "o mais habilidoso e desonesto político que caluniou uma administração nos Estados Unidos..." Críticas severas e injustas não diminuíram por parte dos simpatizantes sulinos. Vinham da própria União, do Congresso, de algumas facções dentro do partido Republicano, e, inicialmente, de dentro de seu próprio gabinete. Mas o presidente Lincoln aprendeu que, não importa o que tivesse feito, haveria pessoas descontentes.[3]

Em meio a tudo isso, Lincoln foi um homem de princípios. E como disse sabiamente Thomas Jefferson: "Deus, dá que homens de princípios sejam nossos principais líderes."

A INTEGRIDADE É A MELHOR AMIGA DE SEUS AMIGOS

A integridade é a sua melhor amiga. É também uma das melhores amigas que os seus amigos terão. Quando as pessoas ao seu redor sabem que você é uma pessoa íntegra, sabem também que você quer aproveitar oportunidades para valorizar a sua vida. Elas não precisam se preocupar com as suas motivações.

Se você é fã de basquete, irá provavelmente se lembrar de Red Auerbach. Ele foi o presidente e o gerente geral do Boston Celtics de 1967 a 1987. Ele verdadeiramente entendeu como a integridade valoriza os outros, especialmente quando as pessoas trabalham juntas em uma equipe. Ele tinha um método de recrutamento diferente do da maioria dos líderes de equipe da NBA. Quando entrevistava um jogador em potencial para os Celtics, preocupava-se principalmente com o caráter do jovem. Enquanto outros se concentravam quase que inteiramente nas estatísticas e no desempenho individual, Auerbach queria conhecer a atitude do jogador. Ele supunha que o caminho da vitória era encontrar jogadores que dessem o melhor de si em benefício do time. Um jogador extremamente hábil, mas cujo caráter fosse fraco ou cujo desejo fosse promover somente a si mesmo, não se traduzia em ganho para a equipe.

Alguém já disse que você não conhece realmente as pessoas até que as tenha observado interagir com uma criança, ou quando o carro apresenta um pneu furado, ou quando o chefe está ausente, ou quando pensam que, se fizerem algo errado, ninguém jamais saberá. Mas pessoas íntegras nunca precisam se preocupar com isso. Não importa onde estiverem, com quem estiverem, ou em que tipo de situação se encontrarem, elas são consistentes e vivem por seus princípios.

Torne-se uma pessoa íntegra

No final, você pode ajustar suas ações para que se conformem aos seus princípios, ou pode ajustar seus princípios para se conformarem às suas ações. Trata-se de uma escolha que você tem de fazer. Se você quiser ser bem-sucedido, é melhor escolher o caminho da integridade porque todas as outras estradas por fim levam à ruína.

Para tornar-se uma pessoa íntegra você precisa voltar ao que é essencial. Você terá de fazer algumas escolhas difíceis, mas elas valerão a pena.

Comprometa-se com a honestidade, a confiabilidade e a confidencialidade

A integridade começa com uma decisão consciente e específica. Se você esperar pela crise antes de resolver suas questões relacionadas à integridade, já se programou para fracassar. Escolha hoje mesmo viver apoiado em um código rigoroso de moral, e esteja determinado a firmar-se nele, não importa o que aconteça.

Decida de antemão que você não tem um preço

O presidente George Washington notou que "poucos homens possuem a virtude de resistir ao arrematador". Algumas pessoas podem ser compradas porque não acertaram a questão do dinheiro antes do momento da tentação. A melhor maneira de guardar-se contra eventuais brechas na integridade é tomar uma decisão hoje de que você não negociará sua integridade: nem por poder, vingança, orgulho ou dinheiro — nenhuma quantia em dinheiro.

Todos os dias, faça o que deve ser feito antes do que deseja fazer

A integridade é decorrência de nossas responsabilidades. Nosso amigo Zig Ziglar diz: "Quando você faz coisas que tem de fazer quando deve fazer, chegará o dia em que você fará as coisas que quer fazer quando quiser fazer." O filósofo e psicólogo William James ilustrou essa ideia mais enfaticamente: "Todos deveriam fazer, todos os dias, no mínimo duas coisas que odeiam fazer, só para se exercitar."

Com integridade, você pode experimentar liberdade. Você fica não somente menos propenso a ser escravizado pelo estresse, fruto de más decisões, dívidas, decepções e outras questões negativas de caráter, como também fica livre para influenciar outros e valorizá-los de maneira surpreendente. E a sua integridade abre as portas para que você experimente sucesso contínuo.

Se você sabe que o que defende é correto e age de acordo com esses princípios, as pessoas podem confiar em você. Você é um modelo de caráter e consistência que outras pessoas admiram e querem imitar. E você lançou o bom fundamento que torna possível cultivar relacionamentos positivos.

Qual é o meu relacionamento mais importante?

SEJA BEM-SUCEDIDO NO LAR E TODOS OS OUTROS RELACIONAMENTOS SERÃO MAIS FÁCEIS

Você sabia que, de acordo com o Departamento de Estatísticas Trabalhistas, as famílias se dissolvem em uma taxa maior nos Estados Unidos do que em qualquer outro país industrializado? E que também os norte-americanos são os pais mais ausentes de casa? As leis de divórcio nos Estados Unidos são as mais permissíveis do mundo, e as pessoas as utilizam em um nível alarmante.[4] Para algumas pessoas, casamentos e famílias se tornaram casualidades aceitáveis na busca pelo sucesso.

Mas muitas pessoas estão agora percebendo que a felicidade à custa do rompimento familiar é uma ilusão. Você não pode desistir de seu casamento ou negligenciar seus filhos e mesmo assim obter o verdadeiro sucesso. Cultivar e manter famílias fortes trazem benefícios em todos os sentidos, incluindo o de nos ajudar a sermos bem-sucedidos. O especialista em vida familiar Nick Stinnet afirmou há mais de uma década que "quando você tem uma vida familiar saudável, recebe a mensagem de que é amado, cuidado e importante. *O fluxo de entrada positivo que se traduz em amor, afeição e respeito... dá a você recursos interiores para lidar com a vida de maneira mais bem-sucedida*" (ênfases minhas).

TRABALHANDO PARA PERMANECER JUNTOS

Logo no início de nosso casamento, Margaret e eu percebemos que, em minha carreira, eu viajaria muito. E nós decidimos que sempre que eu tivesse a oportunidade de ir a algum lugar interessante ou participar de um evento que sabíamos que seria bom, ela viria comigo, mesmo quando fosse complicado financeiramente. Temos feito um bom trabalho ao manter esse compromisso durante todos esses anos.

Margaret e eu, com nossos filhos Elizabeth e Joel Porter, já estivemos em capitais da Europa, nas selvas da América do Sul, nas fervilhantes cidades da Coreia, nas escarpadas zonas rurais da Austrália, e em safáris na

África do Sul. Conhecemos pessoas maravilhosas de diferentes etnias e de uma infinidade de nacionalidades. Tivemos a oportunidade de ver e fazer coisas que ficarão em nossa memória para o resto de nossa vida. Bem cedo decidi que nenhum ganho teria valor se eu perdesse minha família.

Estou certo de que não teria experimentado o sucesso na vida sem Margaret. Mas a minha gratidão para com ela e as crianças não vem do que eles me proporcionaram; vem de quem eles são para mim. Quando eu chegar ao fim de meus dias, não quero que Margaret, Elizabeth ou Joel Porter digam que fui um bom autor, palestrante, pastor ou líder. Meu desejo é que meus filhos pensem que eu sou um bom pai e que Margaret pense que sou um bom marido. Isso é o que mais importa. É a medida do verdadeiro sucesso.

PASSOS PARA SE CULTIVAR UMA FAMÍLIA SAUDÁVEL

Bons casamentos e famílias saudáveis são uma alegria, mas não acontecem por si mesmos. O Dr. R. C. Adams, que estudou milhares de casamentos por mais de dez anos, constatou que somente 17% das uniões analisadas poderiam ser consideradas verdadeiramente felizes. E Jarle Brors, ex-diretor do Instituto de Casamento e Relações Familiares de Washington DC, disse que "estamos finalmente percebendo que temos de voltar às origens a fim de estabelecer o tipo de família que nos dá a segurança necessária para as crianças poderem crescer". Se queremos ter famílias sólidas e casamentos saudáveis, temos de trabalhar duro para criá-los. Se você tem uma família — ou pretende ter uma no futuro — observe as seguintes orientações. Elas têm ajudado no desenvolvimento da família Maxwell, e eu creio que elas podem ajudá-lo a fortalecer a sua.

Decidi que nenhum ganho teria valor se eu perdesse minha família.

Expressem apreciação um pelo outro

Certa vez, ouvi alguém dizer que a casa é o lugar para onde os membros da família vão quando estão cansados de ser legais com as outras pessoas. Infelizmente alguns lares parecem funcionar desse jeito. Um vendedor passa o dia tratando seus clientes com a máxima bondade, na maioria das vezes enfrentando situações de rejeição, para fazer prosperar seu negócio, mas é rude com sua esposa ao chegar em casa. Ou um médico passa o dia sendo cuidadoso e compassivo com seus pacientes, mas ao colocar os pés em casa, exausto, explode com seus filhos.

Para cultivar uma família saudável você tem de fazer de sua casa um ambiente de apoio. O psicólogo William James observou: "Em todas as pessoas, do berço ao túmulo, há um desejo profundo de ser apreciado." Sentir-se apreciado desperta nas pessoas o que elas têm de melhor. E quando a apreciação vem do lar e é acompanhada de aceitação, amor e encorajamento, os laços entre os membros da família crescem e o lar se torna um abrigo seguro para todos.

Já ouvi que para cada observação negativa feita a um membro da família são necessárias quatro declarações positivas para compensar o dano. É por isso que é tão importante concentrar-se nos aspectos positivos da personalidade uns dos outros e expressar amor incondicional uns pelos outros, verbal e não-verbalmente. Dessa forma, o lar então se torna um ambiente positivo para todos.

Estruturem sua vida para passarem tempo juntos

Dizem que o lar norte-americano tem se tornado um trevo onde membros da família passam um pelo outro a caminho de um sem-número de lugares e atividades. Isso parece ser verdadeiro. Quando eu era menino, passava muito tempo com meus pais, meu irmão e minha irmã. Saíamos juntos de férias, na maioria das vezes de carro. Como pai, tem sido difícil manter viva essa tradição. Temos sido bons no planejamento e conseguimos sair juntos de férias, mas às vezes precisamos ser criativos para estarmos juntos. Quando os filhos eram menores, por exemplo, sempre tentei levá-los à escola pela manhã para ter um tempo com eles. Mas, com tantas coisas acontecendo em nossa vida ocupada, concluímos que a única maneira de passarmos tempo juntos seria um planejamento cuidadoso.

Todos os meses, passo horas examinando minha agenda de viagens, selecionando quais lições escrever, pensando nos projetos que tenho de finalizar e assim por diante. Nessas ocasiões, planejo meu trabalho para o restante do mês. Mas antes de fechar qualquer data de trabalho, escrevo todas as datas importantes para as atividades familiares. Separo tempo para aniversários, comemorações de datas especiais, jogos, apresentações teatrais, cerimônias de graduação, concertos e jantares românticos. E também agendo tempo individual com Margaret e cada um dos filhos, para que possamos continuar cultivando nossos relacionamentos. E uma vez que todas essas coisas estão agendadas, planejo minha agenda de trabalho ao redor delas. Tenho feito isso há anos, e esse tem sido o único recurso para impedir que o meu trabalho jogue minha família para fora de minha agenda. Tenho descoberto que preciso estruturar estrategicamente minha vida para ter tempo para a minha família.

Lide com a crise de maneira positiva

Toda família experimenta problemas, mas nem todas respondem a eles da mesma maneira. E isso, na maioria das vezes, separa uma família que está próxima de uma que mal consegue ficar junta. Tenho notado que algumas pessoas em busca de sucesso parecem evitar o ambiente familiar. Suspeito que uma das razões seja a incapacidade de lidar bem com crises familiares. Acham mais fácil tentar evitar os problemas de maneira geral. Mas isso não é uma solução.

M. Scott Peck, autor de *The Road Less Traveled* [A estrada menos viajada], tem oferecido algumas reflexões extraordinárias sobre a maneira que lidamos com problemas:

> É no processo de encarar e resolver problemas como um todo que a vida tem significado. Os problemas são o fio de instrumento cortante que distingue entre o sucesso e o fracasso. Os problemas clamam por nossa coragem e sabedoria; eles de fato criam a nossa coragem e a nossa sabedoria. É somente por causa dos problemas que crescemos mental e espiritualmente... é por meio da dor de confrontar e resolver os problemas que aprendemos. Como Benjamin Franklin disse: "Essas coisas que machucam, são as que instruem."

Se quisermos crescer como famílias e ser bem-sucedidos no lar e também em outras áreas de nossa vida, devemos aprender a lidar com as dificuldades que encontramos nelas. Aqui estão algumas estratégias para ajudá-lo no processo de solução de problemas:

- Ataquem o problema, nunca a pessoa. Tentem sempre apoiar-se uns nos outros. Lembre-se de que estão todos do mesmo lado. Não projetem suas frustrações na outra pessoa. Ao contrário, ataquem o problema.
- Obtenham todos os fatos. Nada pode ser mais danoso do que tirar falsas conclusões durante uma crise. Não desperdicem suas energias físicas e emocionais perseguindo o problema errado. Antes de tentar achar soluções, certifiquem-se de que sabem o que realmente está acontecendo.
- Relacionem todas as opções. Isso pode soar um pouco analítico demais, mas realmente ajuda porque vocês vão conseguir olhar para questões emocionais com mais objetividade. Além disso, se o problema fosse profissional e não familiar, provavelmente estariam dispostos a passar por todo esse processo. Dediquem a qualquer problema familiar, no mínimo, o mesmo tempo e energia que dedicariam a um problema profissional.
- Escolham a melhor solução. Ao decidirem por uma solução lembrem-se sempre de que pessoas são a sua prioridade. Façam suas escolhas em comum acordo.
- Procurem pelos aspectos positivos no problema. Como o dr. Peck disse, as coisas difíceis nos dão a chance de crescer. Não importa quão ruins as coisas pareçam estar no momento, quase todas as coisas têm algo positivo que é resultado delas.
- Nunca sonegue amor. Não importa quão ruins as coisas fiquem, ou quão irado você esteja, nunca sonegue o seu amor para com seu cônjuge ou seus filhos. Diga a eles como você se sente. Reconheça os problemas. Continue amando os membros de sua família incondicionalmente durante todo o processo.

Esse último ponto é o mais importante de todos. Quando você se sente amado e apoiado por sua família, pode resistir a qualquer crise.

Comunique-se continuamente

Um artigo no *Dallas Morning News* relatou que, em média, os casais casados há dez anos ou mais passam somente 37 minutos por semana em comunicação significativa. Mal pude acreditar. Compare isso ao fato de que o norte-americano, em média, passa quase cinco vezes mais que isso assistindo à televisão todos os dias! Não é de se admirar que muitos casamentos estejam passando por dificuldades. Assim como qualquer outra coisa, a boa comunicação não se desenvolve por si mesma. Ela deve ser cultivada, e esse processo demanda tempo e esforço. Aqui estão algumas sugestões para ajudá-lo a fazer exatamente isso:

- Desenvolva plataformas para a comunicação. Seja criativo para encontrar razões para conversarem uns com os outros. Façam caminhadas juntos, em família, durante as quais possam conversar. Ligue para o seu cônjuge várias vezes ao dia. Encontrem-se para almoçar uma vez por semana. Ofereça-se para levar as crianças para o treino de futebol e assim conversar com elas. A comunicação pode acontecer praticamente em qualquer lugar.
- Controle os bloqueadores de comunicação. A televisão e o telefone provavelmente roubam a maior parte do tempo de comunicação da família. Restrinja a quantidade de tempo que dá a elas, e ficará impressionado com o tempo que terá para conversar.
- Encoraje a honestidade e a transparência nas conversas. Diferenças de opinião são saudáveis e normais em uma família. Encoraje todos os membros da família a falar o que pensam, e quando o fizerem, nunca os critique ou ridicularize.
- Adote um estilo de comunicação positivo. Esteja consciente do modo como interage com os membros de sua família. Você pode ter adotado um estilo que abafa a comunicação aberta. Se você tem o hábito de usar qualquer outro estilo de comunicação que não o cooperativo, começe imediatamente a trabalhar para mudar isso. Você terá que fazê-lo se quiser cultivar o seu relacionamento com sua família.

Compartilhe os mesmos valores

Hoje, as famílias não dão aos valores a mesma prioridade ou atenção que davam no passado. O professor de educação do Boston College William Kirkpatrick declarou certa vez que "há um mito que pais não têm o direito de inculcar seus valores em seus filhos". Mais uma vez, o dogma padrão aqui é o de que crianças devem criar seus próprios valores. Mas é claro, as crianças têm uma pequena e preciosa chance de fazer isso... Faz sentido para os pais permanecerem expectadores neutros quando todos, desde escritores de *scripts* a animadores, publicitários e sexólogos, insistem em vender seus valores às crianças?[5]

A melhor maneira de começar a trabalhar para compartilhar seus valores em sua família é identificar os valores que você deseja que ela possua. Você não deve nunca ter feito isso antes. Mas para poder viver seus valores, primeiro tem de descobri-los. Geralmente variam entre três e sete fatores pelos quais você estaria disposto a realizar um grande esforço.

Deixe-me relacionar para você os cinco que identifiquei na família Maxwell para que você tenha uma ideia do que estou falando:

1. Compromisso com Deus
2. Compromisso com o crescimento pessoal e familiar
3. Experiências em comum compartilhadas
4. Confiança em si e nos outros
5. Desejo de fazer uma contribuição à vida

Os valores que escolho serão indubitavelmente diferentes dos seus, mas você precisa identificá-los. Se nunca fez isso antes, separe algum tempo para conversar sobre seus valores com seu cônjuge e filhos. Se suas crianças já são crescidas, inclua-as no processo de identificação dos valores.[6] Faça disso um tempo de discussão. E nunca relute em assumir o papel de modelo e professor de seus valores familiares. Se não fizer isso, alguém o fará.

Cultive o seu casamento

Finalmente, se você é casado, a melhor coisa que pode fazer para fortalecer sua família é cultivar o seu relacionamento conjugal. É por certo o melhor que você tem a fazer por seu cônjuge, e isso também tem um impacto incrivelmente positivo sobre seus filhos. Meu amigo Josh McDowell disse sabiamente que "a maior coisa que um pai pode fazer por seus filhos é amar a mãe deles". E a maior coisa que uma mãe pode fazer por seus filhos é amar o pai deles.

Um ingrediente frequentemente ausente em muitos casamentos é a dedicação em fazer as coisas funcionarem. Os casamentos podem começar por causa do amor, mas terminam por causa do compromisso.

O pesquisador de sexualidade Dr. Alfred Kinsey, que estudou seis mil casamentos e três mil divórcios, revelou que "talvez não haja nada mais importante em um casamento do que a determinação de que ele persistirá". Com tal determinação, os indivíduos se forçam a ajustar e a aceitar situações que pareceriam motivos suficientes para um rompimento, se a continuidade do casamento não fosse o objetivo principal. Se você quer ajudar seu cônjuge, seus filhos, e a si mesmo, comprometa-se a cultivar e a manter um casamento saudável.

O técnico de basquete da NBA Pat Riley aconselhou: "Mantenha uma vida familiar por um longo período de tempo e você poderá manter o sucesso por um longo período de tempo. As primeiras coisas vêm primeiro. Se a sua vida estiver em ordem, você pode fazer o que quiser." Há definitivamente uma correlação entre sucesso familiar e sucesso pessoal. O cultivo de relacionamentos familiares saudáveis não somente lança o fundamento para o sucesso futuro, como também dá à vida um significado mais profundo.

Eu creio que poucas pessoas foram verdadeiramente bem-sucedidas sem uma família positiva e incentivadora. Não importam quão grandes sejam as realizações das pessoas, penso que elas ainda saem perdendo quando trabalham sem o benefício desses relacionamentos próximos. É fato que algumas pessoas são chamadas para serem solteiras, mas elas são raras. Para a maioria de nós, uma boa família nos ajuda a conhecer o nosso propósito e a desenvolver o nosso potencial, e nos ajuda a desfrutar da jornada com uma intensidade que seria impossível de outra maneira. E quando se trata de lançar sementes que beneficiam outros, quem poderia obter maior benefício de você senão os próprios membros de sua família?

Como posso servir e liderar pessoas ao mesmo tempo?

VOCÊ TEM DE AMAR SEU POVO MAIS QUE SUA POSIÇÃO

O general do exército norte-americano H. Norman Schwarzkopf demonstrou habilidades de liderança muito bem-sucedidas à frente das tropas aliadas durante a Guerra do Golfo, assim como havia feito em toda a sua carreira, iniciada em West Point.

No Vietnã, ele mudou a sorte de um batalhão vacilante. O primeiro batalhão da Sexta Infantaria — conhecido como "o pior dos seis" — deixou de ser motivo de chacota para se transformar em uma força eficaz e foi selecionado para realizar uma missão mais difícil. A missão seria executada em um lugar que Schwarzkopf descreveu como "horrível e maligno", chamado de Península Batangan. A área, disputada por anos, tinha muitas minas e armadilhas camufladas; tratava-se de um terreno onde ocorriam inúmeros incidentes semanais causados por esses tipos de arma.

Schwarzkopf tirou o melhor de uma situação ruim. Introduziu procedimentos para reduzir os acidentes, e sempre que um soldado era ferido por uma mina, ele voava até o local para examinar o homem, tirava-o de lá e conversava com os outros soldados para levantar o moral da tropa.

No dia 28 de maio de 1970, um homem foi atingido por uma mina, e Schwarzkopf, então um coronel, voou até o local. Enquanto o helicóptero socorria o soldado ferido, outro soldado pisou em uma mina, ferindo gravemente a perna. O homem contorcia-se no chão, gritando e gemendo de dor. Foi quando todos perceberam que a primeira mina era uma armadilha isolada. Estavam todos no meio de um campo minado.

Schwarzkopf acreditava que o homem ferido pudesse sobreviver e até mesmo preservar sua perna — mas somente se parasse de agitar-se no chão. Havia apenas uma coisa que Schwarzkopf podia fazer: ir até o homem e imobilizá-lo. Schwarzkopf escreveu:

> Comecei a atravessar o campo minado, com um passo lento de cada vez, olhando fixo no chão, procurando por montinhos indicadores ou pequenas presas apontando no meio da lama. Meus joelhos chacoalhavam tanto que cada vez que eu dava um passo, tinha que agarrar minha perna e firmá-la com ambas as mãos antes que pudesse dar outro... parece que se passaram mil anos antes que eu pudesse alcançar o rapaz.

Schwarzkopf, com mais de 100 quilos, que havia sido um lutador em West Point, apanhou o homem ferido e o acalmou. Isso salvou a vida dele. E com a ajuda de uma equipe de engenharia, Schawrzkopf tirou o soldado ferido e todos os outros do campo minado.

A qualidade que Schawrzkopf demonstrou naquele dia poderia ser descrita como heroísmo, coragem, ou mesmo temeridade. Mas eu penso que a palavra que melhor descreve as atitudes dele é serviço. Naquele dia, a única maneira pela qual ele poderia ser eficaz como líder seria servindo ao soldado que estava em dificuldade.

Ter um coração de servo

Quando você pensa em serviço, você imagina uma atividade executada por pessoas relativamente limitadas em termos de habilidades, no final da fila rumo ao pódio? Se você pensa assim, tem uma impressão errada. Serviço não está relacionado à posição ou habilidade. O serviço tem a ver com atitude. Você sem dúvida encontrou pessoas em posição de serviço com atitudes pobres com relação ao serviço: o servidor grosseiro na repartição pública, o garçom que se incomoda por ter de anotar seu pedido, o balconista da loja que fala ao telefone com um amigo em vez de atender você.

Assim como você percebe que uma pessoa não quer ajudar as pessoas, você também pode facilmente detectar se alguém tem um coração de servo. E a verdade é que os melhores líderes desejam servir aos outros, e não a si mesmos.

O que significa incorporar a qualidade ao serviço? Um verdadeiro servo líder:

1. *Coloca o outro na frente*

A primeira marca do serviço é a habilidade de colocar os outros à frente de si e de seus desejos pessoais. E isso é mais do que estar disposto a colocar a sua agenda em compasso de espera. Significa estar atento às necessidades de outras pessoas, disponível para ajudá-las e capaz de aceitar seus desejos como sendo mais importantes.

2. *Possui a confiança para servir*

O coração comprometido com o serviço é despreocupado. Mostre-me alguém que pensa ser importante demais para servir, e eu lhe mostrarei alguém que é basicamente inseguro. O modo como tratamos os outros é na verdade um reflexo do nosso pensamento sobre nós mesmos. O filósofo e poeta Eric Hoffer captou esse pensamento:

> O extraordinário é que realmente amamos nosso semelhante como a nós mesmos; fazemos aos outros o que fazemos conosco. Odiamos os outros quando odiamos a nós mesmos. Somos tolerantes para com os outros quando somos tolerantes conosco. Perdoamos aos outros quando perdoamos a nós mesmos. Não é o amor ao eu, mas o ódio pelo eu que está na raiz dos problemas que afligem o nosso mundo.

Somente líderes seguros concedem poder aos outros. É também verdade que somente pessoas seguras demonstram serviço.

3. *Toma a iniciativa de servir*

Todos conseguem servir se forem compelidos para tal. E alguns servirão em um momento de crise. Mas você pode verdadeiramente enxergar o coração de alguém que começa a servir aos outros. Grandes líderes enxergam a necessidade, agarram a oportunidade e servem sem esperar nada em troca.

4. *Não é consciente da posição que ocupa*

Líderes-servos não se concentram em distinção ou posição. Quando o coronel Norman Schwarzkopf pisou naquele campo minado, a posição hierárquica dele não ocupava espaço em sua mente. Naquele momento, ele foi uma pessoa tentando ajudar outra. Ser o líder deu a ele um sentido maior da obrigação do serviço.

Como se tornar servo

Para melhorar seu serviço, faça o seguinte:

- *Realize pequenos atos.* Quando foi a última vez que você realizou pequenos atos de bondade por outros? Comece com aqueles mais próximos a você: seu cônjuge, seus filhos, pais. Encontre maneiras de fazer pequenas coisas que mostrem aos outros que você se importa com eles.

- *Aprenda a caminhar vagarosamente no meio da multidão.* Eu aprendi essa grande lição com meu pai. Eu a chamo de caminhar vagarosamente no meio da multidão. Na próxima vez que você comparecer a uma festividade com vários clientes, colegas ou empregados, estabeleça como alvo conectar-se com os outros ao circular entre eles e conversar com as pessoas. Concentre-se em cada pessoa que encontrar. Aprenda o nome dela se já não o sabe. Conheça as necessidades de cada pessoa e tenha em mente que você precisa fazer algo benéfico para meia dúzia de pessoas.
- *Parta para a Ação.* Se uma atitude de serviço estiver evidentemente ausente de sua vida, a melhor maneira de mudar isso é começar a servir. Comece servindo com o seu corpo, e o seu coração irá alcançá-lo. Candidate-se a servir aos outros por seis meses em sua igreja, em uma agência comunitária, ou em uma organização sem fins lucrativos. Se sua atitude ainda não for boa ao final desse período, faça de novo. Continue até que o seu coração mude.

Onde está o seu coração quando o assunto diz respeito a servir aos outros? Você deseja se tornar um líder pelos louros e benefícios? Ou está motivado por um desejo de ajudar o outro?

Se você realmente quer se tornar o tipo de líder que as pessoas querem seguir, você terá de tratar da questão do serviço. Se a sua atitude é a de ser servido ao contrário de servir, você pode estar arrumando um problema. A verdade é que aqueles que seriam grandes deveriam ser como os menores, e servos de todos.

A verdade é que aqueles que seriam grandes deveriam ser como os menores, e servos de todos.

Albert Schweitzer declarou sabiamente: "Eu não sei qual será o destino de vocês, mas de uma coisa eu sei: aqueles dentre vocês que serão verdadeiramente felizes serão as pessoas que buscarão e encontrarão uma maneira de servir." Se você quer ser bem-sucedido no mais alto nível, esteja disposto a servir no menor nível possível. Essa é a melhor maneira de cultivar relacionamentos.

Notas

Capítulo 1

1. LOVE, John F. *McDonald's: Behind the Arches*. Nova York: Bantam Books, 1986.
2. "The Champ", *Reader's Digest*, janeiro de 1972, p. 109.

Capítulo 2

1. ALLEN, R. Earl. *Let It Begin in Me*. Nashville: Broadman Press, 1985.
2. SWIFT, E. M., "Odd Man Out", *Sport Illustrated*, pp. 92-96.
3. SHAW, Robert, "Tough Trust", *Leader to Leader*, inverno de 1997, pp. 46-54.

Capítulo 3

1. Citado em www.abcnews.com em 4 de fevereiro de 1998.
2. STEWART, Thomas A., "Brain Power: Who Owns It... How They Profit from It", *Fortune*, 17 de março de 1997, pp. 105-106.
3. DILENSCHNEIDER, Robert L. *Poder e influência: dominando a arte da persuasão*. Rio de Janeiro: Record, 1994.
4. MCKENZIE, E. C. *Quips and Quotes*. Grand Rapids: Baker, 1980.
5. SMITH, Fred. *Learning to Lead*, Waco: Word, 1986, p. 117.
6. GRAMIG, Mickey H. *Atlanta Constitution*, 10 de novembro de 1997.

CAPÍTULO 4

1. BANKS, Don. "Teacher First, Seldom Second, Wootten Has Built Monument to Excellence at Maryland's DeMatha High," *St. Petersburg Times*, 3 de abril de 1987, www.dematha.org.
2. FEINSTEIN, John. "A Down-to-Earth Coach Brings DeMatha to New Heights," *Washington Post*, 27 de fevereiro de 1984, www.dematha.org.
3. WOOTTEN, Morgan e GILBERT, Bill. *From Orphans to Champions: The Story of DeMatha's Morgan Wootten*. New York: Atheneum, 1979, pp. 24–25.
4. PLUMMER, William. "Wootten's Way," *People*, 20 de novembro de 2000, p. 166.
5. WOOTTEN e GILBERT. *From Orphans to Champions*, pp. 12–13.

CAPÍTULO 5

1. MAXWELL, John C. *The Winning Attitude: Your Key to Personal Success*. Nashville: Thomas Nelson, 1993.

CAPÍTULO 6

1. "Edwardian Conquest", 14 de junho de 2001, www.britannia.com/wales.
2. "Packing Parachutes", citação de uma fita de áudio, www.charlieplumb.com.
3. "Charlie Plumb's Speech Content", www.charlieplumb.com.

CAPÍTULO 7

1. MAXWELL, John C. *The Winning Attitude*. Nashville: Thomas Nelson, 1993, p. 24.
2. WAITLEY, Denis. *The Winner's Edge*. Nova York: Berkley Publishing Group, 1994.
3. RILEY, Pat. *The Winner Within*. Nova York: Berkley Publishing Group, 1994, pp. 41, 52.
4. Gálatas 6:7.
5. BAXTER, J. Sidlow. *Awake, My Heart*. Grand Rapids: Kregal Publications, 1996.
6. Veja Lucas 15:29,30.

Capítulo 8

1. Provérbios 23:7.
2. Filipenses 4:8.
3. BAYLES, David e ORLAND, Ted. *Art and Fear: Observations on the Perils (And Rewards) of Artmaking*. Santa Barbara: Capra Press, 1993, p. 29.
4. FREEMAN, Arthur e DEWOLF, Rose. *Woulda, Coulda, Shoulda: Overcoming Regrets, Mistakes, and Missed Opportunities*. Nova York: HarperCollins, 1992.
5. SELLERS, Patricia. "Now Bounce Back!", *Fortune*, 1º de maio de 1995, p. 49.
6. OGILVIE, Lloyd. *Falling into Greatness*. Nashville: Thomas Nelson, 1984.
7. Gênesis 40:14,15.

Capítulo 9

1. ANDREWS, Andy (ed.). "Erma Bombeck", *Storms of Perfection 2*, Nashville: Lightning Crown Publishers, 1994, p. 51.
2. BRODIN. "The Key to Bouncing Back", *Discipleship Journal*, edição 109, 1999, p. 67.
3. "Where Failures Get Fixed", *Fortune*, 1º de maio de 1995, p. 64.
4. WALLECHINSKY, David. *The Twentieth Century*. Boston: Little Brown, 1995, p. 155.

Capítulo 10

1. DEAVER, Michael K., "The Ronald Reagan I Knew", *Parade*, 22 de abril de 2001, p. 12.
2. Ibid., p. 10.
3. "Thirty Years with Reagan: A Chat with Author, Former Reagan Aide Michael Deaver". Citado em www.abc-news.com em 20 de abril de 2001.
4. Ibid.
5. MORTELL, Art. "How to Master Inner Game of Selling", vol. 10, nº 7.
6. Eclesiastes 4:9-12.

CAPÍTULO 11

1. 1 Samuel 17:33-37.
2. SCHWARZKOPF, H. Norman. "Lessons in Leadership", vol. 12, nº 5.
3. FREIBERG, Kevin e Jackie. *Nuts! Southwest Airlines' Crazy Recipe for Business.* Nova York: Broadway Books, 1996, p. 224.

CAPÍTULO 12

1. COVEY, Stephen R. *Os sete hábitos pessoais altamente saudáveis*. Rio de Janeiro: Best Seller, 1989.
2. Provérbios 22:1.
3. PHILLIPS, Donald T. *Lincoln on Leadership*: Executive Strategies for Tough Times. Nova York: Warner Bools, 1992, pp. 66-67.
4. BAUER, Gary. "American Family Life", *Focus on the Family*, julho de 1994, p. 2.
5. KIRKPATRICK, William. *Why John Can't Tell Right from Wrong*. Nova York: Simon and Schuster, 1992.
6. Citado em *Christianity Today*, 4 de outubro de 1993.

Este livro foi composto em Joana 11/14 e impresso
pela Edigráfica sobre papel Avena 80g/m^2
para a Vida Melhor em 2015.